오준석의
안드로이드
생존코딩
코틀린 편

2판

오준석 지음

한빛미디어
Hanbit Media, Inc.

오준석의 안드로이드 생존코딩(코틀린 편) 2판

코틀린으로 배우는 입문부터 9가지 실용 앱 개발까지

초판 1쇄 발행 2018년 10월 1일
2판 1쇄 발행 2021년 12월 17일

지은이 오준석 / **펴낸이** 김태헌
펴낸곳 한빛미디어(주) / **주소** 서울시 서대문구 연희로2길 62 한빛미디어(주) IT출판부
전화 02-325-5544 / **팩스** 02-336-7124
등록 1999년 6월 24일 제 25100-2017-000058호 / **ISBN** 979-11-6224-499-9 93000

총괄 전정아 / **책임편집** 홍성신 / **기획 · 편집** 김대현
디자인 표지 박정우 내지 박정화 / **전산편집** 다인
영업 김형진, 김진불, 조유미 / **마케팅** 박상용, 송경석, 한종진, 이행은, 고광일, 성화정 / **제작** 박성우, 김정우

이 책에 대한 의견이나 오탈자 및 잘못된 내용에 대한 수정 정보는 한빛미디어(주)의 홈페이지나 아래 이메일로
알려주십시오. 잘못된 책은 구입하신 서점에서 교환해드립니다. 책값은 뒤표지에 표시되어 있습니다.

한빛미디어 홈페이지 www.hanbit.co.kr / 이메일 ask@hanbit.co.kr

지금 하지 않으면 할 수 없는 일이 있습니다.
책으로 펴내고 싶은 아이디어나 원고를 메일(writer@hanbit.co.kr)로 보내주세요.
한빛미디어(주)는 여러분의 소중한 경험과 지식을 기다리고 있습니다.

오준석의
{ 안드로이드 }
생존코딩

코틀린 편

2판

오준석 지음

★★★★★★
소문난 명강의 시리즈 소개

이 시리즈는 단기간에 실무 능력을 갖추게 도와줍니다. 유튜브, 블로그, 학원, 대학 등에서 이미 검증된 강의 본연의 장점을 극대화하고 더 체계화해 책으로 담았습니다. 입문자 눈높이에서 설명하고 작고 실용적인 프로젝트를 수행해 실전 능력을 키워줍니다. 빠르게 개발 능력을 키우려는 입문자와 더 다양한 경험을 쌓으려는 기존 개발자에게 유용합니다.

한빛미디어
Hanbit Media, Inc.

코틀린이 처음 나왔을 때 공부해보고 현업에 적용하기 어렵다는 생각이 들어서 그만두었다가 이번 기회에 다시 보게 되었습니다. 이 책을 읽어보니 간단한 앱을 만드는 데 어려움이 없도록 안드로이드 스튜디오까지 친절하게 설명해주어 좋았습니다. 안드로이드 입문 서적으로 강력히 추천합니다.

유동환 『처음 배우는 플러터』, 『RxJava 프로그래밍』 저자

코틀린이 이슈화된 지 오래인데 이제야 코틀린으로 앱 개발을 시작하게 되었습니다. 언어의 흐름이 참으로 빠르게 흘러가고 있음을 느낍니다. 이 서적은 초보자도 쉽게 따라 할 수 있도록 코틀린 문법부터 차근히 알려줍니다. 프로젝트 역시 레시피 구성이 훌륭하게 되어 있어 앱 개발에 큰 어려움이 없을 겁니다. 코틀린으로 안드로이드 개발에 입문하려는 모든 분께 추천합니다. 따분한 이론서가 아닌 멋진 프로젝트로 지식을 전달하는 서적입니다.

이상선 소프트웨어 교육 강사

이 책으로 처음 코틀린을 접했습니다. 각 장을 진행하면서 하나씩 완성된 앱을 직접 만들어볼 수 있어서 좋았습니다. 스크린 캡처도 잘 되어 있어서 따라 하는 데 어려움이 없었습니다. 하나하나 앱을 만들면서 점점 더 흥미까지 생겼습니다.

황재원 프리랜서

코틀린으로 안드로이드 앱을 만듭니다. 앱 구현에 집중할 수 있도록 안드로이드 스튜디오 기능을 그림을 곁들여 세세히 설명합니다. 빠르게 여러 앱을 만들어볼 수 있다는 건 그만큼 진입장벽과 학습곡선이 낮다는 의미입니다. 코틀린의 매력을 잘 보여주고 있으니 기대하셔도 좋습니다. 자바 개발자라면 코틀린으로 훨씬 깔끔해진 코드를 보며 기분 좋은 자극을 받게 될 겁니다.

이재훈 백엔드 개발자, 바쁠 땐 프런트엔드 개발자

안드로이드 개발자로서 현업에 코틀린을 적용하기 위해 정보를 찾던 중 이 책을 만나게 되었습니다. 이 책은 간단한 앱들을 직접 만들면서 안드로이드 앱 프로그래밍 방법을 익히도록 구성되어 있습니다. 차근차근 따라 하면 큰 어려움 없이 안드로이드와 코틀린 2가지를 동시에 습득하는 아주 유익한 서적입니다.

이재환 안드로이드 개발자(삼성전자)

안드로이드 개발을 코틀린으로 입문하기에 아주 좋은 책입니다. 개발 환경설정부터 안드로이드 스튜디오 사용법과 같은 세세한 부분까지 '좋은 의미의 과도한 친절'이 돋보입니다. 이 책은 코틀린 주요 문법이 깔끔하게 정리되어 있고 이를 활용해서 다양한 앱을 개발하는 과정을 담고 있습니다. 따라서 입문자는 물론 기존 안드로이드 개발자도 코틀린 학습에 큰 도움이 될 겁니다.

서준수 안드로이드 개발자(LG전자)

이 책은 저자의 친절한 설명과 단계별 화면 캡처를 사용해 누구라도 헤매지 않고 쉽게 끝까지 따라 할 수 있도록 구성되어 있습니다. 또한 앱 개발에 꼭 필요한 기능으로 이루어진 예제들을 실습하면서 코틀린 언어에 자연스럽게 익숙해지게 하여, 앱 개발에 코틀린을 활용할 수 있다는 자신감을 심어주는 책입니다.

문주현 안드로이드 개발자

안드로이드는 개인이든 기업이든 누구나 앱을 만들고 배포하는 매력을 지녔습니다. 그렇기에 나만의 앱을 하나쯤 만들어보고 싶다는 생각을 해보고는 합니다. 저도 그러한 매력에 빠져 2010년부터 안드로이드 앱을 개발했습니다.

그런데 모바일 플랫폼인 안드로이드는 굉장히 빠르게 발전해서 배울 것이 많습니다. 당연히 처음 입문해서 원하는 앱을 빠르게 개발하기는 쉽지 않습니다. 안드로이드 입문서 한 권을 다 읽고 안드로이드 스튜디오를 실행시키고 나서 먹먹한 생각이 들지 않으셨나요? 문법이나 프레임워크 사용법을 안다고 앱을 만들 수 있는 건 아니니까요.

너무 방대한 안드로이드 지식을 배우는 것보다 하나라도 실행되는 앱을 만들어보는 것이 입문자에게 더 효과적이라고 생각합니다. 마치 눈으로만 외운 수학 공식을 풀이에 쓰지 못하는 이치와 같습니다. 그래서 독자가 문법과 사용법만 외우다 지치지 않도록 흥미를 유발하는 9가지 앱을 개발하며 필요한 개념과 기능을 하나씩 익혀 실제 개발 능력을 자연스럽게 갖추도록 이 책을 구성했습니다. 또한 자바 등으로 프로그래밍에 입문했지만 아직 전문적인 능력을 갖추지 못한 초보자의 눈높이에 맞춰 되도록 그림을 많이 첨부하고 정돈된 형식으로 깔끔하고 쉽고 명확하게 설명합니다.

구글이 코틀린을 안드로이드 앱 개발의 공식 언어로 선언하고 지원함으로써 코틀린 인기가 상승하고 있습니다. 코틀린은 자바보다 배우기 쉽고 더 간결합니다. 이런 시류에 맞추어 이 책은 코틀린을 사용합니다. 그럼에도 새로운 언어를 배우기란 쉽지 않습니다. 이 책의 4장에서는 안드로이드 앱 개발에 꼭 필요한 핵심 개념과 문법을 간단히 소개하고 예제 속에 자연스럽게 녹여 너무 힘들지 않게 코틀린을 학습할 수 있게 했습니다.

안드로이드 개발 환경은 그동안 많이 바뀌었습니다. 안드로이드 스튜디오가 공식 개발 도구가 되었고 지속적으로 업그레이드되고 있습니다. 레이아웃을 작성할 때도 ConstraintLayout을 사용하면 XML 코드베이스가 아닌 레이아웃 에디터로도 충분히 원하는 레이아웃을 개발할 수 있게 되었습니다. 이 책에서는 최신 레이아웃인 ConstraintLayout을 적극적으로 활용합니다.

따라서 복잡한 XML 코드를 작성하지 않아도 됩니다. 코드를 작성할 때는 최신 개발 도구의 힘을 최대한 활용하기 바랍니다.

최신 환경에서 최신 언어로 안드로이드 앱 개발을 하는 이 책이 여러분께 실용적으로 도움이 되길 바랍니다.

마지막으로 육아와 일과 살림하느라 고생하는 사랑하는 아내 송희정, 그리고 두 딸 유이, 아로, 항상 서포트해주시는 부모님과 장인, 장모님 모두에게 고마운 마음을 전합니다. 감사합니다.

오준석

a811219@gmail.com

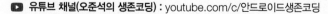

교육하고 책 쓰는 개발자. 일본에서 개발자로 생활하다 2010년에 귀국해 안드로이드 앱을 개발합니다. 일본 테크시드, 토카이리카, LG전자 등에서 근무했습니다. 현재는 앱을 개발하고, 온라인 교육 플랫폼인 오준석의 생존코딩과 인프런에서 온라인 강의를, 세민직업전문학교에서 오프라인 강의를 합니다. 저서로 『소문난 명강의 : 오준석의 플러터 생존코딩(개정판)』(한빛미디어, 2021), 『될 때까지 안드로이드』(루비페이퍼, 2018) 등이 있습니다.

▶ 유튜브 채널(오준석의 생존코딩) : youtube.com/c/안드로이드생존코딩
💻 온라인 강의 플랫폼(오준석의 생존코딩) : survivalcoding.com

입문자와 초보자를 배려한 진행 순서

이 책은 자바 또는 그에 상응하는 프로그래밍을 학습한 사람을 대상으로 하지만, 프로그래밍 경험이 적거나 없는 사람도 따라 하며 이해할 수 있도록 구성했습니다.

마지막까지 친절하게

따라 하면 완성되는 것을 목표로 하기 때문에 실습 중에 놓치는 상황이 없도록 최대한 많은 그림과 스크린샷을 첨부했습니다. 앞에서 다룬 내용을 뒤에서도 모를 수 있다는 가정하에 최대한 반복해서 다루고 설명합니다.

초보자 중심

입문자나 초보자가 앱을 완성하고 실행하면서 보람을 느낄 수 있게 하는 데 중점을 두었습니다. 많은 내용을 나열하는 대신 핵심 내용을 앱 제작 과정에 녹여 포기하지 않고 끝까지 개발할 수 있도록 했습니다.

예제의 난이도 안내

난이도를 다음과 같이 별의 개수로 표현했습니다.

- 초급 – ★☆☆
- 중급 – ★★☆
- 고급 – ★★★

이 책이 다루는 범위

이 책이 다루는 범위는 아래와 같습니다.

안드로이드 스튜디오
_ 앱 개발에 필수적으로 사용하는 내용을 다룹니다.
_ 빠르게 코드를 작성하는 자동 완성 기능을 다룹니다.

코틀린 프로그래밍
_ 앱 개발에 필수적으로 사용하는 내용을 다룹니다.
_ 예제를 완성하면서 자연스럽게 여러 문법이나 기능을 사용하게 됩니다.

레이아웃 작성
_ 레이아웃 에디터에서 ConstraintLayout 기반의 레이아웃 작성 및 속성을 설정하는 방법을 다룹니다.

뷰 바인딩
_ findViewById( ) 메서드를 사용하지 않아도 레이아웃의 ID에 쉽게 접근하는 기능

안드로이드 구성요소
_ 화면을 구성하는 기본 요소인 액티비티를 다룹니다.
_ 지도와 좌우로 슬라이드되는 화면을 구성할 때 UI 요소인 프래그먼트를 사용합니다.
_ 기기의 사진 정보를 프로바이더를 사용해 가져오는 방법을 다룹니다.
_ 손전등 앱을 만들면서 UI를 가지지 않는 컴포넌트인 서비스를 다룹니다.

그 외
_ 어려운 개념보다는 간단한 코드를 사용해 스레드를 쉽게 다룹니다.
_ Room 데이터베이스Database, DB를 사용하여 쉽게 데이터베이스를 다룹니다.
_ 사운드를 재생하는 방법을 다룹니다.
_ 지도와 현재 위치 정보를 다루는 방법을 다룹니다.
_ 구글 플레이 스토어에 앱 등록하기를 다룹니다.

참고 사항과 예제 파일

참고 사항

_ 이 책의 모든 예제는 안드로이드 스튜디오 Arctic Fox와 코틀린 1.6.0 버전을 기준으로 만들었습니다.

_ 모든 예제는 맥과 윈도우 환경에서 안드로이드 12(API 31) 대상으로 정상 동작을 테스트했습니다.

_ 스크린샷은 맥을 기준으로 소개하지만 윈도우 환경과 차이점은 없습니다. 다른 점이 있을 때는 각 OS별로 설명합니다.

예제 다운로드 및 사용법

이 책의 예제는 저자의 깃허브에서 내려받을 수 있습니다.

• **깃허브** : https://github.com/junsuk5/kotlin-android-2rd

깃허브에서 예제 코드를 내려받는 방법은 다음과 같습니다.

① 웹 브라우저로 https://github.com/junsuk5/kotlin-android-2rd에 접속합니다.

② Clone or download를 클릭합니다.

③ Download ZIP을 클릭하여 압축 파일을 다운로드하고 적당한 위치에 압축을 풉니다.

이 책의 구성

이 책은 안드로이드 스튜디오와 코틀린 기초를 학습하고 총 9가지 실용 앱을 개발합니다. 1~4장까지는 앱 개발 기초 개념과 코틀린 언어에 대해서 다룹니다. 쉽게 따라 할 수 있도록 그림을 되도록 많이 첨부했습니다. 5장부터는 본격적으로 앱 개발을 따라 하며 익힐 수 있도록 했습니다. 부록에서는 구글 플레이 스토어에 앱을 등록하는 방법을 알려줍니다.

[1장] 안드로이드를 개발하기 전에

개발 언어와 플랫폼에 대한 소개를 하고 안드로이드 앱 개발 도구인 안드로이드 스튜디오를 설치합니다. OS별로 설치 방법을 안내하고 개발 환경을 설정합니다.

[2장] 기기와 에뮬레이터 준비

앱 개발의 첫 번째 단계는 프로젝트를 생성하는 겁니다. 프로젝트를 생성하는 방법을 알아보고, 개발하는 앱을 실행할 기기 또는 에뮬레이터를 준비합니다. 그리고 기기와 에뮬레이터에서 앱을 실행합니다.

[3장] 첫 번째 앱 만들기

2장에서 작성한 기본 프로젝트를 기반으로 안드로이드 스튜디오에서 프로젝트 구조, 레이아웃 에디터에 대해 알아봅니다. 간단한 레이아웃을 작성해보면서 텍스트 뷰를 배치하고 문자열 리소스, 다국어화, 레이아웃의 제약 수정에 대해 배웁니다. 화면을 구성하는 레이아웃과 액티비티 버튼을 클릭했을 때 이벤트를 처리하는 방법을 알아봅니다.

[4장] 코틀린

코틀린 문법을 빠르게 살펴봅니다. 안드로이드 앱 개발에 필요한 문법이나 기능을 중심으로 알아봅니다. 자바 언어와 비교해 자바 개발자가 코틀린에 쉽게 적응하도록 설명합니다.

[5장] 비만도 계산기

본격적으로 앱 개발을 시작하는 첫 장입니다. 키와
몸무게를 입력하여 비만도를 표시해주는 앱을 만듭
니다. 두 화면을 전환하면서 데이터 전달 방법을 알
아봅니다. 이미지 뷰를 사용해 벡터 이미지를 표시
합니다.

[6장] 스톱워치

스톱워치 앱을 만듭니다. 안드로이드에는 UI를 조
작하는 메인 스레드와 복잡한 일을 하는 워커 스레
드라는 개념이 있습니다. 스톱워치에서 이러한 개
념을 어떤 함수로 어떻게 구현하는지 배웁니다. 버
튼을 누를 때마다 레이아웃에 텍스트 뷰를 추가하
는 방법도 살펴봅니다.

[7장] 나만의 웹 브라우저

웹 페이지를 표시하는 웹뷰를 사용하여 웹 브라우저를 만듭니다. 웹 브
라우저를 만들면서 웹 페이지를 표시하고 인터넷 사용 권한을 추가하
는 방법을 알아봅니다. 메뉴 리소스를 작성하여 액티비티에서 메뉴를
처리하는 방법을 다룹니다. 그리고 테마를 수정하여 앱의 전체적인 분
위기를 간단하게 바꿔봅니다. 마지막으로 이미 설치된 다른 앱을 활용
하여 SMS 보내기, 이메일 보내기를 하는 방법을 알아봅니다.

[8장] 수평 측정기

수평을 측정하는 앱을 만듭니다. 수평 측정에는 가
속도 센서를 사용합니다. 센서 사용 방법과 센서값
을 이용해 나만의 커스텀 뷰를 만들어서 화면에 그
려봅니다. 센서를 등록 및 해제하면서 액티비티의
생명주기를 알아보고 화면에 수평계를 그리면서 간
단한 그래픽 조작 API들을 사용합니다.

[9장] 전자액자

기기에 저장된 사진을 자동으로 슬라이드해주는 전자액자를 만듭니다.
사진을 찍으면 자동으로 기기 내부에 데이터베이스를 생성하고 외부에
공개하는 방법을 알아봅니다. 이렇게 공개된 사진 정보를 읽어와서 좌
우로 슬라이드되는 화면을 구성합니다.

[10장] 지도와 GPS

구글 지도와 현재 위치 정보를 토대로 이동 경로를 표시하는 지도앱을
만듭니다. 구글 지도를 사용하는 데 필요한 API 키를 발급받는 등의 준
비 사항을 다룹니다. 위치 정보에 접근할 때 위험 권한을 허용하는 프
로세스를 알아봅니다. 위치 정보를 주기적으로 요청하여 위도, 경도 좌
표를 토대로 지도 위에 이동 경로를 표시합니다.

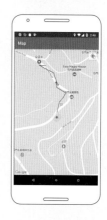

[11장] 손전등

기기의 카메라 플래시를 사용하여 손전등 앱을 만
듭니다. 위젯을 제공하여 앱을 실행하지 않고도 플
래시를 켜고 끄는 방법을 알아봅니다. 손전등은 액
티비티 기능을 사용해 작성하고 위젯은 안드로이드
컴포넌트 중에서 서비스를 이용해 작성할 겁니다.

[12장] 실로폰

실로폰 앱을 만듭니다. 안드로이드에서 음원 파일을
재생하는 여러 방법을 배우고 상황에 따라 더 적절
한 방법을 선택하는 기준을 알려줍니다. 레이아웃을
작성하면서 많은 뷰를 균등하게 정렬하는 방법과,
많은 수의 뷰가 있을 때 코틀린으로 효율적으로 다루는 방법을 알아봅니다.

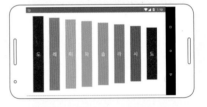

[13장] Todo 리스트

할 일 정보를 데이터베이스에 저장하는 Todo 리스
트 앱을 만듭니다. Room 데이터베이스를 사용하
여 쉽게 할 일 정보를 저장, 수정, 삭제하는 방법을
다룹니다. 그리고 리사이클러 뷰와 데이터베이스를
연동하여 내용을 표시합니다.

부록

구글 플레이스 스토어에 앱을 등록하는 방법을 알아
봅니다.

이 책의 모태 소개

소문난 명강의 '안드로이드 생존코딩'

이 책의 모태 '안드로이드 생존코딩'은 오준석 저자가 수원스마트앱개발학원에서 6기까지 진행한 안드로이드 과정 강의입니다. 그 과정에서 창업 3팀, 출시 앱 35개, 공모전 입상 7명(기획 공모전 1등 포함)의 성과를 내고 강의 영상 613편을 찍었습니다. 유튜브 채널에 올린 강의는 5기 과정입니다.

- **유튜브 채널 :** https://www.youtube.com/c/안드로이드생존코딩

일반인을 개발자로 취업시켜야 하는 국비지원 과정이고 오준석 이름을 걸고 운영하던 기관의 대표 강의였기 때문에 실전에 필요한 내용을 심도 있게 담아 강의했습니다. 이 강의를 들으시면 거액을 들여 학원에 가지 않고도 학원에 간 것과 똑같은 수업을 들으실 수 있습니다. 현재 구독자는 9000여 명 이상입니다.

아울러 이 유튜브 채널에 『〈소문난 명강의〉오준석의 플러터 생존코딩 (개정판)』(한빛미디어, 2021)과 관련한 플러터 강의 영상도 제공합니다.

책을 읽다가 궁금한 사항이 있거나 새로운 지식이 필요하다면 저자가 운영하는 교육 플랫폼인 '오준석의 생존코딩'과 유튜브 채널을 방문해보세요.

- **오준석의 생존코딩 :** https://survivalcoding.com

목차

목차

1장
안드로이드를
개발하기 전에

이 장에서는 안드로이드의 특징과 개발 환경에 관해서
간단하게 알아보고 개발 환경을 구축합니다.

1.1 안드로이드 소개

안드로이드는 스마트폰 OS의 일종입니다. 스마트폰 하면 안드로이드와 아이폰 두 가지가 떠오를 겁니다. 스탯카운터statcounter에서 공개한 자료에 의하면 안드로이드가 80%에 육박하는 점유율로 2위인 iOS를 압도하고 있습니다.

안드로이드가 전 세계적으로 인기를 끌게 된 이유는 구글 플레이 스토어에 수많은 앱이 있었기 때문입니다. 안드로이드는 누구나 앱을 개발하여 플레이 스토어에 앱을 공개할 수 있고 수익을 낼 수도 있습니다. 필자도 덕분에 2010년부터 앱 개발을 시작하게 되었습니다.

그리고 안드로이드는 오픈소스 라이선스로 누구나 자유롭게 사용할 수 있습니다. 그래서 수많은 제조사에서 저마다 안드로이드 OS를 수정해서 제품화하고 있는 것이지요.

1.2 앱 개발 환경 알아보기

안드로이드를 개발하기 전에 안드로이드 플랫폼과 개발에 필요한 준비물에 대해 알아보겠습니다.

1.2.1 개발 언어

이 책은 예제를 코틀린Kotlin으로 구현합니다. 자바가 아니라 코틀린을 사용하는 이유는 다음과 같습니다.

- 코틀린은 2017 구글 I/O에서 정식으로 안드로이드 개발 언어로 추가되었습니다.
- 코틀린은 JVM 위에서 동작하며 자바와 100% 호환됩니다. 자바의 수많은 라이브러리를 그대로 사용하면서 코드는 더 간결하게 작성할 수 있습니다. 즉 같은 기능을 구현하더라도 자바에 비해서 더 적은 코드만 작성합니다.
- 개발자 연례 행사인 구글 I/O에서는 대부분의 예제를 코틀린으로 설명하고 있습니다.
- 구글의 앱도 코틀린으로 다시 작성되고 있습니다.

코틀린의 특징은 다음과 같습니다.

- **간결한 코드** : 상용구 코드양을 대폭 줄여줍니다. 예를 들어 자바에서는 단순한 클래스를 작성할 때 게터 및 세터를 잔뜩 만들고 equals( ), hashcode( ), toString( )을 재정의해 수십 줄의 코드를 작성하게 됩니다. 하지만 코틀린에서는 한 줄이면 작성합니다.

- **안전성** : null 포인터 예외와 같은 오류를 피할 수 있습니다.
- **상호 운용성** : 기존 자바 라이브러리와 100% 호환됩니다.
- **도구 친화적** : 자바, 안드로이드 개발 도구에서 그대로 사용 가능합니다.

또한 기존 자바 개발자가 쉽게 배울 수 있습니다. 안드로이드 스튜디오에 코틀린이 정식으로 지원된 지 수년이 지났고, 이제는 확고한 입지를 다지고 있습니다. 구글은 앞으로도 코틀린을 지원할 겁니다.

이러한 이유로 지금 처음 안드로이드 앱 개발에 입문한다면 자바보다는 코틀린을 추천합니다. 물론 이전에 자바로 앱을 개발하던 분도 마찬가지입니다.

1.2.2 앱 개발에 필요한 도구

안드로이드 앱 개발에 필요한 개발 도구(소프트웨어)는 모두 무료입니다. iOS 앱 개발에는 비싼 맥북이나 아이맥 등이 꼭 있어야 되지만, 안드로이드는 집에서 쓰던 윈도우 기반 PC로 바로 앱 개발을 할 수 있습니다. 특히 OS에 관계없이 동일한 개발 환경을 제공하는 것도 큰 장점입니다.

PC 권장 사양	• OS
	  – 64비트 윈도우 8/10
	  – 맥OS X 10.14 이상
	  – 64비트 리눅스 (GNU C 라이브러리 (glibc) 2.31 이상)
	• 메모리 : 최소 8GB 메모리

안드로이드 스튜디오	안드로이드 앱을 개발하는 IDE (개발을 위한 SDK를 포함) • https://developer.android.com/studio/

▶ 안드로이드 앱 개발에 필요한 도구

필자는 과거에 3GB 메모리의 셀러론 CPU로도 개발한 적이 있습니다. 이 경험에 비춰보면 너무 사양이 낮은 PC는 정신건강에 해롭습니다. 최소 8GB 이상의 메모리를 갖춘 PC여야 원활하게 개발할 수 있습니다. 그리고 에뮬레이터보다 실제 기기로 테스트하는 것이 쾌적합니다.

1.2.3 안드로이드 플랫폼 소개

안드로이드는 하드웨어, OS, 프로그램 언어를 통틀은 플랫폼이기도 합니다. 안드로이드 플랫폼 구성은 다음과 같습니다.

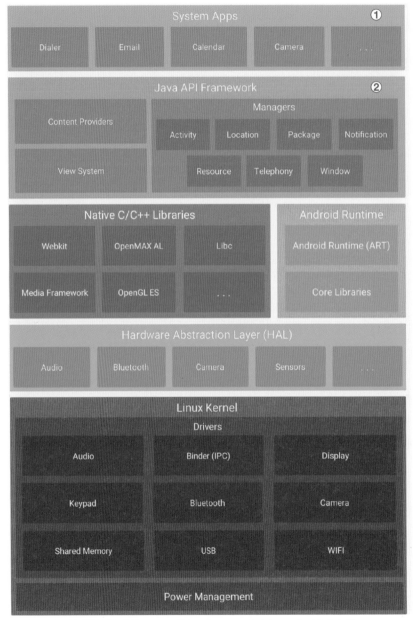

▶ 안드로이드 플랫폼 구성 _출처 : https://developer.android.com/guide/platform

① 우리가 개발하는 앱은 System Apps 영역에 속합니다. 이러한 수많은 기술 모음으로 안드로이드는 구성되어 있습니다. 하지만 모두 알 필요는 없습니다. 초심자에게 필요한 내용은 앱을 개발하는 데 필요한 ② API입니다. 기본 API를 많이 알면 쉽게 개발할 수 있습니다.

- **System Apps** : 시스템에 설치된 앱과 우리가 개발한 앱이 모두 포함됩니다.
- **Java API Framework** : 자바 API 프레임워크. 화면 구성 및 기능 작성에 사용합니다.
- **Native C/C++ Libraries, Android Runtime** : C/C++ 라이브러리. 안드로이드는 JVM과 호환되는 ART(Android Runtime)에서 동작합니다.
- **Hardware Abstraction Layer(HAL)** : 오디오, 블루투스, 카메라, 센서 등의 하드웨어
- **Linux Kernel** : 리눅스 커널이 하드웨어를 제공합니다.

안드로이드 앱 개발 실력이란 안드로이드 프레임워크에서 제공하는 API 사용 방법을 얼마나 많이 아는가가 척도라고 해도 과언이 아닙니다. 자주 사용하는 API 위주로 차근차근 공부해나가면 실력이 쌓일 겁니다.

1.3 안드로이드 스튜디오 설치하기

안드로이드 통합 개발 환경인 안드로이드 스튜디오를 개발자 홈페이지에서 내려받을 수 있습니다.

- https://developer.android.com/studio/

개발자 홈페이지에는 자주 들르는 것이 좋습니다. 안드로이드 개발 관련 다양한 정보를 얻을 수 있습니다.

홈페이지에 접속하여 ① 'DOWNLOAD ANDROID STUDIO'를 클릭하면, 사용 약관이 표시됩니다. 사용하는 OS 종류에 따라서 약간 다른 화면이 표시됩니다.

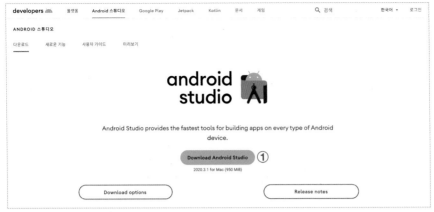

▶ 안드로이드 스튜디오 다운로드 사이트

② '본인은 상기 사용 약관을 읽었으며 이에 동의합니다'를 클릭하면 다운로드 버튼이 활성화됩니다.

③ 다운로드 버튼을 클릭하면 다음과 같은 안내 화면이 표시되며 다운로드가 시작됩니다.

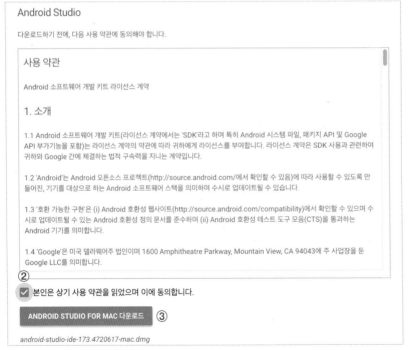

▶ 안드로이드 스튜디오 사용 약관

다운로드가 완료되면 설치를 시작합니다. OS별로 설치 순서가 약간 다르므로 자신의 OS에 맞는 부분을 보시기 바랍니다.

1.3.1 윈도우 편

다운로드한 exe 파일을 실행하면 다음 화면이 표시됩니다. ① Next를 클릭합니다.

▶ Welcome to Android Studio Setup

다음으로 에뮬레이터 설치 여부를 선택할 수 있습니다. 여기서는 ② Android Virtual Device 에 체크된 상태로 ③ Next를 누릅니다.

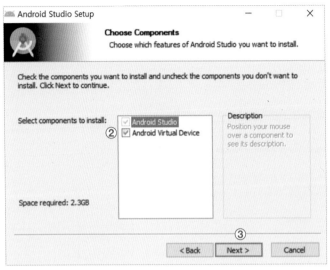

▶ 에뮬레이터 설치 여부 선택

④ 안드로이드 스튜디오를 설치할 경로를 지정합니다. ⑤ Next를 클릭합니다.

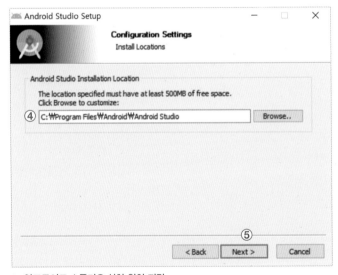

▶ 안드로이드 스튜디오 설치 위치 지정

다음 화면에서 기본값으로 ⑥ Install을 클릭하면 설치가 시작됩니다.

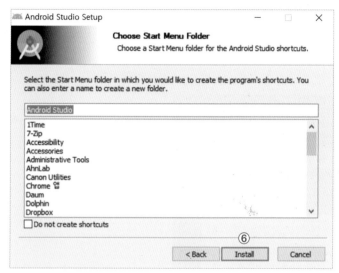

▶ 설치할 메뉴 폴더 지정

설치가 끝나면 Next를 클릭합니다. 다음과 같은 화면이 표시됩니다.

⑦ Start Android Studio가 체크되어 있다면 ⑧ Finish를 클릭해서 안드로이드 스튜디오를
실행할 수 있습니다.

▶ 설치 완료

1.3.2 맥OS 편

다운로드한 dmg 파일을 실행하면 다음과 같은 화면이 열립니다.

① Android Studio 아이콘을 ② Applications 폴더로 드래그 앤 드롭합니다.

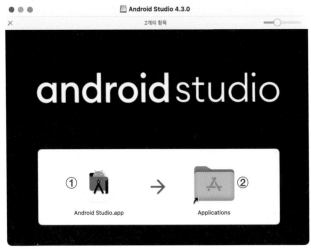

▶ 안드로이드 스튜디오 복사

이렇게 하면 응용프로그램 폴더에 안드로이드 스튜디오가 복사됩니다. 런치패드LaunchPad 또는
파인더Finder에서 ③ Android Studio를 실행합니다.

▶ 안드로이드 스튜디오 실행

처음 실행하면 다음과 같은 화면이 표시됩니다. ④ '열기'를 클릭합니다.

▶ 안드로이드 스튜디오 처음 실행

1.3.3 리눅스 편

리눅스에서는 다운로드한 ZIP 파일의 압축을 풀면 설치가 끝납니다. 다운로드한 ZIP 파일을
열어보면 android-studio 폴더가 보입니다. ① '풀기'를 눌러 적당한 위치에 압축을 풀어줍니
다. 필자는 홈 디렉터리에 압축을 풀었습니다.

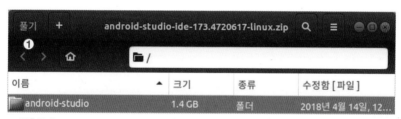

▶ 압축풀기

단축키 `Ctrl` + `Alt` + `T` 를 눌러 터미널을 엽니다. ② android-studio/bin 디렉터리로 이동
하고 ③ ./studio.sh로 스크립트를 실행합니다.

▶ 안드로이드 스튜디오 실행

1.3.4 안드로이드 스튜디오 시작

안드로이드 스튜디오를 실행한 이후의 과정은 모든 OS가 공통입니다. 처음 실행 시에는 이전 버전의 환경설정을 임포트import할 것인지 말지를 결정하는 화면이 표시됩니다. 두 번째 실행부터는 표시되지 않습니다. 미리 백업해둔 설정 파일을 불러올 때 사용합니다.

처음 설치했으므로 ① Do not import settings를 체크하고 ② OK 버튼을 클릭합니다.

▶ 이전 안드로이드 스튜디오의 설정 가져오기

안드로이드 스튜디오를 처음 시작하면 Setup Wizard가 시작됩니다. 두 번째 실행부터 이 화면은 표시되지 않습니다. ③ Next를 클릭합니다.

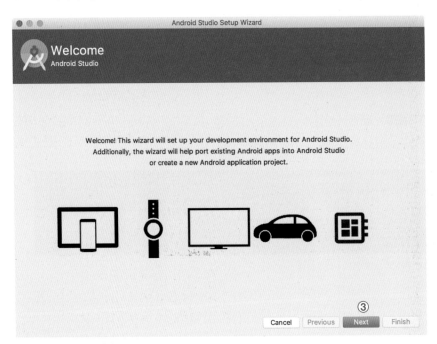

▶ Setup Wizard 시작

다음 화면에서 설정 방법을 선택합니다. 기본 설정으로 진행하는 기본값 ④ Standard를 선택하고 ⑤ Next를 클릭합니다.

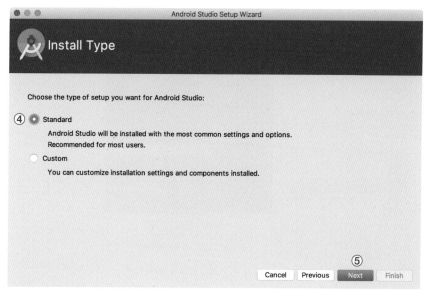

▶ Standard 선택

다음 화면에서는 기본 UI 테마를 선택합니다. 흰 배경의 기본 테마인 Default(IntelliJ) 또는 어두운 배경의 테마인 Darcula 중에 하나를 선택합니다. 필자 개인적으로는 ⑥ Darcula를 사용하지만 이 책의 스크린샷은 기본 테마에서 촬영했습니다.

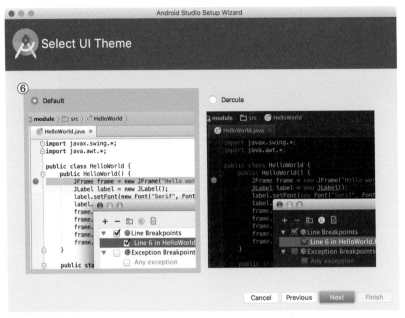

▶ 기본 테마 설정

설정에 필요한 항목이 표시됩니다. ⑦ Finish를 클릭하면 에뮬레이터, 안드로이드 SDK, 플랫폼 도구 등 안드로이드 앱 개발에 필요한 기본 도구들을 다운로드합니다.

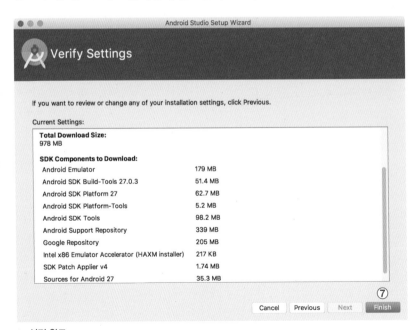

▶ 설정 완료

다운로드가 완료되면 ⑧ Next를 클릭합니다.

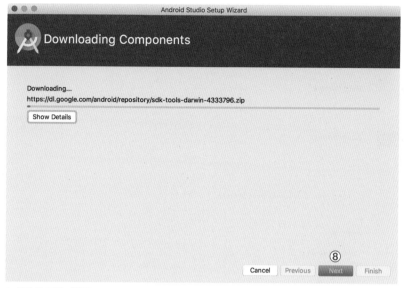

▶ 필요한 도구 다운로드

도중에 에뮬레이터를 고속으로 동작시키는 HAXM을 설치합니다. 모든 컴포넌트의 설치가 끝나면 ⑨ Finish를 클릭합니다.

▶ 다운로드 완료

1.3.5 안드로이드 스튜디오 설정

기본 설정만으로 앱 개발을 시작해도 됩니다만 약간의 설정을 더 하면 편하게 개발할 수 있습니다. Customize 메뉴에서 All settings를 클릭하여 설정 화면을 엽니다.

▶ Customize의 All settings 클릭

또는 프로젝트를 이미 만든 이후에 설정 화면을 열려면 File → Settings 메뉴를 클릭합니다
_{맥OS에서는 Android Studio → Preferences}.

| 인코딩 설정 (윈도우만 해당) |

리눅스와 맥OS는 기본 파일 인코딩이 유니코드를 지원하는 UTF-8인 반면, 윈도우는 EUC-KR 계열 인코딩을 기본으로 사용합니다. 이런 경우 윈도우에서 작성한 주석이나 한글이 다른 OS에서 깨져 보입니다. OS 간의 호환성을 고려해 파일 인코딩은 UTF-8로 통일하겠습니다.

Settings에서 → Editor → ① File Encodings를 클릭하면 파일 인코딩 설정 화면이 표시됩니다.

② Global Encoding과 ③ Project Encoding을 모두 UTF-8로 설정해줍니다. 설정 파일 등의 인코딩도 통일하려면 ④ Default encoding for properties files도 UTF-8로 설정합니다.

⑤ Apply를 클릭하여 현재 프로젝트에 설정을 반영합니다.

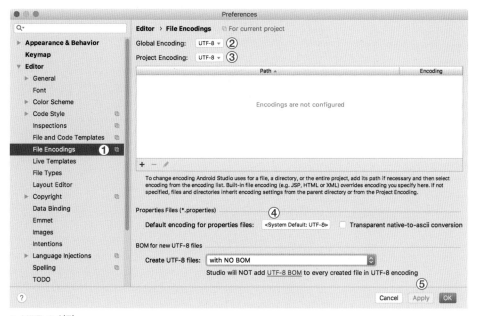

▶ UTF-8 설정

| 자동 import 설정 |

코틀린 API를 사용할 때는 자바와 마찬가지로 패키지를 임포트해야 합니다. 기본 설정으로도 자동 임포트가 이루어집니다. 반대로 해당 API를 제거했을 때 import문을 자동 정리해주면 코드가 더 깔끔하게 유지될 겁니다. 자동 삭제 기능을 설정해봅시다.

Settings에서 Editor → General → ⑥ Auto Import를 클릭합니다.

⑦ Add unambiguous imports on the fly^{자동으로 패키지 임포트}와 ⑧ Optimize imports on the fly^{자동으로 임포트를 정리}를 모두 체크하고 Apply를 클릭해 현재 프로젝트에 반영합니다.

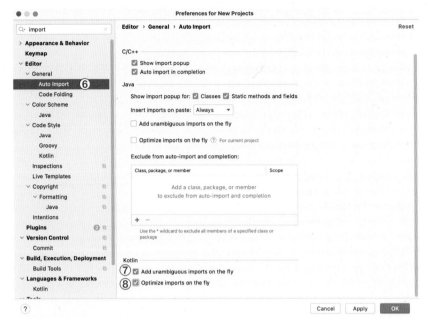

▶ import 설정

이제 미사용 import문을 자동 삭제하고 정리합니다.

1.4 마치며

이번 장에서는 안드로이드와 코틀린에 관해 간략히 알아보고, 안드로이드 개발 도구인 안드로이드 스튜디오를 설치했습니다.

2장
기기와
에뮬레이터 준비

이 장에서는 안드로이드 스튜디오를 실행해 프로젝트를 생성하고,
앱을 실행하는 실제 기기 또는 에뮬레이터를 준비합니다.

2.1 프로젝트

앱을 개발하고 기기나 에뮬레이터로 실행하려면 프로젝트가 필요합니다. 안드로이드 스튜디오는 프로젝트Project 단위로 앱을 관리합니다. 프로젝트를 작성하는 방법을 익히면서 프로젝트에 대한 개념과 툴 사용 방법을 익혀 나가겠습니다.

2.1.1 프로젝트 작성 방법

안드로이드 스튜디오를 시작하면 맨 처음에 Welcome to Android Studio 화면이 뜹니다. 여기서 새로운 프로젝트를 생성하거나 기존 프로젝트를 열 수 있습니다.

① New Project를 클릭하여 프로젝트를 생성합시다.

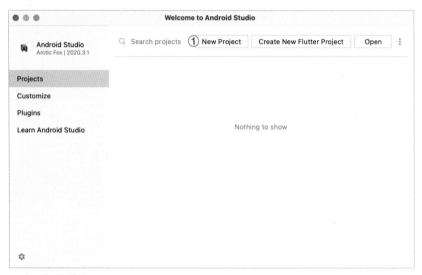

▶ 프로젝트를 생성

다음으로 프로젝트 템플릿을 선택하는 화면이 표시됩니다. 이 화면에서는 자주 사용되는 액티비티의 기본 형태를 템플릿으로 제공합니다. 앱의 화면을 표시하는 것이 액티비티입니다. 만들고 싶은 앱에 적절한 액티비티를 선택하면 됩니다.

여기서는 ② Empty Activity를 선택하고 ③ Next를 클릭해서 아무것도 작성되지 않은 깨끗한 액티비티를 만들겠습니다.

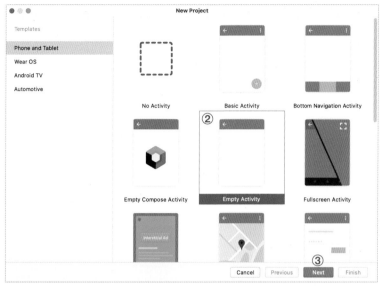

▶ 템플릿 선택

다음으로 프로젝트를 작성하는 화면이 표시됩니다. Minimum SDK는 이 앱이 동작할 안드로이드 OS의 최소 버전을 선택하는 부분인데 이 책에서는 ④ API 21을 선택하였습니다. 이 버전이 낮을수록 많은 기기를 지원하지만 최신 기능은 사용할 수 없기 때문에 이 부분을 잘 결정해야 합니다. ⑤ Finish를 클릭합니다.

New Project

Empty Activity

Creates a new empty activity

Name	My Application
Package name	com.survivalcoding.myapplication
Save location	/Users/junsuk/dev/tmp/AndroidStudioProjects/MyApplication2
Language	Kotlin
Minimum SDK	API 21: Android 5.0 (Lollipop) ④

ⓘ Your app will run on approximately **94.1%** of devices.
⑥ Help me choose

☐ Use legacy android.support libraries ⑦
Using legacy android.support libraries will prevent you from using the latest Play Services and Jetpack libraries

Cancel   Previous   Next   ⑤ Finish

▶ 프로젝트 설정

각 항목별 설명은 다음과 같습니다.

- **Name** : 앱 및 프로젝트 이름 지정
- **Package Name** : 앱의 고유 ID. Company domain과 Application Name의 조합으로 자동으로 설정됩니다. 이 값은 구글 플레이에 앱을 공개할 때 전 세계에서 고유한 값이 되어야 합니다.
- **Save location** : 프로젝트를 저장할 위치
- **Language** : 사용할 주 언어 설정
- **Minimum SDK** : 최소 지원 안드로이드 버전 설정
- **Use legacy android.support libraries** : 레거시 라이브러리 사용 여부 설정. 일반적으로 설정하지 않음

최소 버전 선택에 어려움이 있다면 ⑥ Help me choose를 클릭해보세요. 버전별 분포도를 알려주기 때문에 최소 버전을 선택하는 데 도움이 될 겁니다.

이 화면은 전 세계 안드로이드 OS 버전 분포를 보여줍니다. 각 버전을 클릭하면 버전별 기능과 특징을 상세히 볼 수 있습니다. 책이 개정된 시점을 기준으로 4.1 젤리빈은 무려 99.8%의 기기를 커버합니다. 그럼에도 이 책에서는 안드로이드 5.0 롤리팝을 최소 버전으로 선택했습니다. 4.x 버전은 너무 오래된 버전이고, 이를 지원하기 위해서는 개발이 너무 복잡해져서 학습을 위해서는 5.0 이상을 지원하는 것이 무난하다고 판단했습니다.

Android Platform/API Version Distribution

ANDROID PLATFORM VERSION	API LEVEL	CUMULATIVE DISTRIBUTION
4.0 Ice Cream Sandwich	15	
4.1 Jelly Bean	16	99.8%
4.2 Jelly Bean	17	99.2%
4.3 Jelly Bean	18	98.4%
4.4 KitKat	19	98.1%
5.0 Lollipop	21	94.1%
5.1 Lollipop	22	92.3%
6.0 Marshmallow	23	84.9%
7.0 Nougat	24	73.7%
7.1 Nougat	25	66.2%
8.0 Oreo	26	60.8%
8.1 Oreo	27	53.5%
		39.5%
9.0 Pie	28	
10 Android 10	29	8.2%

Lollipop

User Interface
Material design support
Concurrent documents and activities in the recents screen
WebView updates
Screen capturing and sharing

Notifications
Lock screen notifications
Notifications metadata

Graphics
Support for OpenGL ES 3.1
Android Extension Pack

Media
Camera API for advanced camera capabilities
Audio playback
Media playback control
Media browsing

Storage
Directory selection

Wireless & Connectivity
Multiple network connections
Bluetooth Low Energy
NFC enhancements

Battery - Project Volta
Scheduling jobs
Developer tools for battery usage

Android in the Workplace and in Education
Managed provisioning
Device owner
Screen pinning

Printing Framework
Render PDF as bitmap

System
App usage statistics

Testing & Accessibility
Testing and accessibility improvements

IME
Easier switching between input languages

Manifest Declarations
Declarable required features
User permissions

https://developer.android.com/about/versions/android-5.0.html

Cancel   OK

▶ 안드로이드 OS 버전 분포

프로젝트 화면이 표시되기까지 시간이 걸립니다. 안드로이드 스튜디오가 무언가 일을 하고 있을 때는 하단에 메시지가 표시됩니다. 맨 처음 실행 시에는 메시지 표시가 사라질 때까지 시간이 걸리니 잠시 기다립니다.

▶ 안드로이드 스튜디오가 일하는 중

프로젝트가 생성되면 MainActivity.kt와 activity_main.xml 두 파일이 열려 있습니다. 소스 에디터가 보이는 화면입니다. 위쪽 탭에서 ⑦ activity_main.xml을 클릭하면 레이아웃 에디터가 표시됩니다.

▶ 프로젝트 화면

화면 상단에 있는 ⑧ 탭을 누르면 열려 있는 파일로 전환할 수 있습니다. 레이아웃 에디터의 가운데에 표시된 ⑨ Hello World 글자나 Component Tree창의 TextView를 클릭하면 속성을 설정하는 ⑩ Attributes 창이 표시됩니다. 화면에 표시되는 모든 영역은 ⑪ 접기 아이콘을 클릭해서 접을 수 있고, 에디터의 가장자리 부분에 있는 ⑫ 각 창의 이름을 클릭하면 펼칠 수 있습니다. 그림에는 비교적 자주 사용하는 부분에 표시를 했습니다.

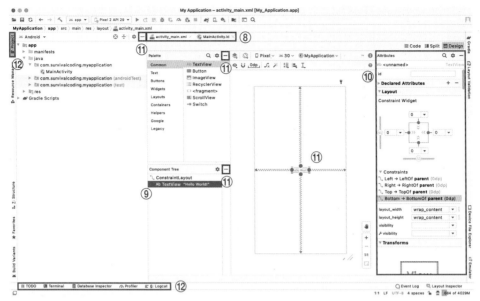

▶ 안드로이드 스튜디오의 화면 구성

자세한 내용은 실제로 프로젝트를 작성하면서 하나씩 익혀 나가도록 하겠습니다.

2.2 안드로이드 기기로 실행하기

안드로이드는 기기와 에뮬레이터로 개발한 앱을 실행할 수 있습니다. 에뮬레이터에서는 GPS, 카메라 등의 테스트가 어렵고 메모리도 많이 사용합니다. 안드로이드 기기가 있다면 실제 기기를 이용하여 개발하는 것이 좋습니다.

2.2.1 USB 드라이버 설치(윈도우만 해당)

맥OS와 리눅스에는 드라이버를 추가로 설치하지 않습니다. 하지만 윈도우에는 각 제조사별 USB 드라이버를 설치해야 합니다.

| 구글 이외의 제조사 제품(삼성, LG 등) |

대부분의 기기가 컴퓨터와 USB로 연결 시 자동으로 인식이 되지만 연결이 되지 않는 경우에는 별도의 USB 드라이버를 설치해야 합니다. 구글의 개발자 페이지에는 각 제조사별 USB 드라이버의 링크https://developer.android.com/studio/run/oem-usb를 제공합니다. 가지고 있는 기기에 맞는 USB 드라이버를 설치합니다.

제조사마다 USB 드라이버의 설치 방법이 다르므로 설치가 어렵다면 구글링 결과를 참고하기 바랍니다. 예를 들어 LG 제품은 구글에서 'LG USB 드라이버 설치'로 검색하면 설치 방법을 찾을 수 있습니다.

| 구글 레퍼런스 기기(픽셀폰) |

픽셀과 같은 구글 레퍼런스 기기는 최신 윈도우 10에서 자동 인식됩니다. 만약 인식되지 않는다면 안드로이드 스튜디오의 SDK Manager에서 다운로드할 수 있습니다.

안드로이드 스튜디오 상단의 ① SDK Manager 아이콘을 클릭하거나, 메뉴에서 Tools → Android → SDK Manager를 클릭합니다.

▶ SDK Manager 실행

② SDK Tools 탭을 클릭하고 ③ Google USB Driver를 체크하고 ④ Apply 또는 OK를 클릭합니다. 〈sdk 경로〉\extras\google\usb_driver\ 폴더에 드라이버가 다운로드됩니다.

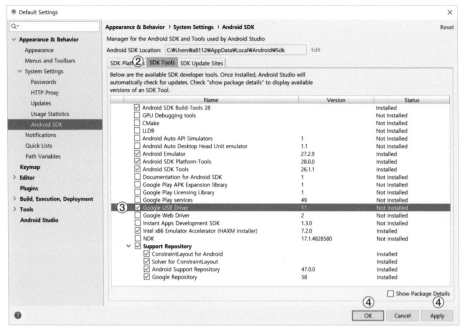

▶ 구글 USB 드라이버 다운로드

윈도우 장치 관리자에서 드라이버를 업데이트하고 다운로드받은 드라이버 위치를 지정합니다. 드라이버 설치가 제대로 되었다면 이제 윈도우 사용자도 기기를 연결할 준비가 된 겁니다.

2.2.2 개발자 모드 활성화

기기의 개발자 모드를 활성화해야 우리가 개발한 앱을 실행할 수 있습니다. 이 부분은 기기마다 조금씩 경로가 다를 수 있습니다.

먼저 설정 앱을 실행하고 다음 순서대로 개발자 옵션을 활성화합니다.

① 아래로 스크롤하여 시스템 클릭

② 휴대전화 정보 클릭

③ 아래로 스크롤하여 빌드 번호를 연속으로 클릭

④ '개발자가 되었습니다' 또는 '이미 개발자입니다'라는 메시지가 나오는지 확인

▶ 개발자 옵션 활성화

이제 뒤로가기 버튼을 눌러 시스템 메뉴로 돌아가면 기존에는 없던 개발자 옵션이 보입니다.
개발자 옵션을 클릭하고 ⑤ USB 디버깅을 켭니다. 다음과 같이 'USB 디버깅을 허용하시겠습
니까?'라고 묻습니다. ⑥ 확인을 클릭합니다.

▶ USB 디버깅 켜기

이제 PC와 기기를 USB 케이블로 연결합니다. 처음 연결하면 다음과 같은 화면이 표시됩니다.
기기를 PC에 연결할 때마다 이 화면이 표시되는데 ⑦ 이 컴퓨터에서 항상 허용을 체크하면 다
음 연결부터 이 화면이 표시되지 않습니다. ⑧ 확인을 클릭합니다.

▶ 이 컴퓨터에서 항상 허용

안드로이드 스튜디오에서 하단 ⑨ Logcat 탭을 클릭했을 때 ⑩ 각자 자신의 기기 이름이 표시
되면 성공입니다.

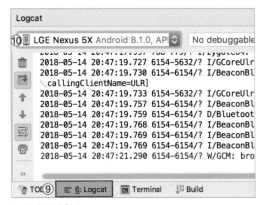

▶ 기기 연결 확인

기기가 인식되지 않습니다

기기가 연결되지 않는 이유는 다양해서 이 책에 다 담을 수 없습니다. 예를 들어 제조사별로 USB 드라이버
를 설치한 이후에도 PC와 연결 시에 별도의 조작이 필요한 경우가 있습니다. 제조사마다 이유가 다르므로
최대한 구글 검색을 활용하여 해결해야 합니다.

2.2.3 기기에서 실행

이제 기기가 연결되었으니 앱을 실행합니다. 기기가 연결되었다면 다음과 같이 표시됩니다. 이 부분은 연결된 기기마다 다르게 표시되므로 ① 본인의 기기를 잘 선택하고 ② OK를 클릭합니다.

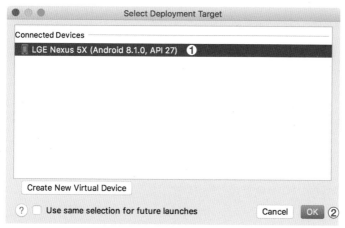

▶ 연결된 기기 선택

OK를 눌렀을 때 기기에 Hello World가 표시되며 앱이 실행되면 성공입니다.

▶ 앱 실행

2.3 에뮬레이터로 실행하기

안드로이드 스튜디오로 작성한 앱은 실제 기기 또는 에뮬레이터로 실행시킬 수 있습니다. 그리고 실제 기기가 있더라도 에뮬레이터를 사용하면 다른 버전이나 다른 크기의 기기에서 어떻게 동작하는지를 간편히 테스트할 수도 있습니다.

2.3.1 에뮬레이터 생성

AVD^Android Virtual Device Manager를 실행해 에뮬레이터를 생성하겠습니다. AVD Manager는 안드로이드 에뮬레이터를 관리하는 프로그램으로 안드로이드 스튜디오에서 제공합니다.

상단 툴바에서 ① AVD Manager를 클릭하거나, 메뉴의 Tools → AVD Manager에서 선택할 수 있습니다.

▶ AVD Manager 실행

AVD Manager를 실행하면 다음과 같은 화면이 표시됩니다. 이 화면은 아직 에뮬레이터가 하나도 없을 때만 표시됩니다. 새로운 에뮬레이터를 작성하는 데 ② Create Virtual Device를 클릭합니다.

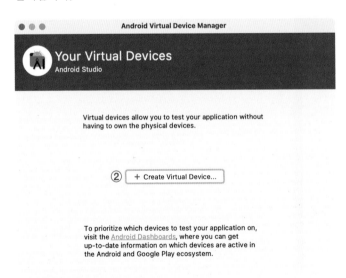

▶ AVD Manager

책에서는 핸드폰용 앱을 만들기 때문에 Category에서 ③ Phone을 선택하고 기종은 구글의 레퍼런스 기기 중에서 표준적인 사양을 가진 ④ Pixel 2를 선택하고 나서 Next를 클릭합니다 (Pixel 2에는 플레이 스토어도 설치되어 있고 해상도도 FHD입니다. 더 높은 사양의 기종을 선택하면 그만큼 좋은 PC로 개발해야 합니다).

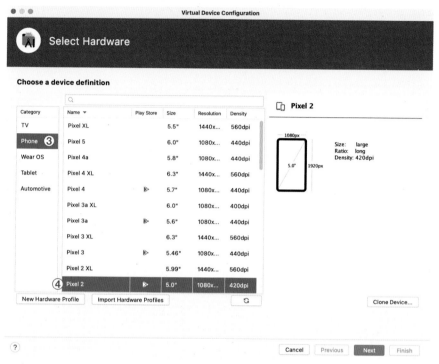

▶ 하드웨어 선택 화면

다음으로 시스템 이미지를 선택하는 화면이 표시됩니다. 여기서는 안드로이드 버전을 선택합니다.

상단에 3개의 탭이 있습니다. ⑤ Recommended 탭을 선택합니다. 여기에 비교적 최근 버전의 안드로이드 OS 목록이 표시됩니다. 예전 버전의 OS가 필요하면 x86 Images 탭에서 선택합니다.

에뮬레이터를 설치한 적이 없다면 이미지를 다운받아야 합니다. ⑥ Download 링크를 클릭하면 이미지를 다운로드할 수 있습니다. 위 그림은 다운로드를 한 상태입니다. 다운로드가 완료되면 OS 이미지를 선택할 수 있습니다.

⑦ Release Name이 R, API 레벨이 30인 이미지를 선택하고 Next를 클릭합니다. (Release Name S, API 레벨 31인 이미지를 선택해도 무방합니다. 이 책의 예제도 안드로이드 12(API 31) 대상으로 정상 동작을 테스트했습니다.)

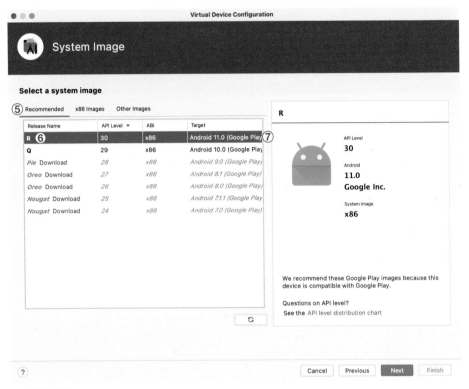

▶ 이미지 선택

책을 보는 시점에 더 높은 버전이 나왔을 수 있지만 가급적 책과 같은 버전으로 맞추고 실습을 하셔야 문제가 생기지 않습니다.

다음으로 AVD의 환경설정 화면이 표시됩니다. 기본값으로 두고 Finish를 클릭합니다.

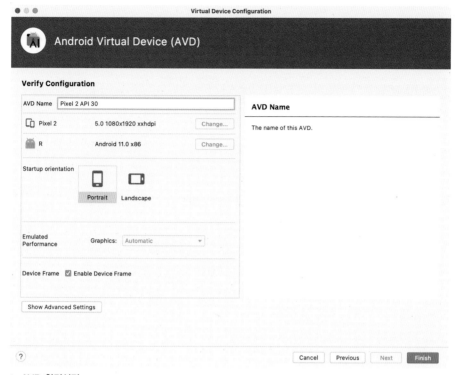

▶ AVD 환경설정

이 화면에서는 에뮬레이터 이름, OS 이미지 변경, 화면 크기, 기기의 시작 방향 등의 상세 설정을 변경할 수 있습니다.

드디어 에뮬레이터 준비를 마쳤습니다. 이제 AVD Manager는 다음과 같은 화면을 표시하고 추가된 에뮬레이터 목록을 표시합니다.

⑧ 실행 아이콘을 클릭하면 에뮬레이터가 실행됩니다. 만약 에뮬레이터의 환경설정을 변경하려면 실행 아이콘 우측의 연필 아이콘을 클릭합니다. 삭제하고 싶다면 그 우측의 드롭다운 아이콘을 클릭합니다.

▶ 추가된 에뮬레이터 목록 사진에서는 2개의 에뮬레이터를 추가했을 경우

에뮬레이터 추가가 완료되었습니다. 개발하다 보면 여러 종류의 에뮬레이터를 만들고 테스트해야 하게 됩니다. 그러니 에뮬레이터를 추가하는 방법을 잘 기억해둬야 합니다.

2.3.2 앱 실행

실행 아이콘을 클릭하여 에뮬레이터를 실행시킵니다. 다음과 같은 화면이 표시되면 성공입니다.

▶ 에뮬레이터 실행 화면

에뮬레이터를 실행시켰다면 앱을 실행할 준비가 되었습니다. 안드로이드 스튜디오의 상단 툴바에서 ① 실행 아이콘을 클릭하거나 메뉴에서 Run → Run app을 클릭합니다.

▶ 앱을 실행

에뮬레이터에 Hello World 문구가 표시되면 성공입니다.

> **에뮬레이터가 동작하지 않습니다**
>
> 에뮬레이터가 동작하지 않는 이유는 다양합니다.
> - CPU에서 가상화 기술(Intel VT-x, AMD SVM)을 지원하지 않는 경우
> - BIOS에서 가상화 기술이 꺼져 있는 경우
>   - 가상화 기술을 활성화하는 방법 : http://bit.ly/2Lm2Awz
> - 그래픽 드라이버에 문제가 있는 경우
>
> 이러한 경우에는 구글 검색과 블로그 등을 참고하여 해결하시길 바랍니다. 가장 추천하는 방법은 실제 기기를 사용하여 개발하는 겁니다.

2.3.3 에뮬레이터 조작법

에뮬레이터는 실제 기기를 그대로 재현한 것으로 해당 안드로이드 기기를 다뤄봤다면 쉽게 사용법을 익힐 수 있습니다.

▶ 에뮬레이터 조작 방법

화면 터치는 마우스 클릭으로 가능하고, 두 손가락을 이용한 화면 확대/축소^{핀치 줌/아웃 기능}는 Ctrl ⊞를 누른 상태로 드래그하면 실행할 수 있습니다.

기타 설정 버튼을 누르면 에뮬레이터의 설정을 하는 화면이 표시됩니다.

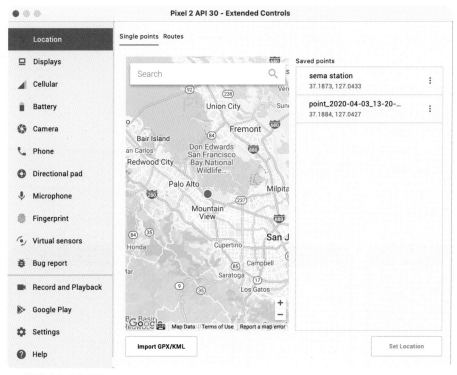

▶ 에뮬레이터 기타 설정

여기에서 임의의 GPS값 에뮬레이션, 배터리 충전 여부 설정, 전파가 LTE인지 로밍 중인지 설정, 가상으로 기기에 문자 전송, 센서값 임의 설정, 지문인식 등 많은 에뮬레이션 기능을 수행할 수 있습니다. 하지만 GPS 등을 사용할 때 아무래도 실제 기기를 사용하는 것보다 불편합니다. 게다가 카메라는 에뮬레이션되지 않습니다. 이런 기능을 사용한다면 실제 기기를 사용하는 것이 좋습니다. 에뮬레이터 실행에는 별도로 1GB 정도의 메모리가 필요하기 때문에 PC 메모리가 8GB 이상인 경우에만 권장합니다.

2.3.4 한국어 설정

에뮬레이터가 제공하는 기본 언어는 영어입니다. 한국어로 설정하려면 다음 순서를 따릅니다.

① Settings 앱 실행

② 제일 하단의 System 클릭

③ Languages & input 클릭

④ Languages 클릭

⑤ Add a language 클릭

⑥ 아래로 스크롤하여 한국어 클릭

⑦ 대한민국 클릭

⑧ 우측의 이동 아이콘을 드래그하여 한국어가 가장 위로 오도록 이동

▶ 한국어로 언어 변경

2.4 마치며

이번 장에서는 프로그래밍을 시작하기 전에 준비할 사항을 알아보았습니다.

- 앱을 개발하는 첫 번째 단계는 프로젝트 작성입니다.
- 기기에서 실행하려면 개발자 모드를 활성화해야 합니다.
- 기기가 없을 때는 에뮬레이터를 사용하여 앱을 실행할 수 있습니다.
- 기기나 에뮬레이터를 연결했다면 안드로이드 스튜디오의 앱 실행 아이콘을 클릭하여 앱을 실행할 수 있습니다.

3장
첫 번째 앱 만들기

이 장에서는 안드로이드 스튜디오의 프로젝트 구조, 레이아웃 에디터에 대해 알아봅니다.
간단한 레이아웃을 작성하면서 텍스트 뷰를 배치하고
문자열 리소스, 다국어화, 레이아웃 제약 수정에 대해 배웁니다.

3 첫 번째 앱 만들기

난이도	★☆☆
프로젝트명	My Application
기능	• "헬로 월드"를 표시합니다. • 버튼을 누르면 "버튼을 눌렀습니다"로 변경됩니다.
핵심 구성요소	• TextView : 글자를 표시하는 뷰입니다. • Button : 버튼 모양을 제공하는 뷰입니다.
라이브러리 설정	없음

3.1 안드로이드 스튜디오 프로젝트 구성

2장에서 작성한 My Application 프로젝트를 더 자세히 살펴보고 간단한 코드를 작성하면서 안드로이드 스튜디오의 기본 기능을 알아보겠습니다.

3.1.1 기본 화면 구성

안드로이드 스튜디오로 프로젝트를 생성하면 다음과 같은 화면이 표시됩니다.

▶ 안드로이드 스튜디오의 화면 구성

다른 에디터와 별반 다를 것 없는 화면입니다. 좌측에 프로젝트 파일들이 표시되는 프로젝트 창이 있고, 우측에 파일을 편집하는 에디터 창이 있습니다. 그리고 하단에 TODO, Logcat, Build, Terminal 등의 도구가 표시되는 기타 도구 창이 있습니다.

프로젝트 창은 몇 가지 보기 모드를 지원합니다. 프로젝트 창 상단의 ① Android 드롭다운 목록을 클릭합니다.

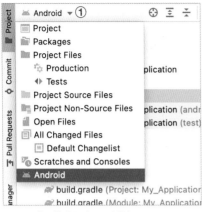

▶ 프로젝트 창의 보기 모드 변경

여기서 가장 많이 사용하는 두 가지를 기억해두시기 바랍니다.

- **Android** : 안드로이드용으로 최적화된 모드입니다. 주로 이 모드로 작업합니다.
- **Project** : 실제 폴더 구조대로 보는 모드입니다. Android 모드일 때는 보이지 않는 파일을 찾을 때 사용합니다.

에디터 창은 현재 편집 중인 파일을 표시합니다. 안드로이드에는 소스 코드, 레이아웃 XML 파일, 매니페스트 파일, 리소스 파일 등의 다양한 파일 종류가 있습니다. 이에 따라 각각 다른 에디터 화면이 표시됩니다.

하단의 기타 도구 창에서 Logcat 탭을 가장 자주 사용하게 됩니다. 빌드가 실패하거나 앱 실행 중에 에러로 앱이 종료되었을 때 에러 메시지나 원인을 찾을 수 있는 각종 메시지를 확인할 수 있습니다.

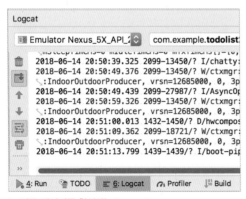

▶ 각종 메시지를 확인하는 Logcat

3.1.2 프로젝트 구조

프로젝트는 여러 파일로 구성되어 있습니다. 처음엔 굉장히 많은 파일이 있어 당황스러울 수 있지만 중요한 파일들 위주로 하나씩 알아가면 됩니다.

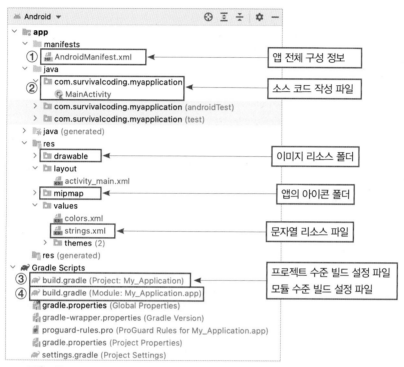

▶ 프로젝트 구조

① AndroidManifest.xml 파일은 앱 구성을 기술한 파일입니다. 예를 들어 액티비티가 몇 개인지 어느 액티비티가 시작 부분인지와 같은 정보가 들어 있습니다. 보통은 자동으로 작성되는데 특정 작업을 하기 위해 앱에 권한을 추가할 때는 직접 편집합니다. 앞으로 매니페스트라고 언급하면 이 파일을 가리킨다고 보면 됩니다.

② MainActivity.kt 파일에는 코드를 작성하고 activity_main.xml 파일에는 화면 레이아웃을 작성합니다. 이 둘이 한 세트라고 생각합시다. 나머지 항목은 실제 앱을 개발하면서 자세히 다루겠습니다.

③ 프로젝트 수준의 build.gradle 파일과 ④ 모듈 수준의 build.gradle 파일은 안드로이드의 빌드 구성 파일입니다. 빌드란 프로그램을 실행 가능한 상태로 만드는 과정을 말합니다.

build.gradle 파일들에는 빌드에 필요한 각종 설정 스크립트가 그루비라는 언어로 작성되어 있습니다. 그렇다고 그루비 언어를 배울 필요는 없습니다. 이 책은 외부 라이브러리를 추가할 때 ④ 모듈 수준의 build.gradle 파일을 수정하며 자연스럽게 작성법을 설명합니다.

3.2 레이아웃 에디터

먼저 프로젝트 창의 res/layout 폴더에서 activity_main.xml 파일을 찾아서 더블클릭하여 레이아웃 에디터를 엽니다. 레이아웃을 작성하는 화면을 레이아웃 에디터라고 합니다.

다음과 같은 순서로 알아보겠습니다.

1. 팔레트 창
2. 컴포넌트 트리 창
3. 디자인 창
4. 속성 창

만약 다음과 같은 화면이 아니고 XML 코드가 보인다면 하단의 ① Design 탭이 클릭되었는지 확인합니다. 이 책에서는 Text 탭의 XML 코드는 다루지 않고 초보자에게 친숙한 Design 탭에서 드래그 앤 드롭으로 레이아웃 디자인을 작성합니다.

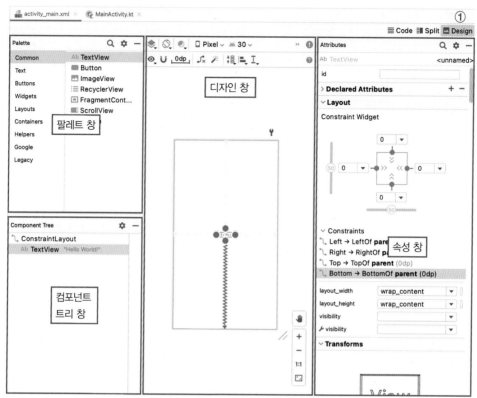

▶ 레이아웃 에디터

3.2.1 팔레트 창

팔레트 창은 레이아웃을 디자인할 때 필요한 여러 뷰를 제공합니다. 많이 사용하는 뷰들은 Common에 모여 있고, Text, Buttons, Widgets, Layouts, Containers, Google, Legacy 등의 카테고리로 분류되어 있습니다. 안드로이드는 화면에 보이는 모든 것을 뷰View라고 부르는데, 여기에 있는 뷰를 드래그하여 디자인 창으로 끌어놓으면 배치됩니다.

▶ 팔레트 창

3.2.2 컴포넌트 트리 창

컴포넌트 트리Component Tree 창에서 레이아웃의 전체 구조를 한눈에 볼 수 있습니다. 다음 그림을 보면 ConstraintLayout에 TextView가 배치된 것을 알 수 있습니다.

▶ 컴포넌트 트리 창

안드로이드에는 LinearLayout, RelativeLayout, FrameLayout 등의 여러 레이아웃이 준비되어 있지만 이 책의 예제는 뷰의 제약Constraint 설정에 기반한 ConstraintLayout을 기본으로 사용합니다. ConstraintLayout은 가장 최근에 등장했고 현재는 안드로이드 스튜디오에서 기본 레이아웃으로 자리매김했습니다.

제약이란 뷰가 화면의 어디에 표시될지를 여백 또는 다른 뷰와의 관계로 나타내는 것을 말합니다. 제약에 대해 더 자세한 것은 예제를 진행하면서 익히도록 하겠습니다.

3.2.3 디자인 창

디자인 창은 뷰를 배치하여 레이아웃을 작성하는 화면입니다.

▶ 디자인 창

상단 툴바의 가장 왼쪽에 있는 보기 모드를 변환하는 ① 아이콘을 클릭하면 Design, Blueprint, Design and Blueprint 세 모드를 선택할 수 있습니다.

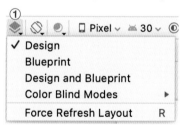

▶ 모드 변환

Design 모드는 디자인을 위주로 표시하고, Blueprint 모드는 제약을 위주로 표시합니다. 그리고 Design + Blueprint 모드는 이 둘을 모두 표시합니다.

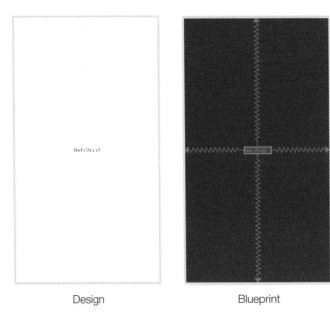

Design   Blueprint

▶ **Design모드와 Blueprint 모드**

Design 모드에서도 편집 중에는 제약이 표시되므로 책의 예제를 진행할 때는 대부분 Design 모드만으로 사용합니다.

상단 툴바의 각 항목들은 다음과 같은 기능을 합니다.

▶ 디자인 창의 툴바

② **Orientation for Preview :** 미리보기의 방향을 변경하거나 각종 UI 모드를 설정합니다.

③ **Device for Preview :** 미리보기의 대상 기기를 설정합니다. 여기서 다양한 기기의 크기로 미리보기할 수 있습니다.

④ **API Version for Preview :** 미리보기의 특정 API 버전을 지정합니다. 낮은 버전에서 어떻게 보이는지 테스트할 수 있습니다. 해당 버전의 SDK가 설치되어 있어야 합니다.

⑤ **Theme for Preview :** 미리보기의 테마를 변경할 수 있습니다.

⑥ **Locale for Preview :** 미리보기의 언어 설정을 변경할 수 있습니다.

⑦ **Toggle Issue Panel :** 경고나 에러를 표시합니다.

⑧ **View Options :** 제약이나 여백을 표시할지 결정합니다.

⑨ **Turn On/Off Autoconnect :** Autoconnect 기능을 ON/OFF합니다. ON이면 뷰를 배치할 때 자동으로 제약이 추가됩니다.

⑩ **Default Margins :** 기본 여백을 정합니다. 뷰를 배치할 때 이 값이 기본 여백으로 설정됩니다.

⑪ **Clear All Constraints :** 모든 제약을 삭제합니다.

⑫ **Infer Constraints :** 레이아웃 에디터에 배치된 모든 뷰의 제약을 자동 추가합니다.

⑬ **Pack :** 여러 뷰를 선택하여 상하 또는 좌우 간격을 정렬합니다.

⑭ **Align :** 여러 뷰의 위치를 정렬합니다.

⑮ **Guidelines :** 가이드라인을 추가하여 레이아웃 설계에 도움을 줍니다.

⑯ **Show Help Panel :** 기타 유용한 정보를 표시합니다.

이 책의 예제에서는 ⑨ Turn On/Off Autoconnect, ⑩ Default Margins를 주로 사용합니다.

3.2.4 속성 창

디자인 창에 배치한 뷰를 클릭하면 우측에 속성을 설정하는 속성 창이 표시됩니다. 속성 창에서 자주 사용하는 항목을 다음 그림을 살펴보며 설명하겠습니다.

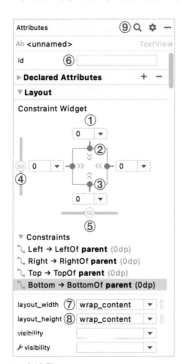

▶ 속성 창

이 화면에서 현재 배치된 뷰의 제약을 확인할 수 있습니다. 제약이 설정된 방향에는 ①과 같이 여백이 표시됩니다. 여기를 클릭하여 여백을 수정합니다.

제약을 삭제할 때는 뷰의 4면에 있는 ② 아이콘을 클릭합니다. 해당면의 제약이 삭제됩니다. 제약이 없는 면에는 ⊕ 가 표시되는데 이 ⊕를 클릭하여 제약을 추가합니다.

여백에 대한 제약이 추가되었다면 길이에 대한 제약은 4면에 있는 ③ 아이콘을 클릭하여 설정할 수 있습니다. 클릭할 때마다 3가지 모드가 변경됩니다.

- **0dp(match_constraint)** : 꽉 채웁니다.
- **wrap_content** : 콘텐츠 크기에 맞춥니다.
- **Fixed** : 임의의 dp값으로 지정합니다.

⑦, ⑧에서 원하는 설정을 직접 선택해도 됩니다. ④, ⑤는 상하, 좌우의 제약이 있을 경우에만 나타나는데 슬라이드하여 뷰의 위치를 상대적으로 몇 % 지점에 둘 것인지 설정합니다. ⑥ 뷰에 ID를 지정하면 코틀린 코드에서 참조할 수 있습니다.

뷰마다 설정하는 속성은 차이가 있습니다. 가장 많이 사용하는 속성 위주로 살펴보았습니다. 아래로 스크롤하여 더 많은 속성을 확인할 수 있으며, ⑨ 검색 아이콘을 클릭하여 원하는 속성을 빠르게 검색할 수 있습니다.

나머지 속성은 직접 예제를 작성하면서 다루겠습니다.

3.3 레이아웃 작성하기

뷰를 배치하고 제약을 수정하는 방법을 소개하며 추가적으로 문자열을 리소스로 관리하는 방법과 다국어를 지원하는 앱을 만드는 방법을 함께 다룹니다.

다음과 같은 순서로 알아보겠습니다.

1. 텍스트 뷰 배치하기
2. 문자열을 리소스로 만들기
3. 다국어 추가하기
4. 제약 수정하기

3.3.1 텍스트 뷰 배치하기

그럼 실제로 뷰를 배치해보죠. 먼저 화면에 보이는 "Hello World"를 클릭하고 Del 를 누르면
삭제됩니다. 이제 화면에는 뷰가 하나도 없습니다.

먼저 ① 자석 모양의 아이콘이 Autoconnect 모드인지 확인합니다. 이 아이콘을 클릭할 때마
다 Autoconnect 모드가 ON/OFF 됩니다. Autoconnect 모드는 배치하는 뷰와 레이아웃간
에 자동으로 제약이 추가되게 합니다. 배치하는 뷰가 어떻게 배치되야 하는지를 결정하는 규칙
을 제약이라고 합니다. 주로 뷰의 크기나 여백 설정을 제약을 설정한다고 합니다.

팔레트 창에서 ② TextView를 드래그하여 ③ 정중앙에 놓습니다. 이때 주변에 점선이 표시되
는지 확인하고 배치를 해야 제약이 자동 추가됩니다.

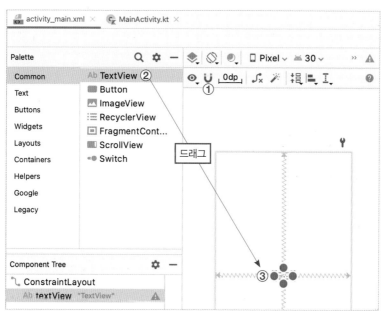

▶ TextView를 배치

다음 그림과 같이 텍스트 뷰를 클릭했을 때 사방에 구불구불한 선들이 생기면 제약이 잘 추가 된 겁니다. 문자열을 변경하려면 배치한 텍스트 뷰를 클릭하고 속성 창에서 ④ text 속성을 수 정합니다. 글자 크기를 변경하려면 ⑤ textAppearance 속성을 AppCompat.Large로 변경 합니다. 여기에는 자주 사용되는 설정들이 미리 준비되어 있기 때문에 글자 크기를 변경할 때 이용하면 편리합니다.

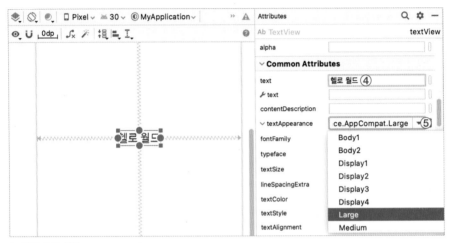

▶ 뷰의 속성 설정

3.3.2 문자열을 리소스로 만들기

직전에 문자열을 "헬로 월드"로 변경했는데 사실 안드로이드에서는 모든 문자열을 리소스화 해 서 사용하는 방법을 권장합니다. 예를 들어 언어별로 문자열 리소스 파일만 추가하면 쉽게 다 국어 지원 앱을 만들 수도 있습니다.

컴포넌트 트리 창을 보면 "헬로 월드" 텍스트 뷰 우측에 ① 경고 아이콘이 있습니다. 이것을 클 릭합니다. 그러면 하단에 경고 내용이 표시되는데 문자열을 리소스화하지 않았기 때문입니다. ② Fix 버튼을 클릭합니다.

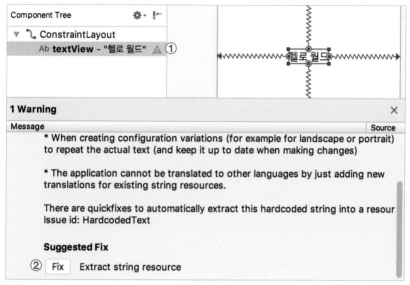

▶ 경고 해결하기

▶ 문자열을 리소스화하는 화면

다음과 같이 문자열을 리소스화하도록 도와주는 화면이 표시됩니다. ③ Resource name에
hello_world라고 입력하고 OK를 클릭합니다.

이제 경고가 사라지고 text 속성값이 @string/hello_world로 변경되었습니다.

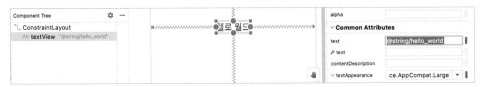

▶ 문자열을 리소스화하면 경고가 사라진다

"헬로 월드" 문자열이 hello_world라는 이름의 문자열 리소스로 변경된 겁니다. 문자열 리소스는 res/values/strings.xml 파일에 정의되어 있습니다.

프로젝트 창에서 ④ res/values/strings.xml 파일을 더블클릭합니다. 에디터 창에 방금 추가한 hello_world를 포함하여 프로젝트에서 사용 중인 모든 문자열 리소스들을 확인할 수 있습니다. 기본적으로 앱 이름도 리소스화되어 있습니다.

문자열을 더 쉽게 추가하려면 ⑤ Open editor를 클릭합니다. Translations Editor가 표시되는데 여기서 문자열 추가나 다국어 추가를 쉽게 할 수 있습니다.

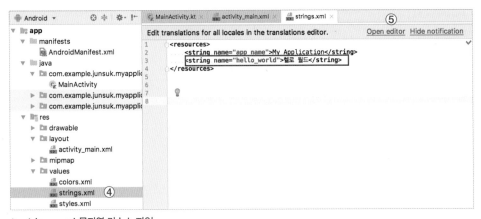

▶ strings.xml 문자열 리소스 파일

3.3.3 다국어 추가하기

이제 문자열 리소스 파일을 추가하기만 하면 다국어 지원 앱이 됩니다. 언어를 추가하려면 ① Add Locale 아이콘을 클릭합니다. 추가할 언어를 선택하는 드롭다운 리스트가 표시됩니다. 한국어를 추가하려면 ② Korean (ko) in South Korea를 선택합니다.

▶ 한국어 추가

다음 그림처럼 한국어와 기본언어[영어]에 해당하는 문자열을 각각 ③ 헬로 월드, ④ HelloWorld
로 수정합니다.

Key	Resource Folder	Untranslatable	Default Value	Korean (ko) in South...
app_name	app/src/main/res	☐	My Application	My Application
hello_world	app/src/main/res	☐	Hello World ④	헬로 월드 ③

▶ hello_world의 영어와 한국어 수정

Default Value는 번역하지 않은 값으로 주로 영어를 작성합니다. 이렇게 되면 기기의 언어 설
정을 한국어 이외의 언어로 설정할 경우에는 영어가 표시됩니다. 여기에 번역할 언어를 하나
하나 추가하면 다국어 앱이 되는 겁니다. 여기서는 hello_world만 번역했지만 app_name도
번역하면 앱의 제목도 다국어화됩니다.

기기의 언어 설정을 한국어와 다른 언어로 변환해가며 앱을 실행하세요. 번역된 문자가 잘 표
시된다면 성공입니다.

▶ 언어 설정에 따라 한국어와 영어로 표시되는 문자열

앱을 글로벌로 배포하려면 이렇게 모든 문자열을 리소스화하는 것이 정석입니다. 하지만 앞으로 등장하는 책의 예제에서는 편의상 문자열 리소스화를 생략하겠습니다.

3.3.4 제약 수정하기

화면 가운데에 위치한 텍스트 뷰를 상단으로 이동시키겠습니다. 텍스트 뷰를 클릭하고 속성 창에서 제약을 수정하겠습니다. 사각형의 ① 아래쪽 원을 클릭하여 제약을 삭제합니다. 아래쪽 제약을 삭제하면 텍스트 뷰가 상단에 붙어버립니다. 적당히 간격을 벌리기 위해 ② 위쪽 여백을 16으로 설정합니다.

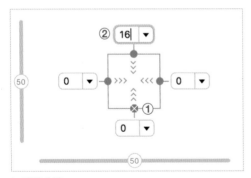

▶ 제약 수정

다음 그림처럼 되면 성공입니다.

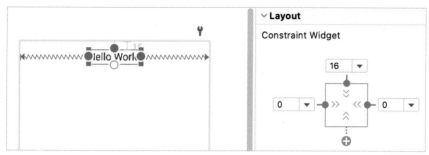

▶ 제약 제거 및 여백 설정

3.4 코드 작성하기

레이아웃을 작성했으니 간단한 코드를 작성하면서 앱을 어떻게 만들어나갈지를 배워보겠습니다. 그 전에 안드로이드에서 가장 기본이면서 중요한 액티비티에 대해서 잠깐 살펴보고 버튼을 추가하여 클릭 이벤트를 작성하겠습니다.

다음과 같은 순서로 알아보겠습니다.

1. 액티비티
2. 액티비티와 레이아웃 파일 간 전환 방법
3. 버튼 배치하기
4. 버튼 클릭 시 이벤트 처리 방법

3.4.1 액티비티

안드로이드에서 화면을 액티비티라고 합니다. 프로젝트를 생성했을 때 MainActivity.kt 파일이 생성되었을 겁니다. 이 파일을 열어보면 다음과 같은 기본 코드가 작성되어 있습니다.

프로젝트 생성시 작성된 액티비티 (MainActivity.kt)

```
package com.survivalcoding.myapplication          // ①


import androidx.appcompat.app.AppCompatActivity    // ②
```

```
import android.os.Bundle

class MainActivity : AppCompatActivity() {                    // ③
    override fun onCreate(savedInstanceState: Bundle?) {      // ④
        super.onCreate(savedInstanceState)                   // ⑤
        setContentView(R.layout.activity_main)               // ⑥
    }
}
```

코틀린은 기본적으로 자바와 흡사한데 최상단의 ① package 선언 부분은 이 파일의 위치입니다. 그다음 단락의 ② import문은 이 파일에서 사용하는 외부 패키지의 클래스를 임포트하는 구문입니다. 여기까지는 자바와 완전히 같습니다.

③ 클래스 선언 부분은 extends 대신 :콜론을 사용하며 상속을 나타냅니다. MainActivity 클래스는 AppCompatActivity 클래스를 상속받고 있는데, AppCompatActivity 클래스는 구 버전 안드로이드 기기에서도 최신 기능을 쓸 수 있게 해주는 기능을 제공합니다. 하위호환이 되는 앱을 만들려면 반드시 AppCompatActivity 클래스를 상속받아야 합니다.

④ override 구문은 코틀린에서 메서드를 오버라이드할 때 붙이는 키워드입니다. onCreate( ) 메서드는 액티비티가 시작되면 최초로 호출되는 메서드인데 이 메서드를 오버라이드하여 코드를 작성합니다. onCreate( ) 메서드에서는 반드시 ⑤ 부모클래스의 생성자를 호출해야 합니다.

⑥ setContentView( ) 메서드는 액티비티가 표시할 레이아웃 파일을 지정합니다. R.layout. activity_main은 res/layout/activity_main.xml 파일을 가리킵니다. 여기서 R이란 안드로이드 스튜디오에서 자동으로 생성되는 리소스 정보를 가지는 클래스입니다. 이 파일은 자동으로 생성되고 관리되며 내부에는 모든 리소스 정보가 정수형 ID로 저장되어 있어 이를 참조하여 코드에서 리소스 파일에 접근할 수 있습니다. 리소스 즉, 레이아웃, 메뉴, 그림, 문자열 모두 R 클래스를 사용해 코드에서 조작할 수 있습니다.

3.4.2 액티비티와 레이아웃 파일 간 전환 방법

코드에서 보시다시피 액티비티는 레이아웃 XML 파일과 세트로 생각합니다. 이렇게 연관된 소스 코드와 레이아웃 파일은 자주 전환해야 하기에 전환 방법을 알고 있으면 도움이 됩니다.

레이아웃 파일을 탭에서 직접 클릭하는 방법 이외에, 레이아웃과 연관된 코드 파일에는 ① 레이아웃 아이콘이 표시되는데 이것을 클릭하면 연관된 레이아웃 XML 파일로 전환됩니다.

▶ 소스 에디터에서 레이아웃 에디터로 전환하기

단축키 Ctrl + E ⌘+E를 눌러 Recent Files을 표시하는 방법도 있습니다. 최근에 열었던 파일들이 표시되니 전환하고 싶은 파일을 선택하여 Enter 를 누르면 전환됩니다.

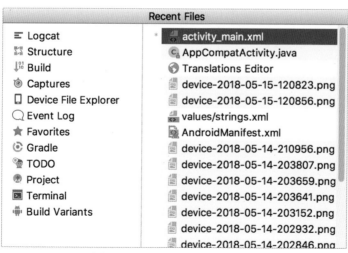

▶ 최근 열었던 파일들(Ctrl | E)

3.4.3 버튼 배치하기

안드로이드 프로그래밍의 기본인 뷰에 클릭을 했을 때의 처리를 배워보겠습니다. 버튼을 클릭하면 텍스트 뷰의 글자가 변경되는 프로그램을 작성하겠습니다.

레이아웃 화면을 열고 팔레트 창에서 ① Button을 선택하고 ② 레이아웃의 정중앙에 배치합니다.

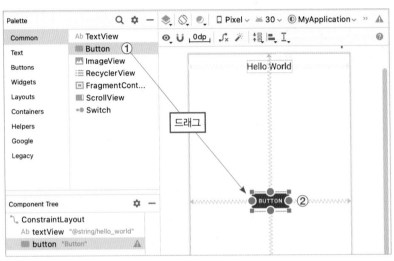

▶ 버튼의 배치

다음으로 버튼에 문자열을 변경하겠습니다. 배치한 버튼을 클릭하고 속성 창에서 ③ text 속성을 클릭으로 수정합니다. Button 클래스는 TextView 클래스를 상속받은 클래스입니다. 즉 텍스트 뷰 속성을 모두 가지고 있습니다.

④ ID는 뷰를 배치할 때 자동으로 이름이 부여되는데 이는 뷰를 코드에서 참조하는 데 사용합니다. 의미가 있는 ID를 주는 것이 코드를 작성할 때 도움이 됩니다. 버튼의 ID를 clickButton으로 수정합니다.

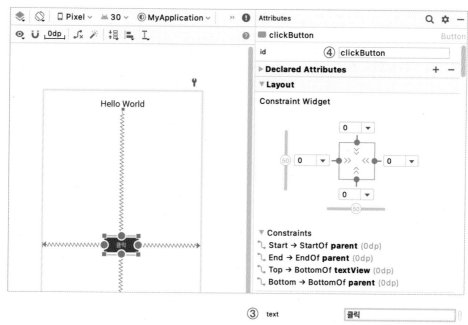

▶ 버튼의 문자열과 ID 변경

3.4.4 버튼 클릭 시 이벤트 처리 방법

버튼에 ID를 부여했으니 코드에서 버튼을 조작할 수 있습니다. 버튼을 클릭하면 상단에 배치한 텍스트 뷰의 글자를 변경하는 프로그램을 작성하겠습니다. onCreate( ) 메서드 안에 추가된 코드에 주목해주세요.

클릭 이벤트 처리 추가 (MainActivity.kt)

```
package com.survivalcoding.myapplication

import android.os.Bundle
import android.widget.Button
import android.widget.TextView
import androidx.appcompat.app.AppCompatActivity

class MainActivity : AppCompatActivity() {
    override fun onCreate(savedInstanceState: Bundle?) {
        super.onCreate(savedInstanceState)
        setContentView(R.layout.activity_main)
```

```
    // ①
    val clickButton = findViewById<Button>(R.id.clickButton)
    val textView = findViewById<TextView>(R.id.textView)

    clickButton.setOnClickListener {                 // ②
        textView.text = "버튼을 눌렀습니다"          // ③
    }
  }
}
```

① 먼저 레이아웃 작성 시 부여했던 id를 통해 버튼과 텍스트뷰를 가져오는 코드를 작성합니다. ② clickButton에 클릭리스너를 설정하는 코드입니다. 버튼이 클릭되면 ③ textView의 문자열을 "버튼을 눌렀습니다"로 수정합니다.

ID를 부여한 뷰를 참조하려면 findViewById〈타입〉( ) 메서드를 사용해 하나씩 가져올 수 있습니다

3.4.5 자동 완성 기능 사용하기

실제로 코드를 작성할 때 안드로이드 스튜디오의 자동 완성 기능을 잘 활용하면 쉽게 코드를 입력할 수 있습니다. 예를 들어 clickButton을 입력하는 도중에 선택 창이 표시됩니다. 여기서 Enter 를 누르면 변수가 자동으로 입력되고 관련 import 문도 자동으로 추가됩니다.

▶ 변수 및 임포트 자동 추가

변수가 입력되면 이어서 .setOnClickListener를 입력하다 보면 메서드를 자동으로 입력하는 창이 표시됩니다. 두 번째를 선택하고 Enter 키를 누릅니다.

```
20
21          clickButton.setOnCli|
                     ┌─────────────────────────────────────────────────────────────────────────┐
w.OnClickListener l) │ ⓜ setOnClickListener(l: View.OnClickListener?)              Unit │
                     │ ⓜ setOnClickListener {...} (l: ((View!) -> Unit)?)          Unit │
when this view is    │ ⓜ setOnContextClickListener(l: View.OnContextClickList…     Unit │
, it becomes         │ ⓜ setOnContextClickListener {...} (l: ((View!) -> Boo…      Unit │
                     │ ⓜ setOnLongClickListener(l: View.OnLongClickListener?)      Unit │
                     │ ⓜ setOnLongClickListener {...} (l: ((View!) -> Boolea…      Unit │
                     │ Press ^. to choose the selected (or first) suggestion and insert a dot afterwards  Next Tip   ⋮ │
                     └─────────────────────────────────────────────────────────────────────────┘
```

▶ 메서드 자동 완성

다음과 같이 자동으로 메서드의 형태가 입력되었습니다.

```
7           class MainActivity : AppCompatActivity() {
8
9               override fun onCreate(savedInstanceState: Bundle?) {
10                  super.onCreate(savedInstanceState)
11                  setContentView(R.layout.activity_main)
12
13          💡      clickButton.setOnClickListener { | }
14              }
15          }
```

▶ 자동 완성

중괄호⑪ 안에 코드를 작성합니다. 만약에 자동 완성 중에 다른 곳을 클릭해버리거나 커서를 이동하면 자동 완성 창이 사라집니다. 이때는 작성 중인 변수명이나 메서드명에 커서를 두고 단축키 Ctrl + SpaceBar ⌘ + SpaceBar 를 누르면 다시 자동 완성 창이 표시됩니다.

3.5 마치며

이 장에서는 첫 번째 앱을 만들면서 안드로이드 앱 개발 기초를 배웠습니다.

- 안드로이드 스튜디오 화면은 크게 프로젝트 창, 에디터 창, 기타 도구 창, 레이아웃 에디터로 나뉩니다.
- 레이아웃 에디터는 팔레트 창, 컴포넌트 트리 창, 디자인 창, 속성 창으로 구성됩니다.
- 디자인, 텍스트 탭에서 레이아웃을 작성할 수 있습니다. 이 책에서는 디자인 탭에서 드래그 앤 드롭을 사용하여 레이아웃을 배치하고 속성 창에서 속성을 수정하는 방식을 사용합니다.
- 문자열을 리소스로 만들면 다국어화할 수 있습니다.
- findViewById() 메서드를 통해 id가 부여된 뷰 객체를 코틀린 코드에서 조작할 수 있습니다.
- setOnClickListener 메서드를 구현하여 버튼을 클릭했을 때 작업을 수행합니다.

4장

코틀린

이번 장에서는 코틀린 문법을 알아봅니다.
코틀린이 처음인 분들이 좀 더 쉽게 익힐 수 있도록 실용적인 내용 위주로 간단하게 설명합니다.
그리고 기존 자바를 학습했던 독자를 위해서 자바와의 차이점도 설명합니다.

4.1 안드로이드 개발용 코틀린 사용

코틀린은 인텔리제이를 만든 젯브레인이 만든 언어입니다. 인텔리제이는 안드로이드 스튜디오의 전신이 되는 프로그램이므로 안드로이드 스튜디오에서 코틀린을 완벽히 지원합니다. 구글에서도 코틀린을 자바에 이어 안드로이드 공식 언어로 선언했습니다.

코틀린은 자바를 대체하는 언어이기 때문에 자바에 대한 얘기를 안 할 수는 없습니다. 안드로이드 자바는 자바 6의 늪에 빠져있다고 봐도 과언이 아닙니다. 현재 안드로이드 개발에서 자바 8의 일부 기능을 사용할 수 있습니다. 하지만 대상 API를 24 이상_{Android 7.0}으로 설정했을 때만 사용 가능한 기능이 많습니다. 현재 안드로이드 7.0 이상의 기기 보급률은 매우 낮기 때문에 현실적으로 자바 최신 기술을 사용할 수 없습니다. 참고로 자바는 10까지 나왔습니다. 결론적으로 자바 6 기반으로 개발하는 상황이다 보니 현대 언어의 특징을 활용하지 못하고 있습니다.

코틀린을 사용하면 안드로이드 버전에 관계 없이 현대 언어의 장점을 사용할 수 있습니다. 안드로이드 개발에서 코틀린을 사용하면 다음과 같은 이점이 있습니다.

- **호환성** : 코틀린은 JDK 6과 완벽하게 호환되므로 구형 안드로이드 기기에서도 완벽하게 실행됩니다. 그리고 코틀린 개발 도구는 안드로이드 스튜디오에서 완벽히 지원되므로 안드로이드 빌드 시스템과도 완벽히 호환됩니다.
- **성능** : 코틀린은 자바만큼 빠르거나 종종 람다로 실행되는 코드는 종종 자바보다 훨씬 빠르게 동작합니다.
- **상호 운용성** : 코틀린은 자바와 100% 상호 운용이 가능하여 기존의 모든 안드로이드 라이브러리를 사용할 수 있습니다.
- **학습 곡선** : 자바 개발자가 코틀린을 배우기 매우 쉽습니다. 안드로이드 스튜디오는 자바 코드를 코틀린으로 자동으로 변환해주는 도구를 제공합니다.

4.2 REPL 사용하기

안드로이드 스튜디오에서 제공하는 코드를 한 줄씩 실행하는 셸인 REPL_{Read-eval-print loop}을 사용할 수 있습니다. 새로운 언어를 학습할 때 직관적으로 한 줄씩 실행시킬 수 있기 때문에 아주 유용합니다.

프로젝트가 열린 상태로 안드로이드 스튜디오 상단 메뉴에서 Tools → Kotlin → Kotlin REPL을 클릭합니다.

다음과 같이 하단에 Kotlin REPL 창이 표시됩니다. 여기에서 println("Hello")를 입력하고 단축키 Ctrl + Enter ⌘+return 를 누르면 잠시 후 하단에 결과가 표시됩니다.

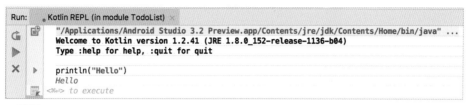

▶ REPL

REPL은 학습 시 매우 유용하지만 사용자의 환경이나 안드로이드 스튜디오 버전에 따라서 제대로 실행이 되지 않는 경우가 있습니다. 만약 잘되지 않는다면 다음 절에서 소개하는 안드로이드 스튜디오에서 단독으로 코틀린 파일을 실행하는 방법을 사용할 수 있습니다.

4.3 코틀린 파일 생성해 보기

안드로이드 스튜디오에서 코틀린 문법을 간단하게 연습하려면 새로운 코틀린 파일을 하나 생성합니다.

java 폴더를 클릭한 상태에서 마우스 우클릭 〉 New 〉 Kotlin Class/File 메뉴를 클릭합니다.

▶ 새로운 코틀린 파일 생성

다음과 같은 화면이 표시된다면 두 번째 main 폴더를 선택하고 OK버튼을 클릭합니다.

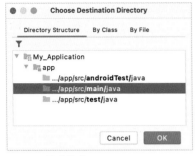

▶ main 폴더 선택

파일 이름을 작성하는 화면이 표시됩니다. 하단에 파일의 종류를 선택하는데 다음과 같이 File 을 선택하고 파일 이름은 Main 이라고 입력합니다. 파일 이름은 자유롭게 지어주셔도 됩니다.

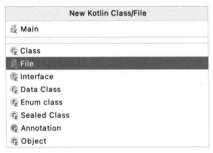

▶ 파일 이름 입력

코틀린 파일을 단독으로 실행하려면 반드시 main 함수가 필요합니다. 생성된 Main.kt 파일에 다음과 같이 main함수와 Hello를 출력하는 코드를 작성합니다. 그리고 좌측의 실행 버튼을 클릭하여 실행할 수 있습니다.

▶ main() 함수 작성

실행버튼을 눌렀을 때 Run 'MainKt' 를 클릭하면 실행됩니다. 잠시 후 화면에 Hello 가 표시 될 것입니다.

▶ Main.kt 파일 실행

이렇게 코틀린 파일을 실행한 이후에는 상단 툴바에 방금 실행한 코틀린 프로그램이 표시됩니다. 앱을 실행하려면 다시 app을 선택해야 하는 것에 주의합니다.

▶ 실행할 프로그램 지정

4.4 기본 구문

가장 자주 등장하는 변수 선언 및 사용법, 함수의 생김새를 익히도록 합니다.

4.4.1 변수와 상수

코틀린에서 변수는 var로 상수는 val로 선언합니다. 다음은 코틀린에서 변수와 상수를 초기화하는 코드입니다.

변수와 상수의 선언 및 초기화

```
var a: Int = 10     // var 변수명: 자료형 = 값
val b: Int = 20     // val 상수명: 자료형 = 값
```

코틀린은 자료형을 지정하지 않아도 추론하는 형추론을 지원하여 자료형을 생략할 수 있습니다.

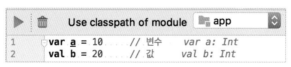

▶ 코틀린의 형추론

변수는 값을 변경할 수 있고, 상수는 값을 변경할 수 없습니다. val은 자바의 final 키워드에 대응합니다.

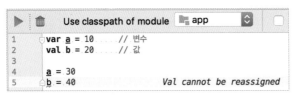

▶ 상수에 값을 재할당할 수 없음

4.4.2 함수

함수 Function 는 일정 동작을 수행하는 특정 형식의 코드 뭉치를 의미합니다. 함수는 자바의 메서드에 해당합니다.

함수를 선언하는 방법은 다음과 같습니다.

• fun 함수명(인수1 : 자료형1, 인수2 : 자료형2 …): 반환자료형

다음은 하나의 문자열을 인수로 받고 println( ) 메서드로 출력하는 greet( ) 함수를 작성하고 사용하는 예입니다. 코틀린에서는 반환값이 없을 때 Unit형을 사용합니다. Unit은 자바의 void에 대응합니다.

▶ 함수 사용의 예

반환값이 Unit일 경우에는 다음과 같이 반환 자료형을 생략할 수 있습니다.

```
fun greet(str: String) {
  println(str)
}
```

> **메서드 VS 함수**
>
> 메서드와 함수는 혼동되는 용어입니다. 메서드는 객체와 관련된 함수입니다. 함수는 좀 더 일반적인 용어이
> 며 모든 메서드는 함수입니다.

4.5 기본 자료형

코틀린의 기본 자료형은 모두 객체입니다. 자바가 프리미티브 자료형_{int, double 등}과 객체 자료형
으로 분류되는 것과 다릅니다.

4.5.1 숫자형

코틀린에서 숫자를 표현하는 자료형은 다음과 같습니다.

- **Double** : 64비트 부동소수점
- **Float** : 32비트 부동소수점
- **Long** : 64비트 정수
- **Int** : 32비트 정수
- **Short** : 16비트 정수
- **Byte** : 8비트 정수

리터럴이란 자료형을 알 수 있는 표기 형식을 말합니다. 리터럴에 따라 코틀린 컴파일러는 자
료형을 추론합니다.

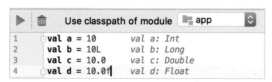

▶ 코틀린의 자료형 리터럴

4.5.2 문자형

코틀린에서 문자를 나타내는 자료형은 다음과 같이 두 가지입니다. Char가 숫자형이 아니라는 점이 자바와 다릅니다.

- **String** : 문자열
- **Char** : 하나의 문자

문자열의 리터럴은 큰따옴표 `""`, 한 문자는 작은따옴표 `''` 로 자바와 같습니다.

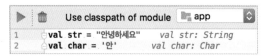

▶ 문자열과 문자

| 여러 줄의 문자열 표현 |

여러 줄에 걸쳐 문자열을 표현할 때는 큰따옴표 3개를 리터럴로 사용합니다. 여러 줄에 걸친 문자열을 작성할 때 편리합니다.

```
val str = """오늘은
        날씨가 좋습니다.
        빨래를 합시다
        """
```

| 문자열 비교 |

문자열 비교는 == 을 사용합니다. 자바의 equals( ) 메서드와 대응합니다.

```
1  val str = "hello"              val str: String
2  if (str == "hello") {          안녕하세요
3      println("안녕하세요")
4  } else {
5      println("안녕 못 해요")
6  }
```

▶ 문자열 비교

참고로 자바에서 == 는 오브젝트 비교 시에 사용하는데 코틀린에서 오브젝트 비교 시에는 === 를 사용합니다.

| 문자열 템플릿 |

코틀린에서 제공되는 문자열 템플릿 기능은 복잡한 문자열을 표현할 때 아주 편리합니다. 자바와 같이 + 기호로 문자열을 연결할 수 있고 $ 기호를 사용하면 문자열 리터럴 내부에 변수를 쉽게 포함할 수 있습니다. 6번 줄처럼 변수와 글자를 붙여야 할 때는 중괄호로 변수명을 감싸면 됩니다.

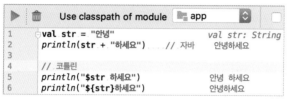

```
1  val str = "안녕"                              val str: String
2  println(str + "하세요")      // 자바        안녕하세요
3
4  // 코틀린
5  println("$str 하세요")                        안녕 하세요
6  println("${str}하세요")                       안녕하세요
```

▶ 문자열 템플릿

4.5.3 배열

배열은 Array라는 별도의 타입으로 표현합니다. arrayOf( ) 메서드를 사용하여 배열의 생성과 초기화를 함께 수행합니다. 컴파일러가 자료형을 유추할 수 있을 때는 이를 생략할 수 있습니다. 배열의 요소에 접근하는 것은 대괄호 안에 요소 번호를 지정하는 것으로 자바와 같습니다.

```
val numbers: Array<Int> = arrayOf(1, 2, 3, 4, 5)

val numbers2 = arrayOf(1, 2, 3, 4, 5)     // 자료형 생략

numbers[0] = 5       // [5, 2, 3, 4, 5]
```

4.6 제어문

제어문은 크게 if, when, for, while의 4가지로 나뉩니다. when문은 제외하고는 자바와 거의 같습니다.

4.6.1 if

실행할 문장이 한 줄이면 블록을 생략할 수 있습니다.

```
val a = 10
val b = 20

// 일반적인 방법
var max = a
if (a < b) max = b
```

if - else문의 사용법도 자바와 완전히 같습니다.

```
if (a > b) {
  max = a
} else {
  max = b
}
```

다음과 같이 if문을 식처럼 사용할 수도 있습니다.

```
val max = if (a > b) a else b
```

4.6.2 when

when문은 자바의 switch문에 대응합니다. when문을 사용하는 다양한 방법은 다음과 같습니다. 값이 하나인 경우는 물론 콤마나 in 연산자로 값의 범위를 자유롭게 지정하는 것이 특징입니다. 그 밖의 경우에는 else를 사용하여 나머지에 대한 경우를 처리합니다. 코드를 작성할 때 블록으로 코드를 감쌀 수 있습니다.

```
val x = 1

when (x) {
  1 -> println("x == 1")                    // 값 하나
  2, 3 -> println("x == 2 or x == 3")       // 여러 값은 콤마로
  in 4..7 -> println("4부터 7 사이")          // in 연산자로 범위 지정
  !in 8..10 -> println("8부터 10 사이가 아님")
  else -> {                                 // 나머지
```

```
        print("x 는 1이나 2가 아님")
    }
}
```

when문 역시 if문과 마찬가지로 식처럼 사용할 수 있습니다.

```
val numberStr = 1

val numStr = when (number % 2) {
    0 -> "짝"
    else -> "홀"
}
```

when문의 결과를 함수의 반환값으로 사용할 수도 있습니다.

```
val number = 1

fun isEven(num: Int) = when (num % 2) { // 결과가 String으로 추론되어
                                        // 반환형 선언 생략 가능

    0 -> "짝"
    else -> "홀"
}

println(isEven(number))   // 홀
```

4.6.3 for

for문은 배열이나 컬렉션을 순회하는 문법으로 자바의 foreach문과 비슷합니다. 다음은 1부터 5까지 담겨 있는 배열을 순회하며 모든 요소를 프린트하는 for문의 예입니다. in 키워드를 사용하여 모든 요소를 num 변수로 가져옵니다.

```
val numbers = arrayOf(1, 2, 3, 4, 5)

for (num in numbers) {
    println(num)    // 1; 2; 3; 4; 5;
}
```

그 밖에도 다음과 같이 다양한 사용 방법이 있습니다. 증가 범위는 .. 연산자를 사용합니다. 감소 범위는 downTo 키워드를 사용하며 step 키워드로 증감의 간격을 조절할 수 있습니다.

```
// 1~3까지 출력
for (i in 1..3) {
  println(i)    // 1; 2; 3;
}

// 0~10까지 2씩 증가하며 출력
for (i in 0..10 step 2) {
  println(i)    // 0; 2; 4; 6; 8; 10
}

// 10부터 0까지 2씩 감소하며 출력
for (i in 10 downTo 0 step 2) {
  println(i)    // 10; 8; 6; 4; 2; 0
}
```

4.6.4 while

while문은 주어진 조건이 참일 때 반복하는 문법입니다. while문의 변형으로는 무조건 한 번은 실행되는 do while문이 있습니다. 다음 두 코드는 동일한 결과를 냅니다. 코틀린의 while문과 do-while문은 자바와 완전히 동일합니다.

```
// while
var x = 10
println(x)
while (x > 0) {
  x--
  println(x)    // 9; 8; 7; 6; 5; 4; 3; 2; 1; 0;
}

// do while
var x = 10
do {
  x--
  println(x)    // 9; 8; 7; 6; 5; 4; 3; 2; 1; 0;
} while (x > 0)
```

4.7. 클래스

클래스는 붕어빵 틀에 비유할 수 있고 인스턴스는 클래스로 생성한 객체의 실체인 붕어빵에 비유할 수 있습니다. 코틀린에서의 클래스는 자바와 역할은 유사하지만 더 간결합니다.

4.7.1 클래스 선언

다음은 클래스를 선언하고, 생성한 클래스로 인스턴스를 생성하는 방법을 나타냅니다.

```
// 클래스 선언
class Person {

}

// 인스턴스 생성
val person = Person()
```

자바에서는 new 키워드로 객체를 생성하지만 코틀린에서는 new 키워드를 사용하지 않습니다.

4.7.2 생성자

생성자를 가지는 클래스를 다음과 같이 표현할 수 있습니다. 이 코드는 빈 생성자를 가지는 클래스입니다.

코틀린에서의 클래스

```
class Person(var name: String) {

}
```

생성자에서 초기화 코드를 작성하려면 다음과 같이 constructor로 생성자를 표현하고 블록에 코드를 작성합니다. 이 생성자는 name을 출력합니다.

```
class Person {
    constructor(name: String) {
        println(name)
    }
}
```

코틀린에서는 생성자 이외에도 init 블록에 작성한 코드가 클래스를 인스턴스화할 때 가장 먼저 초기화됩니다. 즉 위 코드는 다음 코드처럼 작성할 수 있습니다.

```kotlin
class Person(name: String) {
  init {
      println(name)
  }
}
```

4.7.3 프로퍼티

클래스의 속성을 사용할 때는 멤버에 직접 접근하며 이를 프로퍼티라고 합니다. 다음 코드에서 Person 클래스는 name 프로퍼티를 가지고 있습니다. 프로퍼티에 값을 쓰려면 = 기호로 값을 대입합니다. 값을 읽을 때는 프로퍼티를 참조합니다.

코틀린에서는 다음과 같이 사용합니다. 속성에 값을 설정하거나 얻으려면 게터getter/세터setter 메서드 없이 바로 점·을 찍고 name 프로퍼티에 접근할 수 있습니다.

코틀린에서의 클래스
```kotlin
// 클래스 선언
class Person(var name: String) {

}

// 인스턴스 생성
val person = Person("멋쟁이")
person.name = "키다리"    // 쓰기
println(person.name)      // 읽기
```

자바로 작성된 클래스의 게터/세터 메서드는 코틀린에서 사용할 때 기존의 게터/세터를 사용할 수도 있고 프로퍼티로 사용할 수도 있습니다. 이 책의 예제에서는 가급적 프로퍼티를 사용합니다.

자바에서는 private 접근지정자로 은닉화된 멤버 변수에 게터/세터 메서드를 사용해서 접근하는 방식이 일반적입니다. 코틀린은 프로퍼티가 게터/세터를 대체합니다. 자바의 경우 다음과 같은 형태가 일반적입니다.

```java
class Person {
  private String name;

  public Person(String name) {
      this.name = name;
  }

  public String getName() {
      return name;
  }

  public void setName(String name) {
      this.name = name;
  }
}
```

4.7.4 접근 제한자

접근 제한자란 변수나 함수를 공개하는 데 사용하는 키워드입니다.

- **public** (생략 가능) : 전체 공개입니다. 아무것도 안 쓰면 기본적으로 public입니다.
- **private** : 현재 파일 내부에서만 사용할 수 있습니다.
- **internal** : 같은 모듈 내에서만 사용할 수 있습니다.
- **protected** : 상속받은 클래스에서 사용할 수 있습니다.

```kotlin
class A {
  val a = 1    // public
  private val b = 2
  protected val c = 3
  internal val d = 4
}
```

안드로이드 스튜디오의 프로젝트는 app 모듈을 기본 제공해 여기서 앱을 개발합니다. 이 책에서는 기본 app 모듈만 사용하지만 사실 여러 모듈을 생성할 수 있습니다. 예를 들어 같은 프로젝트에 스마트폰용, 시계용, TV용 안드로이드 앱을 만든다면 모듈 3개를 생성합니다. internal은 이 모듈 간 접근을 제한하는 키워드입니다.

4.7.5 클래스의 상속

코틀린에서의 클래스는 기본적으로 상속이 금지됩니다. 상속이 가능하게 하려면 open 키워드를 클래스 선언 앞에 추가합니다. 다음은 Animal 클래스를 상속받는 Dog 클래스를 나타냅니다.

```
open class Animal {

}

class Dog : Animal() {

}
```

만약 상속받을 클래스가 생성자를 가지고 있다면 다음과 같이 상속받을 수 있습니다.

```
open class Animal(val name: String) {

}

class Dog(name: String) : Animal(name) {

}
```

4.7.6 내부 클래스

내부 클래스 선언에는 inner를 사용합니다. 내부 클래스는 외부 클래스에 대한 참조를 가지고 있습니다. 아래 코드에서 inner 키워드가 없다면 a를 20으로 변경할 수 없습니다.

```
class OuterClass {
    var a = 10

    // 내부 클래스
    inner class OuterClass2 {
        fun something() {
            a = 20    // 접근 가능
        }
    }
}
```

4.7.7 추상 클래스

추상 클래스는 미구현 메서드가 포함된 클래스를 말합니다. 클래스와 미구현 메서드 앞에 abstract 키워드를 붙입니다. 추상 클래스는 직접 인스턴스화할 수 없고 다른 클래스가 상속하여 미구현 메서드를 구현해야 합니다. 기본적으로 자바와 동일한 특성을 가집니다.

```kotlin
abstract class A {
    abstract fun func()

    fun func2() {
        }
}

class B: A() {
    override fun func() {
        println("hello")
    }

}

val a = A()    // 에러
val a = B()    // OK
```

4.7.8 데이터 클래스

클래스 선언 앞에 data 키워드를 붙이면 게터, 세터, toString(), equals(), hashCode()를 구현한 클래스를 간단하게 생성할 수 있습니다.

```kotlin
data class Person(val name: String, val age: Int)
```

데이트 클래스를 작성할 때는 기본 생성자에 val 이나 var 로 매개변수가 1개 이상 있어야 합니다.

4.7.9 구조 분해 (Destructuring)

데이터 클래스는 구조 분해를 지원합니다. 프로퍼티를 순서대로 할당해 주는 기법입니다. 다음 코드를 보면 바로 이해가 될 것입니다.

```
val (name, age) = Person("홍길동", 20)
```

일반 클래스도 구조 분해를 지원하도록 할 수 있지만 이 책에서는 다루지 않겠습니다.

4.8 인터페이스

인터페이스는 미구현 메서드를 포함하여 클래스에서 이를 구현합니다. 추상 클래스와 비슷하지만 클래스가 단일 상속만 되는 반면 인터페이스는 다중 구현이 가능합니다. 주로 클래스에 동일한 속성을 부여해 같은 메서드라도 다른 행동을 할 수 있게 하는 데 사용합니다. 코틀린의 인터페이스는 자바와 거의 사용법이 같습니다.

4.8.1 인터페이스의 선언

다음과 같이 인터페이스에 추상 메서드를 포함할 수 있습니다. 원래 추상 클래스에서 추상 메서드는 abstract 키워드가 필요한데 인터페이스에서는 생략할 수 있습니다.

```
interface Runnable {
    fun run()
}
```

인터페이스는 구현이 없는 메서드뿐만 아니라 구현된 메서드를 포함할 수 있습니다. 이는 자바 8의 default 메서드에 대응합니다.

```
interface Runnable {
    fun run()

    fun fastRun() = println("빨리 달린다")
}
```

4.8.2 인터페이스의 구현

인터페이스를 구현할 때는 인터페이스 이름을 콜론: 뒤에 나열합니다. 그리고 미구현 메서드를 작성하는데 이때 override 키워드를 메서드 앞에 추가합니다. run 함수를 오버라이드한다고 말합니다.

```kotlin
class Human : Runnable {
    override fun run() {
        println("달린다")
    }
}
```

4.8.3 상속과 인터페이스를 함께 구현

다음과 같이 상속과 인터페이스를 함께 구현할 수 있습니다. 상속은 하나의 클래스만 상속하는 반면 인터페이스는 콤마로 구분하여 여러 인터페이스를 동시에 구현할 수 있습니다.

```kotlin
open class Animal {

}

interface Runnable {
    fun run()

    fun fastRun() = println("빨리 달린다")
}

interface Eatable {
    fun eat()
}

class Dog : Animal(), Runnable, Eatable {
    override fun eat() {
        println("먹는다")
    }

    override fun run() {
        println("달린다")
    }
}

val dog = Dog()
dog.run()
dog.eat()
```

4.9 null 가능성

기본적으로 객체를 불변으로 보고 null값을 허용하지 않습니다. null값을 허용하려면 별도의 연산자가 필요하고 null을 허용한 자료형을 사용할 때도 별도의 연산자들을 사용하여 안전하게 호출해야 합니다.

4.9.1 null 허용?

코틀린에서는 기본적으로 null값을 허용하지 않습니다. 따라서 모든 객체는 생성과 동시에 값을 대입하여 초기화해야 합니다.

다음 코드는 초기화를 하지 않아 에러가 발생합니다.

```
val a : String // 에러 : 초기화를 반드시 해야 함
```

다음 코드는 null값으로 초기화해서 에러가 발생합니다.

```
val a : String = null // 에러 : 코틀린은 기본적으로 Null을 허용하지 않음
```

코틀린에서 null값을 허용하려면 자료형의 오른쪽에 ? 기호를 붙여주면 됩니다. 다음 코드는 null값을 허용하는 String 객체이기 때문에 에러가 발생하지 않습니다.

```
val a : String? = null // OK
```

자바에서는 int, long, double과 같은 프리미티브 자료형은 null값을 허용하지 않습니다만, 그외 모든 클래스형 변수는 null값을 허용합니다.

4.9.2 lateinit 키워드로 늦은 초기화

안드로이드를 개발할 때는 초기화를 나중에 할 경우가 있습니다. 이때는 lateinit 키워드를 변수 선언 앞에 추가하면 됩니다. 안드로이드에서는 특정 타이밍에 객체를 초기화할 때 사용합니다. 초기화를 잊는다면 잘못된 null값을 참조하여 앱이 종료될 수 있으니 주의해야 합니다.

```
lateinit var a : String    // OK

a = "hello"
println(a)    // hello
```

lateinit은 다음 조건에서만 사용할 수 있습니다.

- var 변수에서만 사용합니다.
- null값으로 초기화할 수 없습니다.
- 초기화 전에는 변수를 사용할 수 없습니다.
- Int, Long, Double, Float에서는 사용할 수 없습니다.

4.9.3 lazy로 늦은 초기화

lateinit이 var로 선언한 변수의 늦은 초기화라면 lazy는 값을 변경할 수 없는 val을 사용할 수 있습니다. val 선언 뒤에 by lazy 블록에 초기화에 필요한 코드를 작성합니다. 마지막 줄에는 초기화할 값을 작성합니다. str이 처음 호출될 때 초기화 블록의 코드가 실행됩니다. println( ) 메서드로 두 번 호출하면 처음에만 "초기화"가 출력됩니다.

```
val str: String by lazy {
    println("초기화")
    "hello"
}

println(str)    // 초기화; hello
println(str)    // hello
```

lazy로 늦은 초기화를 하면 앱이 시작될 때 연산을 분산시킬 수 있어 빠른 실행에 도움이 됩니다.

lazy는 다음 조건에서만 사용할 수 있습니다.

- val에서만 사용합니다.

조건이 적기 때문에 상대적으로 lateinit보다 편하게 사용할 수 있습니다.

4.9.4 null값이 아님을 보증(!!)

변수 뒤에 !!를 추가하면 null값이 아님을 보증하게 됩니다. 다음과 같이 null값이 허용되는 name 변수의 경우 String? 타입이기 때문에 String 타입으로 변환하려면 !!를 붙여서 null값 이 아님을 보증해야 합니다.

```kotlin
val name: String? = "키다리"

val name2: String = name    // 에러
val name3: String? = name    // OK

val name4: String = name!! // OK
```

4.9.5 안전한 호출(?.)

메서드 호출 시 점· 연산자 대신 ?. 연산자를 사용하면 null값이 아닌 경우에만 호출됩니다. 다 음 코드는 str 변수의 값이 null값이 아니라면 대문자로 변경하고, null값이라면 null을 반환합 니다.

```kotlin
val str: String? = null

var upperCase = if (str != null) str else null   // null
upperCase = str?.toUpperCase   // null
```

안전한 호출을 사용하면 복잡한 if 문을 한 줄로 줄일 수 있습니다.

4.9.6 엘비스 연산자(?:)

안전한 호출 시 null이 아닌 기본값을 반환하고 싶을 때는 엘비스 연산자를 함께 사용합니다. 마지막 코드는 이제 null이 아닌 "초기화하시오"라는 문자열을 반환합니다.

```kotlin
val str: String? = null

var upperCase = if (str != null) str else null   // null
upperCase = str?.toUpperCase ?: "초기화하시오"   // 초기화하시오
```

4.10 컬렉션

컬렉션은 개발에 유용한 자료구조를 말합니다. 안드로이드 개발에서도 리스트나 맵은 자주 사용되는 자료구조입니다.

4.10.1 리스트

리스트는 배열처럼 같은 자료형의 데이터들을 순서대로 가지고 있는 자료구조입니다. 중복된 아이템을 가질 수 있고 추가, 삭제, 교체 등이 쉽습니다.

요소를 변경할 수 없는 읽기 전용 리스트는 listOf( ) 메서드로 작성할 수 있습니다.

```
val foods: List<String> = listOf("라면", "갈비", "밥")
```

형추론으로 자료형을 생략할 수 있습니다.

```
val foods = listOf("라면", "갈비", "밥")
```

요소를 변경하는 리스트를 작성할 때는 mutableListOf( ) 메서드를 사용합니다. 자바와 다른 점은 특정 요소에 접근할 때 대괄호 안에 요소 번호로 접근할 수 있다는 겁니다.

```
val foods = mutableListOf("라면", "갈비", "밥")

foods.add("초밥")          // 초밥을 맨 뒤에 추가
foods.removeAt(0)          // 맨 앞의 아이템 삭제
foods[1] = "부대찌개"      // foods.set(1, "부대찌개") (1번째 아이템을 부대찌개로 변경)

println(foods)             // [갈비, 부대찌개, 초밥]
println(foods[0])          // 갈비
println(foods[1])          // 부대찌개
println(foods[2])          // 초밥
```

4.10.2 맵

맵은 키key와 값value의 쌍으로 이루어진 키가 중복될 수 없는 자료구조입니다. 리스트와 마찬가지로 mapOf( ) 메서드로 읽기 전용 맵을 만들 수 있고, mutableMapOf( ) 메서드로 수정이

가능한 맵을 만들 수 있습니다. 맵의 요소에 접근할 때는 대괄호 안에 키_{key}를 요소명으로 작성
하여 접근합니다.

```kotlin
// 읽기 전용 맵
val map = mapOf("a" to 1, "b" to 2, "c" to 3)

// 변경 가능한 맵
val citiesMap = mutableMapOf("한국" to "서울",
    "일본" to "동경",
    "중국" to "북경")

// 요소에 덮어쓰기
citiesMap["한국"] = "서울특별시"
// 추가
citiesMap["미국"] = "워싱턴"
```

맵 전체의 키와 값을 탐색할 때는 다음과 같이 간단히 탐색할 수 있습니다.

```kotlin
// 맵의 키와 값을 탐색
for ((k, v) in map) {
    println("$k -> $v")
}
```

4.10.3 집합

집합_{set}은 중복되지 않는 요소들로 구성된 자료구조입니다. setOf( ) 메서드로 읽기 전용 집합
을, mutableSetOf( ) 메서드로 수정 가능한 집합을 생성합니다. 집합은 이 책의 예제에서는
사용하지 않지만 리스트, 맵과 함께 대표적인 기본 자료구조이므로 알아두시기 바랍니다.

```kotlin
// 읽기 전용 집합
val citySet = setOf("서울", "수원", "부산")

// 수정 가능한 집합
val citySet2 = mutableSetOf("서울", "수원", "부산")
citySet2.add("안양")     // [서울, 수원, 부산, 안양]
citySet2.remove("수원")   // [서울, 부산, 안양]

// 집합의 크기
```

```
println(citySet2.size)  // 3
// '서울'이 집합에 포함되었는지
println(citySet2.contains("서울"))    // true
```

4.11 람다식

코틀린은 자바 8과 같이 람다식을 지원합니다. 람다식은 하나의 함수를 표현하는 방법으로 익명 클래스나 익명 함수를 간결하게 표현할 수 있어서 매우 유용합니다.

람다식은 코드를 간결하게 해주는 장점이 있지만 디버깅이 어렵고 남발할 경우 오히려 코드 가독성이 떨어져 주의하여 사용해야 합니다.

먼저 두 수를 인수로 받아서 더해주는 add( ) 메서드입니다.

```
fun add(x: Int, y: Int): Int {
    return x + y
}
```

이 코드는 다음과 같이 표현할 수 있습니다. 반환 자료형을 생략하고 블록과 return을 생략할 수 있습니다.

```
fun add(x: Int, y: Int) = x + y
```

또한 다음과 같이 표현할 수도 있습니다. 코틀린의 람다식은 다음과 같이 항상 중괄호로 둘러싸여 있습니다. 내용으로는 인수 목록을 나열하고 -> 이후에 본문이 위치합니다. 람다식을 변수에 저장할 수 있고 이러한 변수는 일반 함수처럼 사용할 수 있습니다.

```
// { 인수1: 타입1, 인수2: 타입2 -> 본문 }
var add = { x: Int, y: Int -> x + y }

println(add(2, 5))// 7
```

이 책의 실습 예제에서는 가능하면 람나식을 시용합 l다.

4.11.1 SAM 변환

코틀린에서는 추상 메서드 하나를 인수로 사용할 때는 함수를 인수로 전달하면 편합니다. 자바로 작성된 메서드가 하나인 인터페이스를 구현할 때는 대신 함수를 작성할 수 있습니다. 이를 SAM^{Single Abstract Method} 변환이라고 합니다.

SAM 변환의 예를 안드로이드에서 들어보겠습니다. 안드로이드에서는 버튼의 클릭 이벤트를 구현할 때 onClick( ) 추상 메서드만을 가지는 View.OnClickListener 인터페이스를 구현합니다.

다음은 안드로이드에서 버튼에 클릭 이벤트 리스너를 구현하는 코드를 일반적인 익명 클래스를 작성하듯 작성한 코드입니다. 여기서 View.OnClickListener 인터페이스에는 onClick( ) 추상 메서드가 하나 있기 때문에 onClick( ) 메서드를 오버라이드하고 있습니다.

```
button.setOnClickListener(object : View.OnClickListener {
    override fun onClick(v: View?) {
        // 클릭 시 처리
    }
})
```

구현하는 인터페이스에 구현해야 할 메서드가 하나뿐일 때는 이를 람다식으로 변경할 수 있습니다. 다음 코드는 람다식으로 변경되어 코드가 줄었지만 괄호도 중첩되어 있고 기호도 많고 뭔가 코드는 복잡해보입니다.

```
button.setOnClickListener({ v: View? ->
    // 클릭 시 처리
})
```

메서드 호출 시 맨 뒤에 전달되는 인수가 람다식인 경우에는 람다식을 괄호 밖으로 뺄 수 있습니다. 위 코드는 하나의 인수만 있고 람다식이 전달되었기 때문에 마지막 인수라고 볼 수 있습니다.

```
button.setOnClickListener() { v: View? ->
    // 클릭 시 처리
}
```

그리고 람다가 어떤 메서드의 유일한 인수인 경우에는 메서드의 괄호를 생략할 수 있습니다.

```
button.setOnClickListener { v: View? ->
  // 클릭 시 처리
}
```

컴파일러가 자료형을 추론하는 경우에는 자료형을 생략할 수 있습니다.

```
button.setOnClickListener { v ->
  // 클릭 시 처리
}
```

만약 클릭 시 처리에 어떤 코드를 작성했는데 v 인수를 사용하지 않는다면 v라는 이름은 _ 기호로 대치할 수 있습니다. 인수가 많은 경우에 꼭 사용하는 인수 이외에는 _ 기호로 변경하여 애초에 잘못 사용하는 것을 방지할 수도 있습니다. 이러한 방식은 다른 함수형 언어에서도 적용되는 함수형 언어의 특징 중 하나입니다.

```
button.setOnClickListener { _ ->
  // 클릭 시 처리
}
```

그리고 람다식에서 인수가 하나인 경우에는 이를 아예 생략하고 람다 블록 내에서 인수를 it로 접근할 수 있습니다. 다음 코드에서 it는 View? 타입의 v 인수를 가리킵니다.

```
button.setOnClickListener {
  it.visibility = View.GONE
}
```

위 7가지 형태는 모두 같은 결과를 나타내지만 마지막 코드가 가장 읽기 쉽습니다. 앞으로 예제를 진행하면서 다양한 예를 만나게 될 겁니다.

중요한 것은 SAM 변환은 자바에서 작성한 인터페이스일 때만 동작한다는 겁니다. 코틀린에서는 인터페이스 대신에 함수를 사용하는 것이 좋습니다.

4.12 기타 기능

다음과 같은 기타 유용한 기능에 대해 간단히 살펴보겠습니다.

- **확장 함수** : 원래 있던 클래스에 기능을 추가하는 함수
- **형변환** : 숫자형 자료형끼리 쉽게 형변환 가능
- **형 체크** : 변수의 형이 무엇인지 검사하는 기능
- **고차 함수** : 인자로 함수를 전달하는 기능
- **동반 객체** : 클래스의 인스턴스 생성 없이 사용할 수 있는 객체
- **let( ) 함수** : 블록에 자기 자신을 전달하고 수행된 결과를 반환하는 함수
- **with( ) 함수** : 인자로 객체를 받고 블록에서 수행된 결과를 반환하는 함수
- **apply( ) 함수** : 블록에 자기 자신을 전달하고 이 객체를 반환하는 함수
- **run( ) 함수** : 익명함수처럼 사용하거나, 블록에 자기 자신을 전달하고 수행된 결과를 반환하는 함수

4.12.1 확장 함수

코틀린은 확장 함수 기능을 사용하여 쉽게 기존 클래스에 함수를 추가할 수 있습니다. 확장 함수를 추가할 클래스에 점을 찍고 함수 이름을 작성합니다. 확장 함수 내부에서는 이 객체를 this로 접근할 수 있고 이러한 객체를 리시버 객체라고 합니다. 다음은 Int 자료형에 짝수인지 아닌지를 알 수 있도록 isEven( ) 확장 함수를 추가한 예입니다.

```
fun Int.isEven() = this % 2 == 0

val a = 5
val b = 6


println(a.isEven())    // false
println(b.isEven())    // true
```

자바에서는 기본 자료형에 기능을 추가하려면 상속을 받고 추가 메서드를 작성해야 했습니다. String 클래스의 경우는 final로 상속이 막혀 있어 이 마저도 불가능했습니다.

4.12.2 형변환

숫자형 자료형끼리는 to자료형( ) 메서드를 사용하여 형변환이 가능합니다.

```
val a = 10L
val b = 20

val c = a.toInt()      // Long을 Int로
val d = b.toDouble()   // Int를 Double로
val e = a.toString()   // Long을 String으로
```

숫자 형태의 문자열을 숫자로 바꿀 때는 자바와 마찬가지로 Integer.parseInt( ) 메서드를 사용합니다.

```
val intStr = "10"
val str = Integer.parseInt(intStr)
```

일반 클래스 간에 형변환을 하려면 as 키워드를 사용합니다.

```
open class Animal

class Dog: Animal()

val dog = Dog()

val animal = dog as Animal    // dog를 Animal형으로 변환
```

4.12.3 형 체크

is 키워드를 사용하여 형을 체크할 수 있습니다. 자바의 instanceOf에 대응합니다.

```
val str = "hello"

if (str is String) {    // str이 String형이라면
  println(str.toUpperCase())
}
```

4.12.4 고차 함수

코틀린에서는 함수의 인수로 함수를 전달하거나 함수를 반환할 수 있습니다. 이렇게 다른 함수

를 인수로 받거나 반환하는 함수를 고차 함수 higher-order function, 고계 함수라고 합니다.

이 책에서 사용되는 예는 다음과 같습니다. add 함수는 x, y, callback 세 개의 인수를 받습니다. 내용은 callback에 x와 y의 합을 전달합니다. 여기서 callback은 하나의 숫자를 받고 반환이 없는 함수입니다. 자바에서는 주로 인터페이스를 사용하는데 코틀린은 함수를 활용하는 점이 다릅니다.

```kotlin
// 인수 : 숫자, 숫자, 하나의 숫자를 인수로 하는 반환값이 없는 함수
fun add(x: Int, y: Int, callback: (sum: Int) -> Unit) {
    callback(x + y)
}
// 함수는 { }로 감싸고 내부에서는 반환값을 it로 접근할 수 있음
add(5, 3, { println(it) })    // 8
```

이러한 방식으로 구현된 예제를 자주 접하다 보면 자연스럽게 사용하고 있는 자신을 발견하게 됩니다. 고차 함수를 직접 작성하는 예제는 10장에서 다룹니다.

4.12.5 동반 객체

9장 예제에서 안드로이드 프래그먼트 컴포넌트를 다룰 때 자동으로 동반 객체 코드가 생성됩니다. 그때 코드를 이해할 수 있도록 동반 객체를 간단히 알아보겠습니다.

프래그먼트는 특수한 제약 때문에 팩토리 메서드를 정의하여 인스턴스를 생성해야 합니다. 팩토리 메서드는 생성자가 아닌 메서드를 사용해 객체를 생성하는 코딩 패턴을 말하는데 클래스와 별개로 보며 포함 관계도 아닙니다. 코틀린에서는 자바의 static과 같은 정적인 메서드를 만들 수 있는 키워드를 제공하지 않습니다. 대신 동반 객체 companion object로 이를 구현합니다.

다음 코드는 newInstance( ) 정적 메서드를 사용해서 Fragment 객체를 생성하는 팩토리 패턴을 구현 및 사용 예입니다.

```kotlin
class Fragment {
    companion object {
        fun newInstance(): Fragment {
            println("생성됨")
        }
    }
}
```

```
val fragment = Fragment.newInstance()
```

여기서 동반 객체 내부의 메서드는 Fragment 클래스와 아무 관계가 없는 정적인 존재입니다. 이러한 패턴은 책의 9장에서 등장합니다.

4.12.6 let( ) 함수

코틀린 기본 라이브러리는 몇 가지 유용한 함수를 제공합니다. let( ) 함수는 블록에 자기 자신을 인수로 전달하고 수행된 결과를 반환합니다. 인수로 전달한 객체는 it으로 참조합니다. let( ) 함수는 안전한 호출 연산자?.와 함께 사용하면 null값이 아닐 때만 실행하는 코드를 다음과 같이 나타낼 수 있습니다.

```
// fun <T, R> T.let(block: (T) -> R): R
val result = str?.let {    // Int
  Integer.parseInt(it)
}
```

이 코드는 str이 null이 아닐 때만 정수로 변경하여 출력하는 코드입니다. 복잡한 if문을 대체할 수 있습니다.

4.12.7 with( ) 함수

with( ) 함수는 인수로 객체를 받고 블록에 리시버 객체로 전달합니다. 그리고 수행된 결과를 반환합니다. 리시버 객체로 전달된 객체는 this로 접근할 수 있습니다. this는 생략이 가능하므로 다음과 같이 작성할 수 있습니다. 안전한 호출이 불가능하여 str이 null값이 아닌 경우에만 사용해야 합니다.

```
// fun <T, R> with(receiver: T, block T.() -> R): R
with(str) {
  println(toUpperCase())
}
```

4.12.8 apply( ) 함수

apply( ) 함수는 블록에 객체 자신이 리시버 객체로 전달되고 이 객체가 반환됩니다. 객체의
상태를 변화시키고 그 객체를 다시 반환할 때 주로 사용합니다.

```
// fun <T> T.apply(block: T.() -> Unit): T
val result = car?.apply {
   car.setColor(Color.RED)
   car.setPrice(1000)
}
```

4.12.9 run( ) 함수

run( ) 함수는 익명 함수처럼 사용하는 방법과, 객체에서 호출하는 방법을 모두 제공합니다.
익명 함수처럼 사용할 때는 블록의 결과를 반환합니다. 블록안에 선언된 변수는 모두 임시로
사용되는 변수입니다. 이렇게 복잡한 계산에 임시변수가 많이 필요할 때 유용합니다.

```
// fun <R> run(block: () -> R): R
val avg = run {
   val korean = 100
   val english = 80
   val math = 50

   (korean + english + math) / 3.0
}
```

객체에서 호출하는 방법은 객체를 블록의 리시버 객체로 전달하고 블록의 결과를 반환합니다.
안전한 호출을 사용할 수 있어서 with( ) 함수보다는 더 유용합니다.

```
// fun <T, R> T.run(block: T.() -> R): R
str?.run {
   println(toUpperCase())
}
```

4.12.10 확장 함수

일반적으로 어떤 클래스에 기능을 추가하고 싶을 때는 해당 클래스를 상속 받아 새로운 클래스를 만들고 메서드를 추가하는 것이 일반적입니다.

코틀린에서는 확장 함수(Extension Function)를 사용하면 상속을 받지 않고도 원래 클래스에 기능을 추가할 수 있습니다. 다음 코드는 String 클래스에 없는 toInt( ) 메서드를 추가한 예입니다. 메서드 내에서는 객체 자신을 this로 참조합니다.

```
fun String.toInt(): Int {
   return Integer.parseInt(this)
}
```

이제 다음과 같이 정수 형태의 문자열을 Int 형으로 변환할 수 있습니다.

```
print("10".toInt())
```

코틀린에서는 복잡한 코드를 쉽게 작성하도록 도와주는 다양한 확장 함수를 제공합니다. 앞 서 다뤘던 let(), apply() 같은 함수가 대표적인 확장 함수입니다. '7장 나만의 웹 브라우저'에서는 확장 함수를 직접 작성해 봅니다.

필자는 코틀린의 가장 큰 강점은 확장 함수라고 생각합니다. 자바는 비교적 기능 추가가 느린 반면에 코틀린은 마이너 업데이트에서도 유용한 확장 함수가 추가되기도 하면서 코틀린의 기능이 점점 강화됩니다.

4.13 마치며

이번 장에서는 코틀린 문법에 대해서 알아보았습니다. 상당히 많은 내용을 압축해 다뤄 당장 이해가 되지 않을 겁니다. 이어지는 장들에서 다루는 예제에서 사용 사례를 볼 수 있으니 안심하세요. 이 책에서는 앱 개발에 필요한 최소한의 코틀린 지식만을 전달했기 때문에 더 많은 내용을 알고 싶다면 코틀린 입문서를 보기 바랍니다.

5장
비만도 계산기

이 장에서는 키와 몸무게를 입력하여 비만도를 표시하는 앱을 만들어봅니다.
두 화면을 전환하면서 데이터 전달 방법을 알아보고
이미지 뷰를 사용해 벡터 이미지를 표시해 봅니다.

5 비만도 계산기

난이도	★☆☆
프로젝트명	BmiCalculator
기능	• 키와 몸무게를 입력하고 결과 버튼을 누르면 다른 화면에서 비만도 결과를 문자와 그림으로 보여줍니다.
	• 마지막에 입력했던 키와 몸무게는 자동으로 저장됩니다.
핵심 구성요소	• ConstraintLayout : 제약에 따라 뷰를 배치하는 레이아웃입니다.
	• Intent : 화면을 전환에 사용하고, 간단한 데이터를 전달할 수 있습니다.
	• SharedPreference : 간단한 데이터를 저장할 수 있습니다.

5.1 해법 요약

비만도 계산기 앱은 키와 몸무게를 입력하는 화면과 비만도 결과를 보여주는 화면으로 구성되어 있습니다. 즉, 액티비티가 두 개 필요합니다.

이 장에서는 비만도를 측정하는 앱을 만들면서 인텐트에 데이터를 담아서 다른 화면으로 전달하는 방법을 다룹니다. 그리고 본격적으로 레이아웃의 작성을 하며 ConstraintLayout을 사용하는 방법을 익힙니다.

구현 순서는 다음과 같습니다.

1. **준비하기** : 프로젝트 생성 및 안드로이드 설정
2. **스텝 1** : 키와 몸무게를 입력하는 화면 작성
3. **스텝 2** : 결과 화면 작성
4. **스텝 3** : 인텐트로 화면 전환
5. **스텝 4** : SharedPreference로 데이터를 저장하기

5.2 준비하기

프로젝트를 생성하고 프로그래밍을 하기 전에 필요한 라이브러리 설정을 하겠습니다. 안드로이드에서 앱을 개발하다 보면 화면을 전환하거나 다이얼로그를 표시하는 등의 주로 사용하는 코드들이 있습니다. 이러한 코드들을 확장 함수로 만들어두면 좀 더 쉽게 사용할 수 있습니다.

5.2.1 프로젝트 생성

다음과 같이 프로젝트를 생성합니다.

- **프로젝트명** : BmiCalculator
- **minSdkVersion** : 21
- **기본 액티비티** : Empty Activity

5.2.2 뷰 바인딩 (ViewBinding)

4장에서 findViewById( ) 메서드를 사용하여 레이아웃에 정의한 id를 참조하여 코틀린 코드에서 사용해 보았습니다. 조작해야할 UI 요소들이 많은 경우에는 하나하나 findViewById( ) 메서드를 통한 참조를 해야 합니다. 하지만 뷰 바인딩을 적용하면 바인딩 객체를 통해서 간단하게 UI 요소들에 접근할 수 있습니다.

뷰 바인딩을 적용하려면 프로젝트창에서 ① 모듈 수준의 build.gradle 파일을 더블클릭하여 엽니다. 프로젝트에는 build.gradle 파일이 두 개 있는데 옆에 Module 또는 Project라고 써져 있으니 이를 보고 모듈 수준 또는 프로젝트 수준의 그레이들 파일이라고 부릅니다.

에디터창에서 build.gradle 파일을 편집할 수 있습니다. ② 하단에 다음과 같이 android 항목 안에 추가해 줍니다.

```
android {
    // 생략
    buildFeatures {
        viewBinding true
    }
}
```

그레이들 파일을 수정하고 이를 적용하려면 '싱크'를 해야 합니다. ③ 다음과 같이 에디터창 상단에 프로젝트를 싱크해 달라는 메시지가 표시되면 'Sync Now' 링크를 클릭하여 싱크합니다.

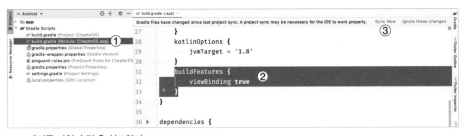

▶ 그레이들 파일 수정 후 싱크하기

이제 뷰 바인딩이 적용되었습니다. 앞으로 이 책의 모든 예제를 시작할 때 이 작업을 공통으로 진행하시면 됩니다.

5.3 [스텝1] 키와 몸무게를 입력하는 화면 작성

첫 번째 화면에서는 키와 몸무게를 입력하는 EditText와 결과 화면으로 이동하는 Button을 배치해봅니다. ConstraintLayout 설정 방법에 대해서도 알아봅니다. 구현 순서는 다음과 같습니다.

1. 키와 몸무게를 입력하는 에디트텍스트 배치
2. 에디트텍스트 크기와 여백 설정
3. 에디트텍스트에 입력될 값을 정수로 제한하기
4. 에디트텍스트에 기본으로 표시되는 문자열 지정
5. 결과 버튼 배치

5.3.1 레이아웃 작성

프로젝트 창에서 res/layout 폴더 안에 있는 activity_main.xml 파일을 열고 ① Autoconnect 모드를 확인합니다. 팔레트 창에서 Text 카테고리의 ② 'Plain Text'를 선택하여 화면의 ③ 적당한 위치로 드래그하여 배치합니다. 이때 Autoconnect 모드인 경우에는 다시 가이드선에 맞게 드래그하면 제약이 자동으로 추가됩니다. 만약 잘못 배치했다면 단축키 Ctrl + Z 를 눌러 이전으로 취소하고 다시 배치합니다.

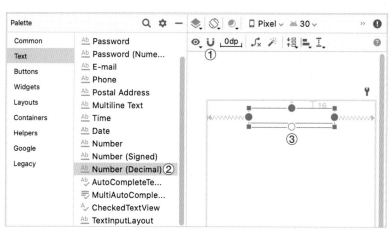

▶ EditText의 배치

좌우 여백이 너무 넓습니다. 다음 그림과 같이 가로로 꽉 채우려면 먼저 ④ 좌우 여백을 16으로 설정합니다. 그리고 속성 창에서 레이아웃의 길이를 빠르게 3가지 모드로 변경하는 기능을 사용합니다. ⑤ 영역을 두 번 클릭하여 그림과 같은 모양이 되었는지 확인합니다. 그러면 ⑥ layout_width 속성값이 match_constraint로 변경됩니다. match_constraint는 가로로 꽉 채우는 속성값입니다. 가로로 꽉 채우고 좌우 여백이 16dp가 되었습니다.

⑦ ID를 heightEditText로 수정합니다. 코틀린 코드에서 이 값을 사용해 이 뷰를 조작할 수 있습니다. inputType 속성은 에디트텍스트에 입력하는 값을 제한할 수 있습니다. ⑧을 클릭하면 여러 항목을 체크할 수 있습니다. numberDecimal만 체크하면 이 에디트텍스트에는 소수점을 포함한 숫자만 입력할 수 있습니다. 참고로 number의 경우는 소수점을 입력할 수 없습니다.

⑨ hint 속성에는 에디트텍스트에 아무것도 입력하지 않은 상태에서 보여줄 텍스트인 "키"를 입력합니다. hint 속성을 보이게 하려면 ⑩ text 속성의 "Name"값을 삭제합니다. 항목을 찾을 때는 검색을 활용하시고, 이미 정의된 항목은 Declared Attributes에 모여 있으므로 다음 그림을 참조하여 작업해 주세요.

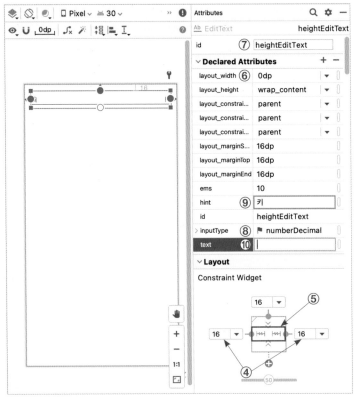

▶ 키를 입력하는 **EditText**의 속성 설정

두 번째 에디트텍스트도 같은 방법으로 추가합니다. 이번에는 숫자만 입력받을 수 있는 ⑪ Number(Decimal) 타입이 이미 지정된 에디트텍스트를 선택하여 첫 번째 에디트텍스트의 ⑫ 아래에 배치합니다. 이때도 가이드 선이 나오는 것을 확인하여 배치해야 자동으로 좌우 여백 설정이 추가됩니다.

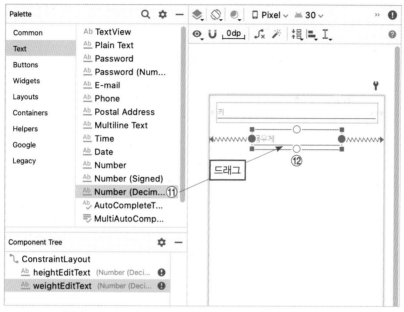

▶ **Number** 타입의 **EditText** 배치

키를 입력하는 에디트텍스트를 설정한 것과 같은 방법으로 제약과 속성을 추가합니다. 이번에는 Number(Decimal) 타입의 에디트텍스트를 배치했기 때문에 inputType 속성은 이미 NumberDecimal로 설정되어 있습니다.

- **좌우 여백 :** 16
- **ID :** weightEditText
- **hint :** 몸무게

이제 첫 번째 에디트텍스트의 아래에 위치하도록 제약을 추가하겠습니다. ⑬ 부분을 클릭하면 자동으로 제약이 추가됩니다.

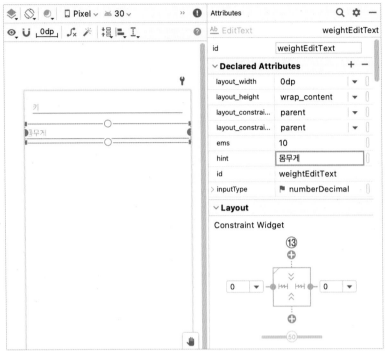

▶ 몸무게를 입력하는 EditText 설정

⑭ 상단과 좌우의 여백을 16으로 설정합니다. 다음 그림과 같이 제약과 여백이 설정되었다면 성공입니다.

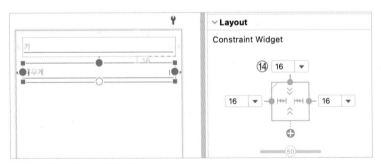

▶ 상단 제약의 추가 및 여백 설정

같은 방법으로 버튼을 다음과 같이 배치합니다. 버튼은 팔레트 창의 Buttons 카테고리에 있는 Button을 이용합니다.

- **상단, 우측 여백** : 16
- **ID** : resultButton
- **text** : 결과

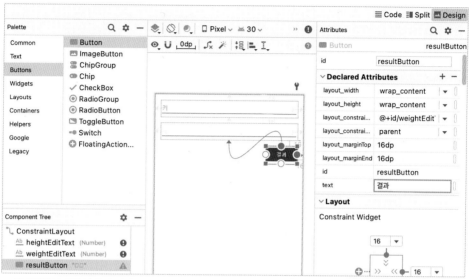

▶ 결과 버튼의 배치 및 속성 설정

5.4 [스텝 2] 결과 화면 작성

두 번째 화면에는 키와 몸무게에 의해 비만도가 결정되면 결과를 표시하는 TextView와 세 가지 표정 중에서 한 이미지를 표시할 ImageView를 배치합니다. 기본적으로 [스텝 1]에서 뷰를 배치하는 것과 동일합니다. 구현 순서는 다음과 같습니다.

1. 액티비티 추가
2. 결과를 표시할 텍스트 뷰 배치
3. 결과에 대한 이미지를 표시할 이미지 뷰 배치
4. 벡터 드로어블 사용 환경

5.4.1 액티비티의 추가

먼저 새로운 액티비티를 추가하겠습니다. 안드로이드 스튜디오 메뉴에서 File → New → Activity → Empty Activity를 클릭합니다.

새로운 액티비티를 추가하는 화면이 표시됩니다. Activity Name 항목에 ① ResultActivity를 입력합니다. Layout Name도 자동으로 함께 수정됩니다.

② Finish를 클릭합니다.

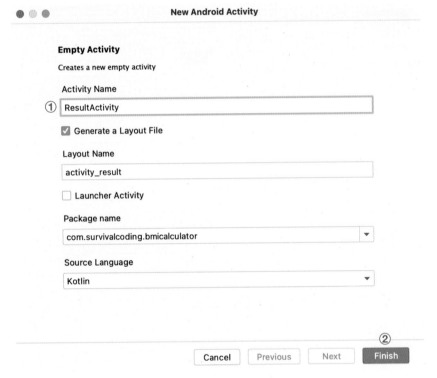

▶ 새로운 액티비티 추가

다음과 같이 ResultActivity.kt와 activity_result.xml 파일이 추가됩니다.

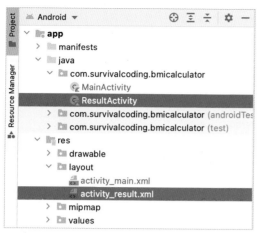

▶ 추가된 액티비티와 레이아웃 파일

5.4.2 결과를 표시할 텍스트 뷰의 배치

먼저 팔레트 창에서 Text 카테고리의 TextView를 화면의 상단 중앙에 배치합니다. 그리고 다음과 같이 속성을 설정합니다.

- **상단 여백** : 130
- **좌우 여백** : 16
- **ID :** resultTextView

text 속성의 아래에 ① 붓 아이콘이 붙은 text 속성이 있습니다. 여기에 적당한 텍스트값을 넣습니다. 이 속성은 실제로 text 속성을 설정하는 것이 아니고 디자인 창에만 보이게 됩니다. 디자인 시에 화면에 어떻게 보이는지 확인하는 용도로 사용합니다. text 속성은 비운 것에 유의합니다.

textSize 속성에 적당한 값을 sp 단위로 넣어 글자 크기를 변경합니다. 하지만 여기서는 미리 정의된 여러 글자 설정 중에서 하나를 사용하겠습니다. 안드로이드에서는 미리 설정된 여러 글자 설정을 제공합니다. textAppearance 속성에는 Large를 선택합니다.

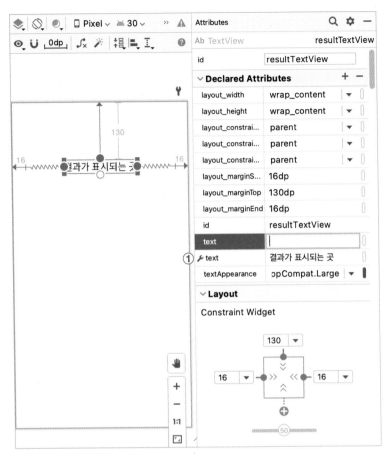

▶ 두 번째 화면의 배치 및 속성 설정

5.4.3 결과 이미지를 표시할 이미지 뷰의 배치

이미지를 표시하려면 이미지 뷰를 사용합니다. 우선 적당한 이미지가 필요한데 안드로이드 스튜디오는 다양한 이미지를 제공합니다.

이미지에는 PNG, JPG 등의 비트맵 이미지 파일과 SVG, EPS 등의 벡터 이미지가 있습니다. VectorDrawable이라는 벡터 이미지 리소스를 작성하겠습니다.

프로젝트 창에서 res 폴더에서 우클릭 → New → Vector Asset을 클릭합니다. Asset Studio 라는 화면이 표시됩니다. 여기서 벡터 이미지를 생성할 수 있습니다. Clip Art의 ① 아이콘을 클릭합니다.

▶ 에셋 스튜디오

아이콘을 선택하는 화면이 표시됩니다. 비만도가 정상일 때 표시할 적당한 이미지를 선택합니다. 왼쪽 상단에 검색 창이 있으니 원하는 컨셉의 이미지가 있는지 검색을 해봐도 좋습니다. 여기서는 ② 웃는 얼굴을 선택하고 OK를 클릭합니다.

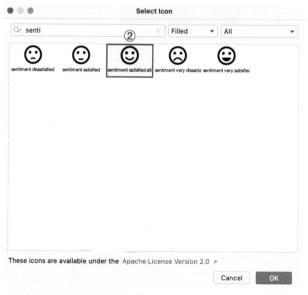

▶ 벡터 이미지 아이콘을 선택하는 화면

다른 항목은 기본값으로 두고 Next를 클릭합니다.

▶ 선택한 그림 확인

아이콘이 생성될 위치를 확인하고 Finish를 클릭합니다.

▶ 아이콘 생성 위치 확인

프로젝트 창 res/drawable 폴더 아래에 벡터 이미지가 추가됩니다.

▶ 생성된 벡터 이미지

같은 방법으로 ③ 비만과 ④ 저 체중일 때 표시할 이미지 두 개를 더 생성합니다.

▶ 비만, 저체중 이미지 생성

이제 다시 activity_result.xml 파일을 엽니다. 팔레트 창에서 Common 카테고리의
⑤ 'ImageView'를 선택하고 화면의 ⑥ 정중앙으로 드래그하여 배치합니다.

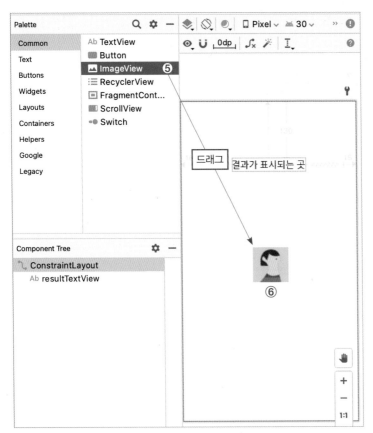

▶ ImageView의 배치

이미지 뷰에 표시할 이미지 리소스를 선택하는 화면이 표시됩니다. ⑦ 웃는 얼굴 이미지를 선택하고 ⑧ OK를 클릭합니다.

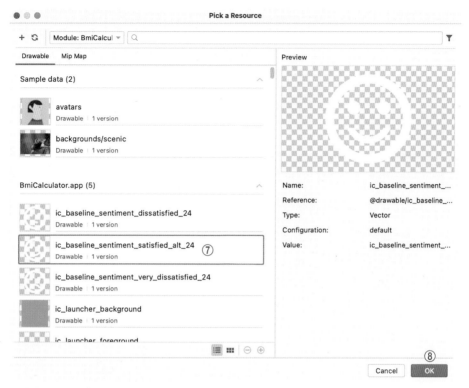

▶ 이미지 뷰에 표시할 이미지 선택

선택한 이미지는 srcCompat 속성값으로 설정됩니다. 이미지를 변경하고 싶다면 srcCompat 속성값을 변경합니다.

추가된 이미지가 너무 작게 표시될 겁니다. 이미지의 크기를 임의의 값으로 설정하여 크게 보이도록 합니다.

- **layout_width** : 100dp
- **layout_height** : 100dp

여기서는 이미지 뷰의 가로세로 크기를 각각 100dp씩 설정했습니다.

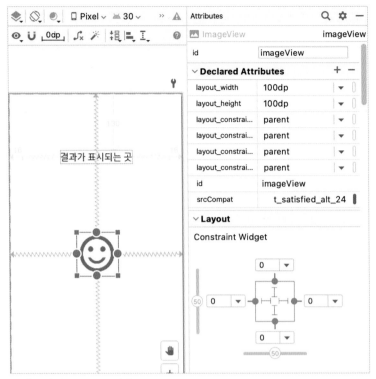

▶ 가로 세로를 100dp로 설정

지금은 이미지의 색상이 어두운색입니다. 여기서는 간단하게 이미지뷰의 벡터 이미지 색상을 변경하겠습니다.

이미지 뷰의 tint 속성을 사용합니다. 그런데 tint 속성은 현재 속성 창에 보이지 않습니다. 현재 속성 창에 보이지 않는 설정을 표시하려면 속성 창의 하단에 검색창에서 tint를 검색하여 항목을 찾습니다.

▶ tint 속성

색상 리소스를 선택하는 화면이 표시됩니다. ⑨ 원하는 색상을 선택하고 OK를 클릭합니다.

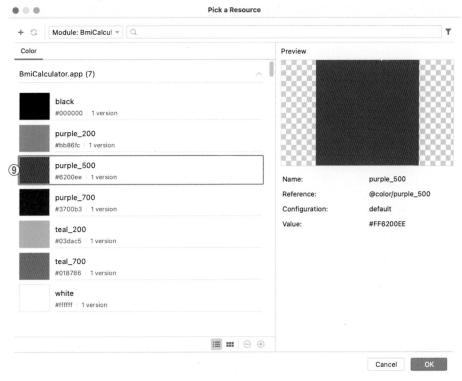

▶ 색상 리소스 선택

이제 이미지 뷰의 벡터 이미지의 색상이 변경되었습니다.

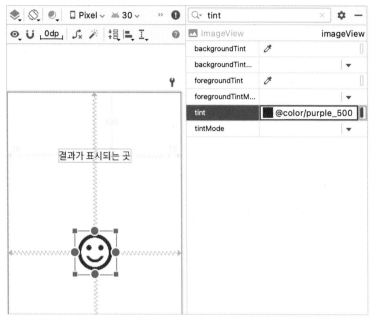

▶ tint 속성으로 벡터 이미지 색상 설정

5.4.4 벡터 드로어블 사용 환경

벡터 이미지를 사용했습니다. 안드로이드에서 벡터 이미지는 벡터 드로어블_{VectorDrawable} 리소스로 분류됩니다. 벡터 드로어블이 동작하는 버전은 안드로이드 5.0부터입니다. 우리는 프로젝트를 생성할 때 최소 SDK 버전을 21_{안드로이드 5.0}로 설정했습니다.

만약 SDK 버전 20 이하로 설정했다면 모듈 수준의 build.gradle 파일에 다음을 추가해야 합니다.

```
defaultConfig {
    vectorDrawables.useSupportLibrary = true
}
```

5.5 [스텝 3] 인텐트로 화면 전환

레이아웃을 모두 작성했으므로 드디어 코드를 작성할 차례입니다. 먼저 첫 번째 화면의 버튼을 누르면 두 번째 화면이 표시되게 구현합니다. 두 화면을 전환하려면 인텐트Intent를 사용합니다. 인텐트는 다른 액티비티를 시작할 수 있고, 간단한 데이터를 담아서 보낼 수도 있습니다. 인텐트는 안드로이드 앱 개발에서 가장 기본이면서 많이 사용하기 때문에 잘 알아 두어야 합니다.

구현 순서는 다음과 같습니다.

1. 뷰 바인딩 객체 얻기
2. 버튼을 누르면 결과 화면으로 전환하는 코드 작성
3. 이전 화면으로 돌아가기 위한 업 네비게이션
4. 인텐트에 데이터 담기
5. 인텐트로부터 데이터 꺼내기
6. 비만도를 계산하여 분기 처리하기
7. Toast를 사용하여 간단한 메시지 표시하기

5.5.1 뷰 바인딩 객체 얻기

코틀린 코드에서 레이아웃 객체를 조작하기 위해서 뷰 바인딩 준비를 합니다. MainActivity 파일을 다음과 같이 수정합니다.

바인딩 객체 얻기 (MainActivity.kt)

```
package com.survivalcoding.bmicalculator

import android.os.Bundle
import androidx.appcompat.app.AppCompatActivity
import com.survivalcoding.bmicalculator.databinding.ActivityMainBinding

class MainActivity : AppCompatActivity() {
  // ②
  private val binding by lazy {
      ActivityMainBinding.inflate(layoutInflater)
  }

  override fun onCreate(savedInstanceState: Bundle?) {
```

```
        super.onCreate(savedInstanceState)
        setContentView(binding.root)      // ①
    }
}
```

① setContentView( ) 메서드의 내부에 R.layout.activity_main을 binding.root로 수정하였습니다. ② binding 객체는 by lazy 로 늦은 초기화가 되는데 ActivityMainBinding 이라는 클래스로부터 생성됩니다.

ActivityMainBinding 클래스는 activity_main.xml 파일의 이름을 참고하여 뷰 바인딩 설정에 의해서 자동으로 생성된 클래스입니다. 이 객체를 통해서 activity_main.xml 파일에 정의한 뷰에 접근할 수 있습니다. 그리고 onCreate( ) 메서드에 추가한 코드에 의해서 바인딩 객체의 근원인 activity_main.xml 을 액티비티의 화면으로 인식하게 됩니다. 이 코드는 모든 액티비티를 만든 후 가장 먼저 선행해야 합니다.

자동 import 설정을 했다면 import 문은 자동으로 추가되므로 수동으로 작성할 필요가 없습니다.

5.5.2 버튼을 누르면 결과 화면으로 전환하는 코드 작성

먼저 버튼을 눌렀을 때 화면이 전환되는 코드를 작성하겠습니다. MainActivity.kt 파일을 열고 onCreate( ) 메서드에 ① 다음 코드를 추가합니다.

버튼 클릭 이벤트 리스너 구현 (MainActivity.kt)

```
class MainActivity : AppCompatActivity() {
    private val binding by lazy {
        ActivityMainBinding.inflate(layoutInflater)
    }

    override fun onCreate(savedInstanceState: Bundle?) {
        super.onCreate(savedInstanceState)
        setContentView(binding.root)

        binding.resultButton.setOnClickListener {        // ①
            // 결과 버튼이 클릭되면 할 일을 작성하는 부분
        }
```

```
        }
    }
```

결과 버튼의 ID로 resultButton을 설정했는데, 이 ID를 바인딩 객체를 통해 버튼에 접근할 수 있습니다.

이제 다음 액티비티로 전환하는 코드를 추가하겠습니다.

두 번째 화면으로 이동하는 코드 (MainActivity.kt)

```
package com.survivalcoding.bmicalculator

import android.content.Intent
import android.os.Bundle
import androidx.appcompat.app.AppCompatActivity
import com.survivalcoding.bmicalculator.databinding.ActivityMainBinding

class MainActivity : AppCompatActivity() {
    private val binding by lazy {
        ActivityMainBinding.inflate(layoutInflater)
    }

    override fun onCreate(savedInstanceState: Bundle?) {
        super.onCreate(savedInstanceState)
        setContentView(binding.root)

        binding.resultButton.setOnClickListener {
            val intent = Intent(this, ResultActivity::class.java)
            startActivity(intent)
        }
    }
}
```

안드로이드 액티비티를 전환할 때마다 인텐트 객체를 생성하고 startActivity( ) 메서드를 호출합니다.

앱을 실행해보고 결과 버튼을 클릭하여 두 번째 화면이 잘 표시된다면 성공입니다.

5.5.3 이전 화면으로 돌아가는 업 네비게이션

결과 버튼을 클릭하여 두 번째 화면을 표시하면 다음과 같습니다. 여기서 뒤로가기를 눌러 이전 화면으로 돌아갈 수 있습니다.

▶ 두 번째 화면

하지만 화면상으로는 이전 액티비티와의 상관관계를 알 수 있는 어떠한 표시도 없습니다. 이런 경우에는 업 네비게이션Up Navigation을 설정하여 상단 툴바에 뒤로가기 아이콘을 표시할 수 있습니다.

① 프로젝트 창에서 AndroidManifest.xml 파일을 더블클릭하여 엽니다. 에디터 창에 xml 코드가 표시되는데 두 번째 액티비티에 ② parentActivityName 속성을 추가합니다.

▶ 부모 액티비티를 지정

이렇게 parentActivityName 속성에 상위 액티비티를 지정하면 간단히 상하 관계를 설정할 수 있습니다. 이제 앱을 실행해서 어떻게 변경되었나 확인해봅니다. 다음과 같이 두 번째 화면의 툴 바에 ③ 뒤로 가기 아이콘이 표시되었습니다. 클릭을 해보면 이전 액티비티로 잘 이동됩니다.

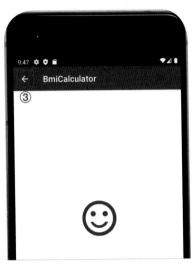

▶ 뒤로 가기 아이콘 동작 확인

5.5.4 인텐트에 데이터를 담기

인텐트는 데이터를 담아서 다른 액티비티에 전달하는 역할도 합니다. 다음은 인텐트에 데이터를 담는 코드입니다. 입력한 키와 몸무게로 입력받은 문자열을 Float형으로 변경하여 인텐트에 담고 있습니다.

인텐트에 데이터 담기

```
val intent = Intent(this, ResultActivity::class.java)
intent.putExtra("weight", binding.weightEditText.text.toString().toFloat())    // ①
intent.putExtra("height", binding.heightEditText.text.toString().toFloat())
startActivity(intent)
```

① putExtra( ) 메서드에 키_{key}와 값_{value}의 쌍으로 데이터를 저장합니다. 이를 apply 함수를 적용하면 다음과 같이 작성할 수 있습니다.

apply 함수를 적용한 데이터 담기

```
val intent = Intent(this, ResultActivity::class.java).apply {
    putExtra("weight", binding.weightEditText.text.toString().toFloat())
    putExtra("height", binding.heightEditText.text.toString().toFloat())
}
startActivity(intent)
```

클릭 이벤트를 처리하는 부분에 다음과 같이 코드를 추가합니다.

키와 몸무게 데이터 전달 (MainActivity.kt)

```kotlin
binding.resultButton.setOnClickListener {
    val intent = Intent(this, ResultActivity::class.java).apply {
        putExtra("weight", binding.weightEditText.text.toString().toFloat())
        putExtra("height", binding.heightEditText.text.toString().toFloat())
    }
    startActivity(intent)
}
```

마지막으로 사용자가 아무 값도 입력하지 않거나 공백을 입력했을 때에도 에러가 나지 않도록 코드를 추가합니다. String 클래스의 isNotBlank () 확장 함수는 문자열의 길이가 0이거나 공백만 있을 경우 true를 반환합니다. 키와 몸무게 모두 공백이 아닌 경우에만 버튼이 동작하도록 하였습니다.

아무 입력도 하지 않았을 경우의 에러 처리 (MainActivity.kt)

```kotlin
binding.resultButton.setOnClickListener {
    if (binding.weightEditText.text.isNotBlank() && binding.heightEditText.text.
isNotBlank()) {
        val intent = Intent(this, ResultActivity::class.java).apply {
            putExtra("weight", binding.weightEditText.text.toString().toFloat())
            putExtra("height", binding.heightEditText.text.toString().toFloat())
        }
        startActivity(intent)
    }
}
```

5.5.5 인텐트로부터 데이터 꺼내기

데이터가 담긴 인텐트에서 데이터를 꺼내려면 getXXXExtra () 메서드를 사용합니다. 전달받은 데이터가 문자열이기 때문에 getStringExtra () 메서드를 사용합니다.

인텐트에서 데이터 꺼내기

```kotlin
val height = intent.getFloatExtra("height", 0f)
val weight = intent.getFloatExtra("weight", 0f)
```

꺼낸 문자열은 나중에 toInt () 메서드를 사용해 정수형으로 변환해 계산에 사용합니다.

5.5.6 비만도를 계산하여 분기 처리하기

비만도BMI를 계산한 후에 결과를 표시하도록 코드를 작성하면 다음과 같습니다.

코드 작성 (ResultActivity.kt)

```kotlin
class ResultActivity : AppCompatActivity() {
    private val binding by lazy {
        ActivityResultBinding.inflate(layoutInflater)
    }

    override fun onCreate(savedInstanceState: Bundle?) {
        super.onCreate(savedInstanceState)
        setContentView(binding.root)

        // 전달받은 키와 몸무게
        val height = intent.getFloatExtra("height", 0f)
        val weight = intent.getFloatExtra("weight", 0f)

        // BMI 계산  // ①
        val bmi = weight / (height / 100.0f).pow(2.0f)

        // 결과 표시     // ②
        when {
            bmi >= 35 -> binding.resultTextView.text = "고도 비만"
            bmi >= 30 -> binding.resultTextView.text = "2단계 비만"
            bmi >= 25 -> binding.resultTextView.text = "1단계 비만"
            bmi >= 23 -> binding.resultTextView.text = "과체중"
            bmi >= 18.5 -> binding.resultTextView.text = "정상"
            else -> binding.resultTextView.text = "저체중"
        }

        // 이미지 표시  // ③
        when {
            bmi >= 23 ->
                binding.imageView.setImageResource(
                    R.drawable.ic_baseline_sentiment_very_dissatisfied_24)
            bmi >= 18.5 ->
                binding.imageView.setImageResource(
                    R.drawable.ic_baseline_sentiment_satisfied_alt_24)
            else ->
                binding.imageView.setImageResource(
```

```
                    R.drawable.ic_baseline_sentiment_dissatisfied_24)
        }
    }
}
```

① 키를 100으로 나눈 제곱(pow( ) 함수)을 몸무게에서 나누면 BMI값이 나옵니다.

② when을 사용하여 BMI값이 특정 구간에 있으면 해당하는 메시지를 표시합니다.

현재는 BMI가 어떤 값이 나와도 같은 이미지가 표시됩니다. 이를 BMI값에 따라서 다른 이미지가 나오도록 ③ when을 사용하여 구간마다 이미지를 교체해줍니다.

5.5.7 Toast를 사용하여 간단한 메시지를 표시하기

안드로이드 기기를 사용하다 보면 하단에 잠깐 보였다 사라지는 메시지를 본 적이 있을 겁니다. 이것을 토스트Toast 메시지라고 합니다. 그럼 토스트를 이용하여 BMI값을 표시할 수 있습니다.

    21.383941996057334

▶ 토스트 메시지

onCreate( ) 메서드의 마지막에 다음 코드를 추가합니다.

BMI값을 표시하는 토스트 코드
```
Toast.makeText(this, "$bmi", Toast.LENGTH_SHORT).show()
```

BMI값이 Float형이므로 $ 기호를 사용하여 문자열 템플릿에 적용했습니다.

5.6 [스텝 4] SharedPreference로 데이터 저장하기

마지막으로 입력했던 키와 몸무게가 다음 번 앱을 실행했을 때 남아있도록 SharedPreference
에 저장하고 복원하는 기능을 만들겠습니다. 설정값과 같이 간단한 데이터를 저장할 때 주로 사
용합니다. 구현 순서는 다음과 같습니다.

1. 데이터 저장하기
2. 데이터 불러오기

5.6.1 데이터 저장하기

SharedPreference를 사용하기 위해서는 먼저 모듈 수준의 build.gradle 파일에 다음과 같
이 의존성을 추가 후 싱크를 합니다.

```
dependencies {
    … 생략 …

    implementation 'androidx.preference:preference-ktx:1.1.1'
}
```

MainActivity 클래스에 키와 몸무게를 저장하는 메서드를 작성합니다. 이 때 import문 작
성에 주의합니다. 동일한 이름의 클래스가 다수 존재할 경우에는 자동 import문이 작성
되지 않을 수 있습니다. android.preference 가 아닌 androidx.preference 패키지의
PreferenceManager를 임포트해야 됨에 주의합니다.

데이터 저장하기 메서드 추가 (MainActivity.kt)
```
import androidx.preference.PreferenceManager

… 생략 …
private fun saveData(height: Float, weight: Float) {
    val pref = PreferenceManager.getDefaultSharedPreferences(this)    // ①
    val editor = pref.edit()    // ②

    editor.putFloat("KEY_HEIGHT", height)    // ③
        .putFloat("KEY_WEIGHT", weight)
        .apply()                    // ④
}
```

① 프리퍼런스 매니저를 사용해 프리퍼런스 객체를 얻습니다.

② 프리퍼런스 객체의 에디터 객체를 얻습니다. 이 객체를 사용해 프리퍼런스에 데이터를 담을 수 있습니다.

③ 에디터 객체에 put[데이터 타입] 형식의 메서드를 사용하여 키와 값 형태의 쌍으로 저장을 합니다. put 메서드는 기본 타입은 모두 지원합니다. SharedPreference는 Double을 지원하지 않기 때문에 Float형을 사용하였습니다.

④ 마지막으로 설정한 내용을 반영합니다.

결과 버튼을 클릭할 때 화면을 전환하기 전에 saveData( ) 메서드를 호출하여 프리퍼런스에 키와 몸무게 값을 저장해봅시다. onCreate( ) 메서드에 다음과 같이 코드를 추가합니다.

결과 버튼 클릭 시 마지막에 입력한 내용을 저장 (MainActivity.kt)

```kotlin
binding.resultButton.setOnClickListener {
  if (binding.weightEditText.text.isNotBlank() && binding.heightEditText.text.
isNotBlank()) {
      // 마지막에 입력한 내용 저장
      saveData(
         binding.heightEditText.text.toString().toFloat(),
         binding.weightEditText.text.toString().toFloat(),
      )

      val intent = Intent(this, ResultActivity::class.java).apply {
         putExtra("weight", binding.weightEditText.text.toString().toFloat())
         putExtra("height", binding.heightEditText.text.toString().toFloat())
      }
      startActivity(intent)
  }
}
```

5.6.2 데이터 불러오기

저장한 데이터를 불러오는 메서드를 MainActivity에 추가합니다.

데이터 불러오기 메서드 추가 (MainActivity.kt)

```kotlin
private fun loadData() {
    val pref = PreferenceManager.getDefaultSharedPreferences(this)  // ①
    val height = pref.getFloat("KEY_HEIGHT", 0f)    // ②
    val weight = pref.getFloat("KEY_WEIGHT", 0f)

    if (height != 0f && weight != 0f) {    // ③
        binding.heightEditText.setText(height.toString())  // ④
        binding.weightEditText.setText(weight.toString())
    }
}
```

① 프리퍼런스 객체를 얻습니다.

② getFloat( ) 메서드로 키KEY_HEIGHT와 몸무게KEY_WEIGHT에 저장된 값을 불러옵니다. getFloat( ) 메서드의 두 번째 인자는 저장된 값이 없을 때 기본값 0f를 리턴한다는 의미입니다.

③ 키와 몸무게가 모두 0f인 경우. 즉, 저장된 값이 없을 때는 아무것도 하지 않습니다.

④ 저장된 값이 있다면 키와 몸무게를 입력하는 에디티텍스트에 마지막에 저장된 값을 표시합니다.

loadData( ) 메서드를 onCreate( ) 메서드에 추가합니다.

액티비티를 시작하면 마지막에 저장한 값을 불러오기 (MainActivity.kt)

```kotlin
override fun onCreate(savedInstanceState: Bundle?) {
    super.onCreate(savedInstanceState)
    setContentView(binding.root)

    loadData()

    ... 생략 ...
}
```

앱을 실행하여 키와 몸무게를 입력해서 결과를 보고 앱을 다시 실행할 때 마지막 값이 잘 표시 된다면 성공입니다.

5.7 마치며

이번 장에서는 첫 앱을 작성하면서 다음과 같이 기본적인 내용을 위주로 다뤘습니다. 자주 사용하는 내용이라서 사용 방법을 익혀 두어야 합니다.

- 이미지 뷰에 표시할 아이콘은 에셋 스튜디오에서 생성할 수 있습니다.
- 레이아웃에 작성한 객체에 접근할 때 뷰 바인딩을 사용하면 편리합니다.
- 액티비티 간 화면 전환 및 데이터 전달을 하는 데 인텐트를 사용합니다.
- 간단한 데이터를 저장 및 복원할 때는 SharedPreference를 사용합니다.

6장
스톱워치

이 장에서는 스톱워치 앱을 만들어 보면서
안드로이드 UI를 조작하는 메인 스레드와 복잡한 일을 하는 워커 스레드를
어떤 함수로 구현하는지 배웁니다.

6 스톱워치

난이도	★☆☆
프로젝트명	StopWatch
기능	• 타이머를 시작, 일시정지하고 초기화할 수 있습니다. • 타이머 실행 중에 랩타임을 측정하여 표시합니다.
핵심 구성요소	• timer : 일정 시간 간격으로 코드를 백그라운드 스레드에서 실행합니다. • runOnUiThread : 메인 스레드에서 UI를 갱신합니다. • ScrollView : 랩타임을 표시할 때 상하로 스크롤되는 뷰를 사용합니다. • FloatingActionButton : 머티리얼 디자인의 둥근 모양의 버튼입니다.
라이브러리 설정	• **뷰 바인딩** : findViewById( ) 없이 레이아웃에 정의한 뷰를 사용할 수 있는 라이브러리

6.1 해법 요약

스톱워치를 구현하려면 빠르게 계산하면서 UI를 갱신하는 방법을 알아야 합니다. 각각 timer와 runOnUiThread 메서드를 사용해 구현합니다. 그리고 랩타임을 누적하여 표시할 ScrollView에 동적으로 TextView를 추가하는 방법도 알아보겠습니다.

구현 순서는 다음과 같습니다.

1. **준비하기** : 프로젝트 생성 및 안드로이드 설정
2. **스텝 1** : 화면 작성
3. **스텝 2** : 타이머 구현하기
4. **스텝 3** : 랩 타임 기록하기

6.2 준비하기

화면이 하나인 간단한 앱입니다. 프로젝트를 생성하고 레이아웃을 가지는 모든 프로젝트는 먼저 뷰 바인딩을 적용합니다.

6.2.1 프로젝트 생성

다음과 같이 프로젝트를 생성합니다.

- **프로젝트명** : StopWatch
- **minSdkVersion** : 21
- **기본 액티비티** : Empty Activity

6.2.2 뷰 바인딩 설정

5장에서와 같이 이 책의 모든 예제에서는 뷰 바인딩을 기본적으로 사용합니다. 모듈 수준의 build.gradle 파일을 열고 android 항목에 다음 코드를 추가합니다.

```
android {
    ...생략...
    buildFeatures {
        viewBinding true
    }
}
```

그레이들 파일을 수정했으면 에디터 창의 상단에 표시되는 'Sync Now'를 클릭하여 싱크합니다. 만약 뷰 바인딩이 뭔지 잘 기억이 나지 않는다면 5.2.2절 '뷰 바인딩'을 참고해주세요.

MainActivity.kt 파일에도 뷰 바인딩 설정을 마무리 합니다.

뷰 바인딩 설정 (MainActivity.kt)

```kotlin
class MainActivity : AppCompatActivity() {
    private val binding by lazy {
        ActivityMainBinding.inflate(layoutInflater)
    }

    override fun onCreate(savedInstanceState: Bundle?) {
        super.onCreate(savedInstanceState)
        setContentView(binding.root)
    }
}
```

6.3 [스텝1] 화면 작성

화면에는 ① 시간을 표시하는 TextView 두 개와 ② 타이머를 시작 및 일시정지, 초기화하는 FloatingActionButton ③ '랩 타임' 버튼이 필요합니다. 그리고 랩 타임을 기록하고 표시할 ④ ScrollView가 필요합니다.

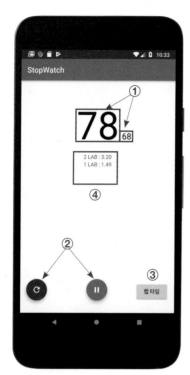

▶ 화면 구성

구현 순서는 다음과 같습니다.

1. 시간을 표시하는 TextView 배치
2. TextView 정렬
3. 벡터 이미지 준비
4. FloatingActionButton 소개
5. 타이머 시작용 FloatingActionButton 작성
6. 타이머 초기화용 FloatingActionButton 작성
7. 랩 타임 기록을 위한 버튼 배치
8. 랩 타임 표시하는 ScrollView 배치

6.3.1 시간을 표시하는 TextView 배치

activlty_main.xml 파일을 열고 'Hello World' 텍스트 뷰를 클릭 후 Del 을 눌러 삭제하여 깨끗한 화면에서 시작합니다.

먼저 '초'를 표시할 텍스트 뷰를 배치합니다. ① Autoconnect 모드로 설정하고 팔레트 창에서 Common 카테고리의 ② TextView를 드래그하여 ③ 레이아웃 정중앙에 배치합니다.

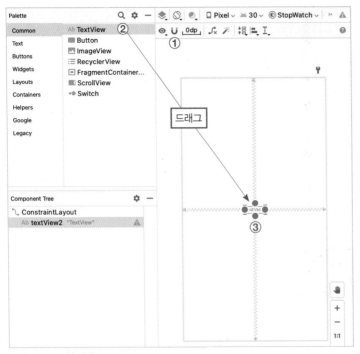

▶ TextView의 배치

속성 창에서 초의 기본값을 ④ 0으로 설정합니다. 텍스트의 속성은 ⑤ AppCompat.Large를 선택하고 ⑥ 글자 크기를 100sp로 설정하여 크게 표시합니다. ⑦ ID는 secTextView로 설정합니다.

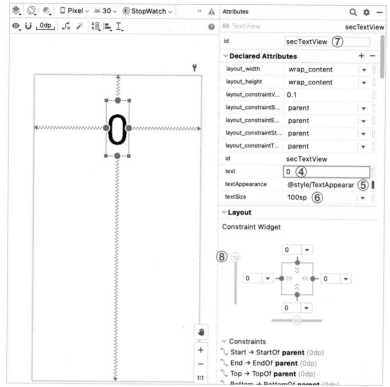

▶ 초를 표시할 텍스트 뷰의 설정

텍스트 뷰를 상위 10% 지점에 표시하려면 ⑧ Vertical Bias 속성을 '10'으로 설정합니다. 기본 값 50으로 표시된 곳을 클릭하고 10 지점까지 드래그하여 놓으면 됩니다. 이 기능을 사용하면 쉽게 수직이나 수평의 특정 지점으로 뷰를 표시할 수 있습니다.

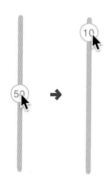

▶ 뷰의 위치를 10% 지점으로 설정

6.3.2 TextView 정렬

'밀리초'를 표시할 작은 텍스트 뷰를 배치해봅시다. Common의 ① 'TextView'를 클릭하여 초를 표시하는 텍스트 뷰의 ② 오른쪽 지점에 적당히 드래그하여 배치합니다. 이번에는 가이드선이 표시되지 않습니다.

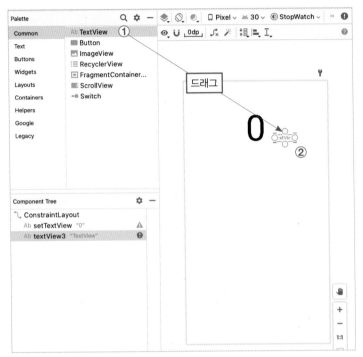

▶ TextView의 배치

같은 방법으로 텍스트 뷰의 속성을 설정합니다.

- **text** : 00
- **textAppearance** : AppCompat.Large
- **ID :** milliTextView

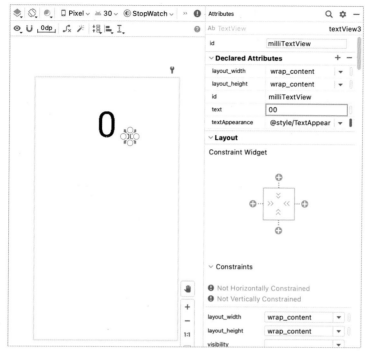

▶ 밀리초를 표시할 텍스트 뷰의 속성 설정

이 뷰는 제약이 설정되어 있지 않아서 컴포넌트 트리에도 에러가 표시되고 있습니다. 이 뷰는 초를 표시하는 텍스트와 글자가 정렬되도록 제약을 줄 겁니다.

방금 추가한 텍스트 뷰에 마우스를 올리면 제약과 텍스트 정렬 모드를 변경하는 ③ 아이콘이 표시됩니다. 이를 클릭하여 텍스트 정렬 모드로 변경합니다.

▶ 텍스트 정렬 모드로 변경

텍스트 정렬 모드에서는 텍스트의 하단에 정렬 마크가 표시됩니다. ④ 정렬 마크를 클릭하여 다른 텍스트의 ⑤ 정렬 마크까지 드래그하여 놓습니다. 이제 두 텍스트는 글자의 하단위치로 정렬되어 표시됩니다.

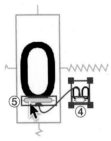

▶ 두 텍스트의 정렬 설정

모든 뷰는 제약이 필요한데 이 텍스트 뷰는 아직 제약을 설정하지 않았습니다. 속성 창에서 ⑥을 클릭하여 좌측 여백 제약을 추가합니다. 여백은 ⑦ '8'로 설정합니다.

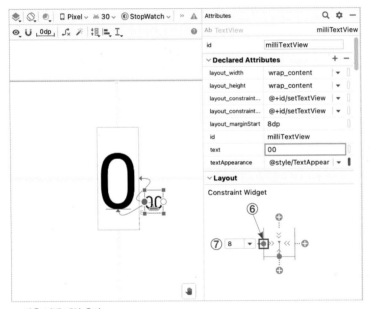

▶ 좌측 여백 제약 추가

6.3.3 벡터 이미지 준비

이 예제에서 사용할 버튼에 표시할 이미지를 준비합니다. 시작, 일시정지, 초기화를 표현할 총 3가지 이미지가 필요합니다. 5.4.3절 '결과 이미지를 표시할 이미지 뷰의 배치'를 참고하여 벡터 이미지를 생성합니다.

프로젝트 창에서 res 폴더에서 마우스 우클릭 → New → Vector Asset을 클릭하여 Asset Studio를 실행합니다. ①을 클릭해 아이콘을 선택합니다.

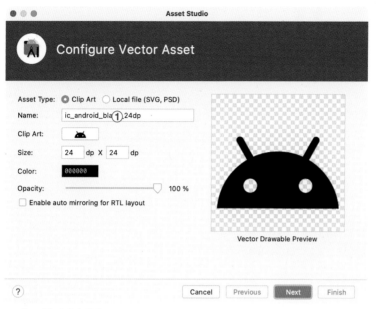

▶ 새로고침 이미지 선택

5장에서는 직접 이미지를 찾았다면 이번에는 검색 기능을 사용합니다. ② 검색 창에 키워드를 입력하면 아이콘을 찾는 데 도움이 됩니다.

▶ 아이콘 검색

refresh, play arrow, pause로 검색하여 세 가지 이미지를 각각 생성하세요.

▶ 준비할 이미지

이미지를 모두 생성했다면 drawable 폴더의 모습은 다음과 같이 표시되어야 합니다.

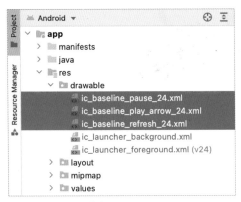

▶ 벡터 이미지 3종 추가

6.3.4 FloatingActionButton 소개

벡터 이미지를 표시할 FloatingActionButton이하 FAB을 사용합니다. FAB는 구글의 머티리얼 디자인에서 자주 사용되는 둥근 버튼입니다.

▶ FloatingActionButton

FAB는 벡터 이미지를 사용하여 깔끔한 버튼을 표현하기에 적합합니다. 다음 절에서 FAB를 배치하고 속성을 변경해보며 기능을 살펴보겠습니다.

6.3.5 타이머 시작용 FloatingActionButton 작성

팔레트 창에서 Button 카테고리의 FloatingActionButton을 찾습니다.

팔레트 창에서 ① FloatingActionButton을 클릭하고 레이아웃 ② 하단에 배치합니다.

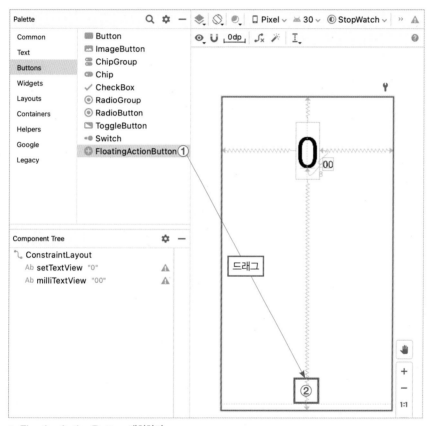

▶ FloatingActionButton 배치하기

FAB에 표시할 이미지 리소스를 선택하는 화면이 표시됩니다. ③ 실행 모양의 아이콘을 선택하고 ④ OK를 클릭합니다.

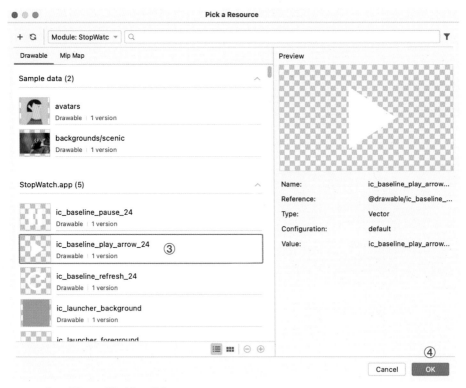

▶ **FAB**에 표시할 드로어블 리소스 선택

FAB는 기본 배경색이 기본 테마의 색상 중 하나로 색상이 지정됩니다. 테마에 대해서는 나중에 다시 자세히 알아보겠습니다. FAB의 배경색을 변경하려면 backgroundTint값을 변경합니다. ⑤를 클릭하여 리소스 선택 화면을 표시합니다.

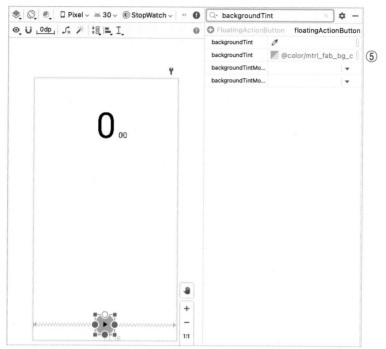

▶ FAB의 배경 색상 변경

리소스를 선택하는 화면이 표시됩니다.

⑥ 원하는 Color를 선택하고 ⑦ OK를 클릭합니다.

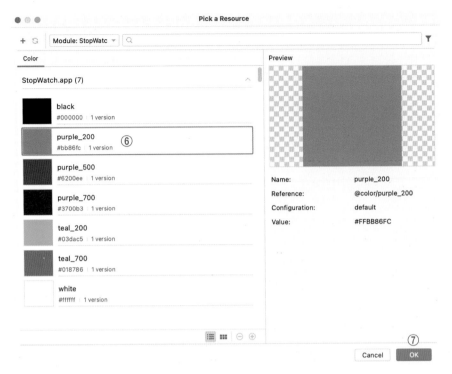

▶ **FAB**의 배경색 변경

추가로 다음 속성들을 설정합니다.

- **ID** : fab
- **하단 여백** : 16
- **좌우 여백** : 0

6.3.6 타이머 초기화용 FloatingActionButton 작성

같은 방법으로 좌측 하단에 FAB를 하나 더 추가하고 다음과 같이 설정합니다.

- **ID :** resetFab
- **srcCompat :** @drawable/ic_refresh_black_24dp
- **왼쪽, 아래 여백 :** 16

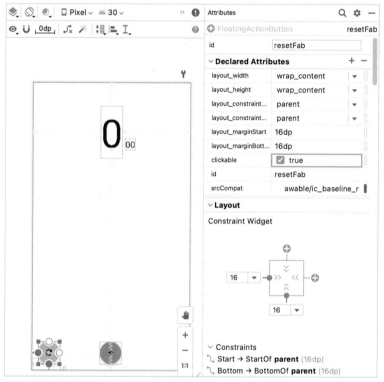

▶ 초기화 FAB의 설정

6.3.7 랩 타임을 기록하는 버튼 배치

랩 타임 기록용 버튼을 팔레트 창의 Buttons → Button을 선택하여 우측 하단에 배치합니다. 다음과 같이 속성을 설정합니다.

- **ID :** lapButton
- **우측, 아래 여백 :** 16
- **text :** 랩 타임

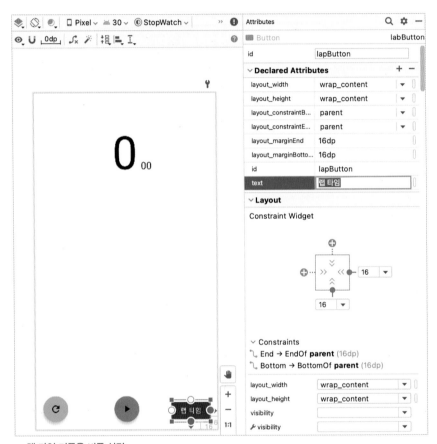

▶ 랩 타임 기록용 버튼 설정

6.3.8 랩 타임을 표시하는 ScrollView 배치

마지막으로 랩 타임을 표시할 레이아웃을 만들겠습니다. 랩 타임 버튼을 클릭할 때마다 시간이 차곡차곡 위로 쌓이는 레이아웃을 구성할 겁니다.

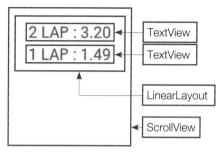

▶ 랩 타임 표시의 예

수직으로 차곡차곡 쌓는 레이아웃은 LinearLayout입니다. 그리고 내용이 많을 경우에 상하 스크롤을 지원하려면 ScrollView를 사용합니다. 가장 일반적인 ScrollView의 사용 예이며 레이아웃 에디터에서는 ScrollView를 배치하면 이와 같은 구조로 자동 배치됩니다.

시간 표시와 버튼의 사이에 랩 타임 영역을 설정하겠습니다. 팔레트 창의 Common 카테고리 에서 ① ScrollView를 선택하여 텍스트 뷰와 FAB ② 사이에 배치합니다.

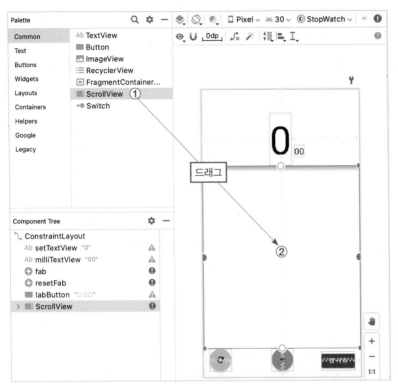

▶ ScrollView의 배치

그런데 ScrollView 크기가 임의로 설정되어 있네요. 뷰 크기를 표현할 때 이미지 뷰를 제외하고는 wrap_content나 0dp(match_constraint)를 이용하는 것이 좋습니다. 가로 길이는 여기에 추가될 랩 타임 글씨만큼이면 됩니다. 그리고 세로 크기는 시간 표시 부분과 FAB 사이의 전체 영역으로 합니다. 상하 여백은 8dp 정도 주도록 합니다. 다음과 같이 설정을 수정해야 합니다.

- **layout_width** : wrap_content
- **layout_height** : 0dp(match_constraint)
- **상하 여백** : 8dp

뷰의 길이를 정할 때는 속성 창에서 직접 드롭다운 리스트로 선택하거나, ③ 부분과 ④ 부분을 클릭하면서 설정할 수도 있습니다.

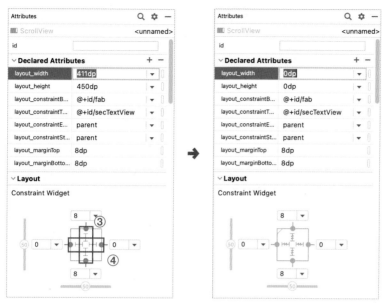

▶ 가로 세로의 제약 설정

여기까지 진행했다면 ScrollView의 설정은 다음과 같습니다. 아직 무엇도 표시되지 않기 때문에 제약이 이상해보일 수 있지만 다음 그림과 같다면 잘 따라 하고 계신 겁니다.

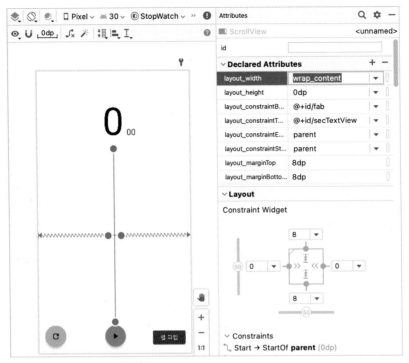

▶ ScrollView의 크기와 제약 설정

마지막으로 컴포넌트 트리 창에서 ⑤ ScrollView를 펼쳐보면 내부에 ⑥ LinearLayout (vertical)이 있다는 것을 알 수 있습니다. ScrollView는 자식을 하나만 가지는 특수한 뷰이며 LinearLayout은 수직으로 자식 뷰들을 배치하는 레이아웃입니다. 즉 우리가 타임 랩을 추가할 뷰는 ScrollView가 아니라 LinearLayout인 겁니다.

⑥ LinearLayout(vertical)을 클릭하고 속성 창에서 ID 값을 ⑦ lapLayout으로 설정합니다.

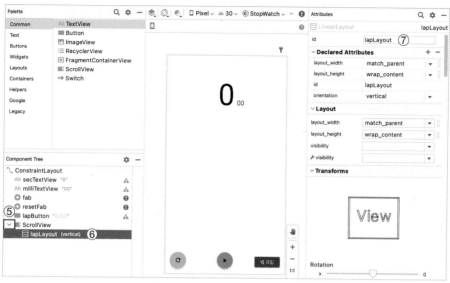

▶ ScrollView내부의 LinearLayout

6.4 [스텝 2] 타이머 구현하기

레이아웃을 모두 작성했으므로 본격적으로 타이머 기능을 구현합니다. 기본 동작은 시작 버튼을 누르면 타이머가 동작하는 겁니다. 그리고 버튼 이미지를 일시정지 이미지로 교체합니다. 다시 버튼을 누르면 타이머가 일시정지되며 이미지는 시작 이미지로 교체됩니다.

순서는 다음과 같습니다.

1. Timer의 사용 방법
2. 타이머 시작 구현
3. 타이머 일시정지 구현
4. 버튼에 이벤트 연결

6.4.1 timer 사용 방법

먼저 코틀린에서 타이머를 구현하는 기본 기능을 알아보겠습니다. 코틀린에서 일정한 시간을 주기로 반복하는 동작을 수행할 때는 timer 기능을 사용합니다. 다음은 1초1000ms 간격으로 어떤 동작을 수행하는 코드입니다.

```
timer(period = 1000) {
    // 수행할 동작
}
```

안드로이드에는 UI를 조작하는 메인 스레드와 오래 걸리는 작업을 보이지 않는 곳에서 처리하는 워커 스레드가 존재합니다. 위 코드는 오래 걸리는 작업을 하는 워커 스레드에서 동작하는 코드입니다. 워커 스레드에서는 UI를 조작할 수 없습니다. 이때는 runOnUiThread( ) 메서드를 사용해야 합니다.

timer를 사용하여 1초마다 UI를 변경하는 코드

```
timer(period = 1000 ) {
    // 오래 걸리는 작업
    runOnUiThread {
        // UI 조작
    }
}
```

6.4.2 타이머 시작 구현

MainActivity.kt 파일을 열고 타이머를 시작할 때 호출할 start( ) 메서드를 작성합니다.

타이머 시작 메서드 (MainActivity.kt)

```
package com.survivalcoding.stopwatch

import androidx.appcompat.app.AppCompatActivity
import android.os.Bundle
import com.survivalcoding.stopwatch.databinding.ActivityMainBinding
import java.util.*
import kotlin.concurrent.timer

class MainActivity : AppCompatActivity() {
    private var time = 0          // ①
    private var timerTask: Timer? = null    // ②

    private val binding by lazy {
        ActivityMainBinding.inflate(layoutInflater)
    }
```

```
override fun onCreate(savedInstanceState: Bundle?) {
    super.onCreate(savedInstanceState)
    setContentView(binding.root)
}

private fun start() {
    // ③
    binding.fab.setImageResource(R.drawable.ic_baseline_pause_24)
    timerTask = timer(period = 10) {    // ④
        time++    // ⑤
        val sec = time / 100
        val milli = time % 100
        runOnUiThread {        // ⑥
            binding.secTextView.text = "$sec"
            binding.milliTextView.text = "$milli"
        }
    }
}
```

① 시간을 계산할 변수를 0으로 초기화 선언했습니다. ④ 0.01초마다 이 변수를 ⑤ 증가시키면서 ⑥ UI를 갱신합니다.

타이머를 시작하는 FAB를 누르면 FAB의 이미지를 ③ 일시정지 이미지로 변경합니다.

나중에 timer를 취소하려면 timer를 실행하고 반환되는 ④ Timer 객체를 변수에 저장해둘 필요가 있습니다. 이를 위해 ② timerTask 변수를 null을 허용하는 Timer 타입으로 선언했습니다.

시간이 변경되면 화면에 변경된 시간을 표시해야 합니다. timer는 워커 스레드에서 동작하여 UI 조작이 불가능하므로 ⑥ runOnUiThread로 감싸서 UI 조작이 가능하게 합시다. 그리고 ⑤에서 계산한 초와 밀리초를 각각의 텍스트 뷰에 설정합니다.

6.4.3 타이머 일시정지 구현

MainActivity.kt 파일에 일시정지 메서드인 pause() 메서드를 작성합니다.

타이머 일시정지 메서드 (MainActivity.kt)

```kotlin
private fun pause() {
    binding.fab.setImageResource(R.drawable.ic_baseline_play_arrow_24)  // ①
    timerTask?.cancel()      // ②
}
```

타이머 시작과 반대로 FAB를 클릭하면 FAB의 이미지를 ① 시작 이미지로 교체합니다. 그리고 실행 중인 타이머가 있다면 ② 타이머를 취소합니다.

6.4.4 버튼에 이벤트 연결

MainActivity.kt 파일의 onCreate( ) 메서드에 시작과 일시정지 이벤트를 구현합니다.

시작과 일시정지 이벤트 구현 (MainActivity.kt)

```kotlin
class MainActivity : AppCompatActivity() {
    private var time = 0
    private var timerTask: Timer? = null
    private var isRunning = false

    private val binding by lazy {
        ActivityMainBinding.inflate(layoutInflater)
    }

    override fun onCreate(savedInstanceState: Bundle?) {
        super.onCreate(savedInstanceState)
        setContentView(binding.root)

        binding.fab.setOnClickListener {
            isRunning = !isRunning           // ①

            if (isRunning) {                 // ②
                start()
            } else {
                pause()
            }
        }
```

```
    }

    private fun pause() {
        binding.fab.setImageResource(R.drawable.ic_baseline_play_arrow_24)
        timerTask?.cancel()
    }

    private fun start() {
        binding.fab.setImageResource(R.drawable.ic_baseline_pause_24)
        timerTask = timer(period = 10) {
            time++
            val sec = time / 100
            val milli = time % 100
            runOnUiThread {
                binding.secTextView.text = "$sec"
                binding.milliTextView.text = "$milli"
            }
        }
    }
}
```

FAB이 클릭되면 타이머가 동작 중인지를 저장하는 isRunning 변수의 값을 ① 반전시키고 그 상태에 따라서 ② 타이머를 시작 또는 일시정지시킵니다.

앱을 실행하여 FAB를 누를 때마다 타이머가 시작되고 일시정지된다면 성공입니다.

6.5 [스텝 3] 랩 타임 기록하기

여기까지 잘 따라 했다면 타이머가 잘 동작할 겁니다. 마지막으로 100미터 달리기용 랩 타임을 기록하는 기능을 추가합니다. 마지막으로 타이머의 초기화를 구현합니다.

구현 순서는 다음과 같습니다.

1. 동적으로 LinearLayout에 뷰 추가하기
2. 랩 타임을 표시하기
3. 타이머 초기화 구현

6.5.1 동적으로 LinearLayout에 뷰 추가하기

ScrollView의 내부에 있는 LinearLayout(vertical)은 수직으로 자식 뷰를 추가하는 특징을 가지고 있습니다. LinearLayout에 동적으로 뷰를 추가하는 방법은 addView( ) 메서드를 사용합니다.

LinearLayout에 동적으로 뷰를 추가하기

```
val textView = TextView(this)
textView.text = "글자"
lapLayout.addView(textView)
```

위 코드는 TextView 객체를 동적으로 생성하여 LinearLayout의 위에서부터 아래로 쌓습니다. 최근의 랩 타임이 맨 위로 오게 해야 합니다. addView( ) 메서드의 두 번째 인자에 추가할 인덱스값을 지정하면 해당 위치에 뷰가 추가됩니다. 다음 코드는 항상 맨 위(0)에 텍스트 뷰를 추가하는 코드입니다. 즉, 우리가 원하는 결과를 주는 코드입니다.

```
binding.lapLayout.addView(textView, 0)
```

이 코드 조각을 사용하여 랩 타임을 기록하는 메서드를 작성할 수 있습니다.

6.5.2 랩 타임을 표시하기

MainActivity.kt 파일에 랩 타임을 기록하고 화면에 표시하는 메서드인 recordLapTime( ) 메서드를 작성합니다.

랩 타임 기록 메서드 (MainActivity.kt)

```
private var lap = 1                    // ①
...
private fun recordLapTime() {
    val lapTime = this.time            // ②
    val textView = TextView(this)      // ③
    textView.text = "$lap LAP : ${lapTime / 100}.${lapTime % 100}"      // ④

    // 맨 위에 랩타임 추가              // ⑤
    lapLayout.addView(textView, 0)
    lap++
}
```

몇 번째 랩인지를 표시하고자 ① 변수 lap을 1로 초기화하여 선언했습니다. 랩 타임 버튼을 클릭하면 ② 현재 시간을 지역 변수에 저장하고 ③ 동적으로 TextView를 생성하여 텍스트값을 ④ '1 LAP : 5.35'와 같은 형태가 되도록 시간을 계산하여 문자열로 설정합니다. 텍스트 뷰를 LinearLayout의 ⑤ 맨 위에 추가하고 lap 변수는 다음을 위해 1만큼 증가시킵니다.

액티비티에 랩 타임 버튼에 이벤트를 연결합니다.

랩 타임 버튼에 이벤트 연결 (MainActivity.kt)

```kotlin
class MainActivity : AppCompatActivity() {
    private var time = 0
    private var timerTask: Timer? = null
    private var isRunning = false
    private var lap = 1

    private val binding by lazy {
        ActivityMainBinding.inflate(layoutInflater)
    }

    override fun onCreate(savedInstanceState: Bundle?) {
        super.onCreate(savedInstanceState)
        setContentView(binding.root)

        binding.fab.setOnClickListener {
            isRunning = !isRunning

            if (isRunning) {
                start()
            } else {
                pause()
            }
        }

        binding.lapButton.setOnClickListener {
            recordLapTime()
        }
    }

    private fun pause() {
        binding.fab
```

```
                .setImageResource(R.drawable.ic_baseline_play_arrow_24)
            timerTask?.cancel()
    }

    private fun start() {
        binding.fab.setImageResource(R.drawable.ic_baseline_pause_24)
        timerTask = timer(period = 10) {
            time++
            val sec = time / 100
            val milli = time % 100
            runOnUiThread {
                binding.secTextView.text = "$sec"
                binding.milliTextView.text = "$milli"
            }
        }
    }

    private fun recordLapTime() {
        val lapTime = this.time
        val textView = TextView(this)
        textView.text = "$lap LAP : ${lapTime / 100}.${lapTime % 100}"

        // 맨 위에 랩타임 추가
        binding.lapLayout.addView(textView, 0)
        lap++
    }
}
```

앱을 실행하여 시작 중에 랩 타임이 잘 기록된다면 성공입니다.

6.5.3 타이머 초기화 구현

타이머를 초기화하는 메서드를 MainActivity.kt 파일에 추가합니다.

타이머 초기화 메서드 (MainActivity.kt)

```
private fun reset() {
    timerTask?.cancel()              // ①

    // 모든 변수 초기화              // ②
```

```
    time = 0
    isRunning = false

    binding.fab.setImageResource(R.drawable.ic_baseline_play_arrow_24
)
    binding.secTextView.text = "0"
    binding.milliTextView.text = "00"

    // 모든 랩타임을 제거
    binding.lapLayout.removeAllViews()
    lap = 1
}
```

① 실행 중인 타이머가 있다면 취소하고 ② 모든 변수와 화면에 표시되는 모든 것을 초기화합니다.

마지막으로 액티비티의 onCreate( ) 메서드에서 초기화 FAB에 메서드를 수행하도록 연결합니다.

초기화 버튼에 이벤트 연결 (MainActivity.kt)

```
override fun onCreate(savedInstanceState: Bundle?) {
    super.onCreate(savedInstanceState)
    setContentView(binding.root)

    binding.fab.setOnClickListener {
        isRunning = !isRunning

        if (isRunning) {
            start()
        } else {
            pause()
        }
    }

    binding.lapButton.setOnClickListener {
        recordLapTime()
    }

    binding.resetFab.setOnClickListener {
```

```
        reset()
    }
}
```

앱을 실행하여 초기화 버튼이 잘 동작한다면 성공입니다.

6.6 마치며

이번 장에서는 timer와 runOnUiThread를 사용하여 타이머를 구현했습니다. 오래 걸리는 처리를 하면서 UI를 변경하는 상황에 간편하게 사용할 수 있으니 잘 기억해두시기 바랍니다.

- 머티리얼 디자인의 둥근 버튼은 FloatingActionButton으로 표현합니다. 벡터 이미지를 아이콘으로 설정하고 tint, backgroundTint 속성으로 아이콘과 배경색을 쉽게 변경할 수 있습니다.
- timer와 runOnUiThread를 사용하면 계산하면서 UI를 갱신할 수 있습니다.
- 코틀린 코드를 사용하여 뷰를 동적으로 추가할 수 있습니다.

7장
나만의 웹 브라우저

이 장에서는 웹뷰를 사용하여 웹 브라우저를 만들고
웹 페이지를 표시하기 위해 인터넷 사용 권한을 추가하는 방법을 알아봅니다.

7 나만의 웹 브라우저

난이도	★☆☆
프로젝트명	MyWebBrowser
기능	• 웹 페이지를 탐색합니다.
	• 홈 메뉴를 클릭하여 첫 페이지로 옵니다.
	• 메뉴에는 검색 사이트와 개발자 정보가 표시됩니다.
	• 페이지를 문자나 메일로 공유할 수 있습니다.
핵심 구성요소	• WebView : 웹 페이지를 표시하는 뷰
	• 옵션 메뉴 : 상단 툴바에 표시하는 메뉴
	• 컨텍스트 메뉴 : 뷰를 롱클릭하면 표시되는 메뉴
	• 암시적 인텐트 : 문자 보내기, 이메일 보내기와 같이 미리 정의된 인텐트
	• 뷰 바인딩 : findViewById()를 사용하지 않고 쉽게 레이아웃에 정의한 객체를 사용할 수 있는 기능

7.1 해법 요약

나만의 웹 브라우저는 웹을 표시하는 화면 하나와 여러 메뉴로 구성됩니다. 이 장에서는 웹 페이지를 표시하는 방법과 메뉴 사용법을 배웁니다. 특히 옵션 메뉴와 컨텍스트 메뉴를 다루고 웹 페이지 주소를 공유하는 방법으로 암시적 인텐트를 다룹니다.

구현 순서는 다음과 같습니다.

1. **준비하기** : 프로젝트 생성 및 안드로이드 설정
2. **스텝 1** : 테마 수정하기
3. **스텝 2** : 기본 웹 브라우저 기능 작성
4. **스텝 3** : 옵션 메뉴 사용하기
6. **스텝 4** : 컨텍스트 메뉴 사용하기
7. **스텝 5** : 암시적 인텐트

7.2 준비하기

프로젝트를 생성하고 뷰 바인딩을 설정합니다.

7.2.1 프로젝트 생성

다음과 같이 프로젝트를 생성합니다.

- **프로젝트명** : MyWebBrowser
- **minSdkVersion** : 19
- **기본 액티비티** : Empty Activity

프로젝트를 생성했다면 5.2.2절 '뷰 바인딩'을 참고하여 뷰 바인딩 설정을 추가해둡니다.

앱 수준의 `build.gradle`

```
android {
  ...
  buildFeatures {
     viewBinding true
  }
}
```

MainActivity.kt

```kotlin
class MainActivity : AppCompatActivity() {
    private val binding by lazy {
        ActivityMainBinding.inflate(layoutInflater)
    }

    override fun onCreate(savedInstanceState: Bundle?) {
        super.onCreate(savedInstanceState)
        setContentView(binding.root)
    }
}
```

7.3 [스텝1] 화면 작성

테마를 변경하는 방법을 알아보고 화면을 작성합니다. 구현 순서는 다음과 같습니다.

1. 테마 수정
2. 전체 동작 알아보기
3. 검색 창 EditText 배치
4. WebView 배치

7.3.1 테마 수정

기본 앱의 색상을 수정하는 방법을 알아보겠습니다.

먼저 프로젝트 창에서 colors.xml 파일을 엽니다. 이 파일은 xml 형태로 프로젝트에 사용되는 색상 정보를 정의하는 파일입니다.

▶ 테마 에디터 열기

이번에는 themes.xml 파일을 열어봅니다. 이 파일은 기본 테마를 정의하는 파일입니다.

▶ themes.xml 파일 열기

기본테마는 구글의 머티리얼 테마를 기본으로합니다. 우리가 작성하는 앱의 상단 앱바의 색상이 보라색인 이유는 colorPrimary 속성의 색상이 @color/purple_500 으로 지정되어 있기 때문입니다. 또한 colorPrimary 속성은 버튼의 배경색이기도 하지요. 각 항목이 어느 부분에 해당하는지는 구글의 머티리얼 디자인을 참고해야 하는데 이 책에서는 깊이 있게 디자인을 학습하지는 않습니다.

@color 는 colors.xml 파일에 정의된 색상을 참조하는 방법을 나타냅니다. purple_500 에는 #FF6200EE 값이 지정되어 있습니다. 색상은 #000000 (검정) ~ #FFFFFF (흰색) 까지 16진수 색상코드를 사용할 수 있습니다. 두 자리씩 각각 Red, Green, Blue 의 값을 나타냅니다. 추가로 앞에 투명도를 나타내는 Alpha를 추가할 수 있습니다. 따라서 #FF6200 의 경우 불투명(FF)한 보라색을 나타냅니다.

이러한 기본적인 사항을 숙지한 후에 원하는 colors.xml 파일에는 색상을 추가하고 themes. xml 파일에서 적절히 색상을 배치하면서 앱의 컬러를 스타일하면 됩니다.

테마를 변경하는 것은 앱의 분위기를 좌지우지하는 중요한 사항이므로 테마 수정 방법을 잘 알아둡시다.

그 외의 테마 수정 방법에 대해서는 공식 문서를 참조하세요.

• https://developer.android.com/guide/topics/ui/look-and-feel/themes?hl=ko

7.3.2 전체 동작 알아보기

예제는 화면이 하나지만 많은 메뉴로 구성되어 전체적인 동작의 흐름을 먼저 알아보겠습니다.

① URL 주소를 입력하여 ② '검색 버튼'을 클릭하면 웹 페이지가 표시됩니다. ③ '홈 아이콘'을 클릭하면 미리 지정한 홈페이지가 표시됩니다. ④ '옵션 메뉴'는 하위 메뉴로 ⑤ '검색 사이트' 와 ⑥ '개발자 정보'로 구성되고, 개발자 정보에서는 전화걸기, 문자보내기 등을 할 수 있습니다. ⑦ 표시된 웹 페이지를 길게 클릭하면 '컨텍스트 메뉴'가 표시됩니다.

▶ 예제의 전체 동작

7.3.3 검색 창 EditText 배치

프로젝트 창에서 activity_main.xml 파일을 열고 화면 상의 TextView를 삭제하여 깨끗한 화면을 준비합니다.

① Autoconnect 모드로 설정하고 팔레트 창에서 ② Text 카테고리의 ③ Plain Text를 선택하여 드래그하여 ④ 화면의 상단 중앙에 배치합니다.

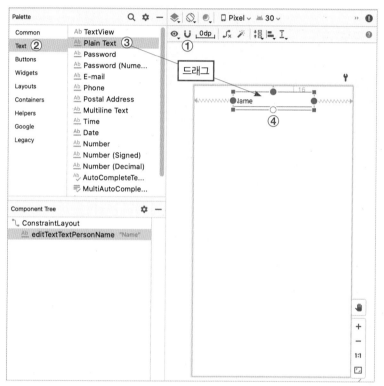

▶ **EditText 배치**

속성 창에서 ID를 ⑤ urlEditText로 설정합니다. 가로길이는 ⑥ 0dp(match_constraint)로 꽉 채웁니다. 좌우 여백과 상단 여백 제약은 ⑦ '8'로 설정합니다. inputType 속성은 ⑧ text Uri만 체크합니다. 이렇게 설정하면 에디트텍스트를 클릭해 소프트 키보드가 표시될 때 URI^{URL의 상위 개념}를 작성하기 좋은 배열의 키보드가 표시됩니다. hint 설정에 ⑨ https://를 입력하여 사용자에게 웹 페이지 주소를 입력해야 된다는 사실을 알려줍니다. hint를 설정했으므로 ⑩ text 속성은 비워둡니다. 소프트 키보드에 돋보기 아이콘이 나오노록 imeOptions 속성에 actionSearch를 선택합니다.

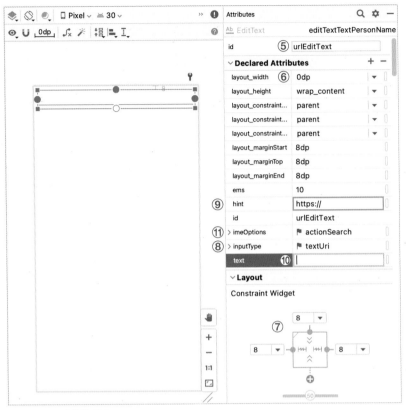

▶ EditText의 속성 설정

⑪ imeOptions 속성을 설정하면 에디트텍스트를 편집할 때 키보드의 `Enter` 키 아이콘이 변경됩니다.

▶ imeOptions 변경으로 `Enter` 키 아이콘이 변경됨

사용자가 키를 눌렀을 때 어떤 동작을 할지 예측할 수 있게 해줍니다. 단, 아이콘만 변경되기 때문에 별도로 동작을 구현해야 합니다. 이 외에도 다양한 속성값이 있으니 하나씩 확인해보시기 바랍니다.

7.3.4 WebView 배치

WebView^{웹뷰}는 웹 페이지를 표시하는 뷰입니다. 검색 창 에디트텍스트의 아래 영역을 웹뷰로 꽉 채우고 여기에 웹 페이지를 표시할 겁니다.

먼저 ① Autoconnect 모드를 끕니다. 켜져 있으면 뷰를 배치할 때 배치한 뷰와 전체화면 간의 여백 제약을 자동으로 추가하게 됩니다. 지금은 에디트텍스트의 아래쪽으로 제약을 추가하고 싶으니 이 모드는 꺼둡니다.

팔레트 창에서 ② Widgets 카테고리의 ③ WebView를 선택하여 ④ 중앙으로 드래그하여 배치합니다. 이때 가이드선이 없는 곳으로 적당히 배치하여도 자동으로 아래 영역에 꽉 차게 배치됩니다.

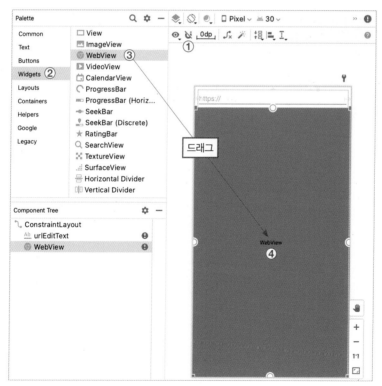

▶ WebView의 배치

아직 제약이 없으므로 제약을 추가해야 합니다. 자동 제약 설정 기능을 사용해볼까요? 웹뷰를 선택하고 ⑤ 자동 제약 설정 아이콘을 클릭하면 제약이 자동 추가됩니다. 추가적으로 ⑥ 여백을 0으로 모두 없애고 ⑦ ID를 WebView로 설정합니다.

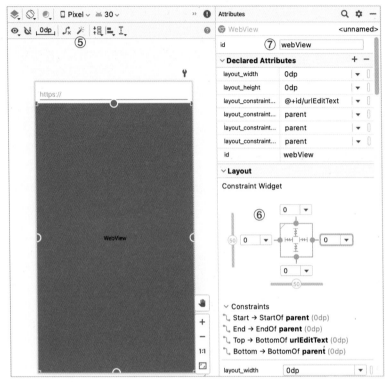

▶ 자동 제약 추가

7.4 [스텝 2] 기본 웹 브라우저 기능 작성

레이아웃을 작성했으니 먼저 웹 브라우저의 기본 기능을 작성해야겠지요. 웹 페이지를 표시하려면 인터넷 권한이 필수입니다. 권한을 설정하고 기본적인 웹 브라우저의 기능을 구현합니다.

구현 순서는 다음과 같습니다.

1. 인터넷 권한 설정
2. 웹뷰에 웹 페이지 표시하기
3. 키보드의 검색 버튼 동작 정의하기
4. 뒤로가기 동작 재정의

7.4.1 인터넷 권한 설정

안드로이드에서는 특정 권한이 필요한 동작을 할 때는 권한을 추가해야 합니다. 웹뷰에 웹 페이지를 표시하려면 인터넷이 필요합니다. 인터넷 사용에는 돈이 들기 때문에 이를 함부로 사용해서는 안 되겠지요. 매니페스트 파일에 권한을 추가한 앱을 플레이 스토어에 공개하고 사용자가 이를 설치하면 '인터넷 권한을 사용하는 앱'이라는 정보가 표시되어 사용자가 기능을 확인하고 설치하게 됩니다.

먼저 프로젝트 창에서 ① AndroidManifest.xml 파일을 엽니다. XML 코드가 보일 겁니다. 다음과 같이 ② 인터넷 권한을 추가합니다.

인터넷 권한 추가 (AndroidManifest.xml)

```xml
<manifest
    ...>

    <uses-permission android:name="android.permission.INTERNET" />
    ...
</manifest>
```

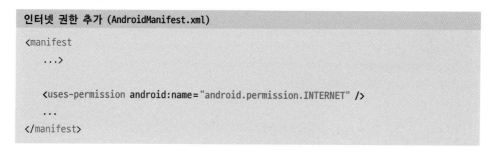

▶ 인터넷 권한 추가

권한을 추가하는 코드 작성은 코드 자동 완성으로 편리하게 입력할 수 있습니다. 도중에 다른 동작을 하여 자동 완성 추천이 동작하지 않을 때는 Ctrl + SpaceBar 를 누르면 다시 동작합니다.

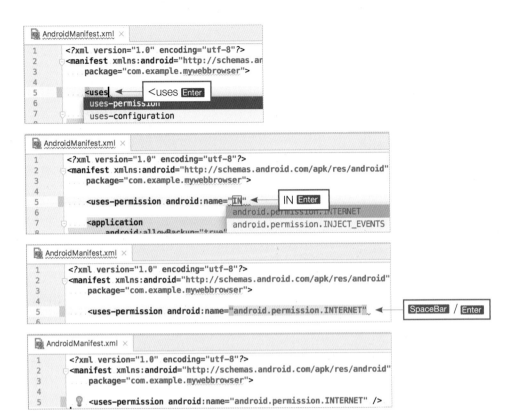

▶ 코드 자동 완성으로 편하게 권한 추가문을 입력

한 글자라도 틀리면 안 되기 때문에 코드 자동 완성 기능을 적극적으로 사용하기 바랍니다.

다음으로 Android 9 버전부터 적용되는 보안규칙 중 허용되지 않은 HTTP 사이트에 대한 접근을 불허하는 정책을 회피하는 설정을 추가합니다. application 태그의 usesCleartext Traffic 속성을 true로 설정하지 않으면 Android 9 이상의 기기에서는 이 예제가 제대로 동작하지 않습니다.

모든 HTTP 접근을 허용 (AndroidManifest.xml)

```
<application
    android:allowBackup="true"
    android:icon="@mipmap/ic_launcher"
    android:label="@string/app_name"
    android:roundIcon="@mipmap/ic_launcher_round"
    android:supportsRtl="true"
```

```
android:theme="@style/Theme.MyWebBrowser"
android:usesCleartextTraffic="true">
```

대소문자라도 틀리면 동작하지 않기 때문에 자동완성을 사용하시기 바랍니다.

7.4.2 웹뷰에 웹 페이지 표시하기

MainActivity.kt 파일을 열고 다음과 같이 웹뷰 기본 설정과 구글 페이지를 로딩하는 코드를
작성합니다.

웹뷰 기본 설정 (MainActivity.kt)

```kotlin
import android.os.Bundle
import android.webkit.WebView
import android.webkit.WebViewClient
import androidx.appcompat.app.AppCompatActivity
import com.survivalcoding.mywebbrowser.databinding.ActivityMainBinding

class MainActivity : AppCompatActivity() {
    private val binding by lazy {
        ActivityMainBinding.inflate(layoutInflater)
    }

    override fun onCreate(savedInstanceState: Bundle?) {
        super.onCreate(savedInstanceState)
        setContentView(binding.root)

        // 웹뷰 기본 설정  // ①
        binding.webView.apply {
            settings.javaScriptEnabled = true
            webViewClient = object : WebViewClient() {
                override fun onPageFinished(view: WebView, url: String) {
                    binding.urlEditText.setText(url)
                }
            }
        }

        binding.webView.loadUrl("https://www.google.com")  // ②
    }
}
```

① 웹뷰를 사용할 때 항상 기본으로 두 가지 설정을 해야 합니다. 첫째, javaScriptEnabled 기능을 켭니다. 그래야 자바스크립트 기능이 잘 동작합니다. 둘째, webViewClient는 WebViewClient 클래스를 지정하는데 이것을 지정하지 않으면 웹뷰에 페이지가 표시되지 않고 자체 웹 브라우저가 동작합니다. 웹뷰를 사용할 때는 이 두 옵션의 설정을 잊지 마세요. WebViewClient 클래스를 그대로 지정해도 되지만 일부 기능을 재정의할 수도 있습니다. 위 코드에서는 onPageFinished() 메서드를 재정의하여 페이지의 표시가 끝날 때 URL을 작성하는 에디트텍스트에 해당 페이지의 URL을 표시하도록 하였습니다. 뒤에서 나만의 즐겨찾기로 페이지 이동을 할 때도 해당 페이지의 URL이 표시되도록 하기 위함입니다.

② loadUrl() 메서드를 사용하여 "http://"가 포함된 Url을 전달하면 웹뷰에 페이지가 로딩됩니다.

7.4.3 키보드의 검색 버튼 동작 정의하기

검색 창에 URL을 입력하고 소프트 키보드의 검색 아이콘을 클릭하여 웹 페이지가 웹뷰에 표시되도록 하겠습니다. 다음 코드를 onCreate() 메서드에 추가합니다.

소프트 키보드의 검색 버튼 동작 정의하기 (MainActivity.kt)

```kotlin
override fun onCreate(savedInstanceState: Bundle?) {
    super.onCreate(savedInstanceState)
    setContentView(binding.root)

    // 웹뷰 기본 설정
    ...

    binding.urlEditText.setOnEditorActionListener { _, actionId, _ ->    // ①
        if (actionId == EditorInfo.IME_ACTION_SEARCH) {                  // ②
            binding.webView.loadUrl(binding.urlEditText.text.toString()) // ③
            true
        } else {
            false
        }
    }
}
```

① EditText의 setOnEditorActionListener는 에디트텍스트가 선택되고 글자가 입력될 때마다 호출됩니다. 인자로는 반응한 뷰, 액션 ID, 이벤트 세 가지며, 여기서는 뷰와 이벤트를 사용하지 않기 때문에 _ 로 대치할 수 있습니다.

② actionId값은 EditorInfo 클래스에 상수로 정의된 값 중에서 검색 버튼에 해당하는 상수와 비교하여 검색 버튼이 눌렸는지 확인합니다.

③ 검색 창에 입력한 주소를 웹뷰에 전달하여 로딩합니다. 마지막으로 true를 반환하여 이벤트를 종료합니다.

앱을 실행하여 검색 창에 https://를 포함하여 입력한 URL대로 이동하면 성공입니다.

7.4.4 뒤로가기 동작 재정의

웹뷰에서 자유롭게 탐색하다 보면 조금 동작이 이상한 점이 있을 겁니다. 링크를 클릭하여 다른 페이지로 이동하다가 이전 페이지로 돌아가려고 뒤로가기 키를 누르면 앱이 종료됩니다. 아직 뒤로가기 기능을 구현하지 않았기 때문입니다. 이전 페이지로 갈 수 있도록 뒤로가기 키의 동작을 재정의해야 합니다.

액티비티에서 뒤로가기 키를 눌렀을 때 이벤트를 감지하고 재정의하려면 onBackPressed( ) 메서드를 오버라이드합니다. 자동 완성 기능을 사용하여 쉽게 코드를 추가할 수 있습니다. 오버라이드할 메서드 이름을 몇 글자만 치다보면 자동 완성 메서드가 추천됩니다. `Enter`를 누릅니다.

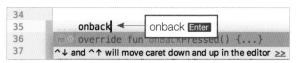

▶ 메서드 오버라이드 자동 완성

onBackPressed( ) 메서드에 다음과 같이 코드를 작성합니다.

```
뒤로가기 동작 재정의 (MainActivity.kt)
override fun onBackPressed() {
    if (binding.webView.canGoBack()) {      // ①
        binding.webView.goBack()            // ②
    } else {
```

```
        super.onBackPressed()         // ③
    }
}
```

① 웹뷰가 이전 페이지로 갈 수 있다면 ② 이전 페이지로 이동하고 그렇지 않다면 ③ 원래 동작을 수행합니다. 즉 액티비티를 종료합니다.

앱을 실행하여 자유롭게 웹을 탐험하다가 뒤로가기를 눌러봅니다. 이전 페이지로 이동하고 더 이상 이전 페이지가 없을 때 앱이 종료되면 성공입니다.

7.5 [스텝 3] 옵션 메뉴 사용하기

상단 툴바에 표시되는 메뉴를 옵션 메뉴라고 합니다.

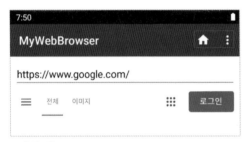

▶ 옵션 메뉴

옵션 메뉴를 사용하려면 다음 순서를 기억합니다.

1. 메뉴 리소스를 준비합니다.
2. onCreateOptionsMenu( ) 메서드를 재정의하여 메뉴를 붙이고 true를 반환합니다.
3. onOptionsItemSelected( ) 메서드를 재정의하여 메뉴 아이템이 선택되었을 때의 처리를 분기합니다.

그럼 옵션 메뉴를 작성하고 액티비티에 적용하겠습니다. 구현 순서는 다음과 같습니다.

1. 메뉴 리소스 파일 생성 및 벡터 이미지 준비
2. 메뉴 작성

3. 옵션 메뉴를 액티비티에 표시하기

4. 옵션 메뉴 클릭 이벤트 처리

7.5.1 메뉴 리소스 파일 생성 및 벡터 이미지 준비

안드로이드의 모든 메뉴는 메뉴 리소스 작성부터 시작합니다. 프로젝트 창에서 res에서 우클릭 또는 안드로이드 스튜디오 상단 메뉴에서 File → New → Android Resource Directory 를 클릭합니다.

새로운 리소스 디렉터리를 생성하는 화면이 표시됩니다. Resource type을 ① menu로 선택하고 ② OK를 클릭합니다.

▶ 새로운 리소스 디렉터리 생성 화면

프로젝트 창을 보면 res 폴더 아래에 menu 디렉터리가 생성됩니다.

▶ 생성된 menu 디렉터리

menu 디렉터리를 선택하고 우클릭 또는 안드로이드 스튜디오 상단 메뉴에서 File → New → Menu resource file을 클릭합니다. 새로운 리소스 파일을 생성하는 화면이 표시됩니다.

File name에 ③ main을 입력하고 ④ OK를 클릭합니다.

▶ 새로운 메뉴 파일 생성

menu 디렉터리에 main.xml 파일이 생성됩니다.

그리고 메뉴에 사용할 벡터 이미지를 하나 준비합니다. 프로젝트 창에서 res 폴더를 클릭 후 안드로이드 스튜디오 상단 메뉴에서 File → New → Vector Asset을 클릭합니다. 벡터 이미지를 생성하는 Asset Studio가 표시됩니다. Clip Art ⑤ 아이콘을 클릭합니다.

▶ 벡터 이미지 생성 화면

아이콘 선택 화면이 표시됩니다. 검색 창에 ⑥ home이라고 검색하면 ⑦ 집 모양의 아이콘이 검색됩니다. 이것을 선택하고 OK를 클릭합니다.

▶ 아이콘 선택

Asset Studio로 돌아가면 Next를 클릭합니다. 다음 화면에서 Finish를 클릭하면 벡터 이미지가 drawable 폴더에 추가됩니다.

7.5.2 메뉴 작성

① main.xml 파일을 클릭하면 메뉴 에디터가 표시됩니다. 팔레트 창에서 ② Menu Item을 선택하여 컴포넌트 트리 창 ③ Menu 아래에 드래그하여 배치합니다.

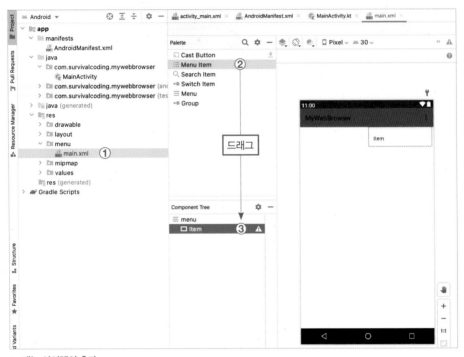

▶ 메뉴 아이템의 추가

메뉴 아이템이 추가되었습니다. 추가된 ④ 메뉴 아이템을 클릭하고 속성 창에서 title 속성에 ⑤ '검색 사이트'라고 입력합니다. 다음과 같은 화면이 됩니다.

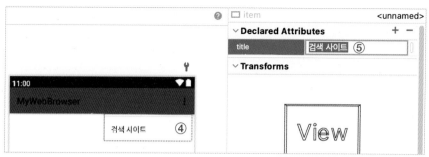

▶ 메뉴 아이템의 속성 설정

메뉴 아이템만으로 하나의 메뉴가 됩니다. 하지만 메뉴 아이템 밑으로 다시 몇 단계의 메뉴를 구성하려면 서브 메뉴를 구성해야 합니다.

여기서는 검색 사이트 메뉴 아래에 세 가지 서브 아이템을 추가하겠습니다. 팔레트 창에서 ⑥ menu를 선택하여 컴포넌트 트리 창에서 ⑦ 검색 사이트 아이템 아래로 드래그하여 배치합니다. 그리고 ⑧ Menu Item을 ⑨ 그 아래로 드래그하여 배치합니다. ⑧, ⑨ 를 3번 반복하여 서브 아이템 3개를 다음과 같이 배치합니다.

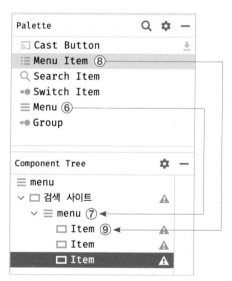

▶ 서브 아이템의 배치

메뉴를 클릭했을 때 이벤트를 처리하려면 메뉴 아이템에 id를 정의해야 합니다. 추가한 서브 아이템의 ⑩ id와 ⑪ title 속성을 각각 다음과 같이 설정합니다.

- **id :** action_naver
- **title :** 네이버
- **id :** action_google
- **title :** 구글
- **id :** action_daum
- **title :** 다음

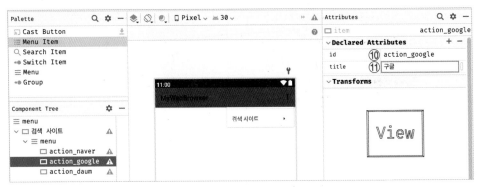

▶ 서브 아이템의 속성

같은 방법으로 ⑫ '개발자 정보' 메뉴 및 서브 아이템 3개를 추가하고 다음과 같이 설정합니다.

- **id :** action_call
- **title :** 전화하기
- **id :** action_send_text
- **title :** 문자보내기
- **id :** action_email
- **title :** 이메일 보내기

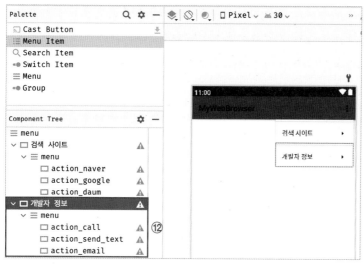

▶ 개발자 정보 및 서브 아이템 3개를 더 추가

이번에는 툴바에 집 모양 아이콘을 표시하는 메뉴를 추가하겠습니다. 같은 방법으로 ⑬ Menu Item을 ⑭ 세 번째 메뉴 아이템으로 추가하고 다음과 같이 설정합니다.

- **id :** action_home
- **title :** Home

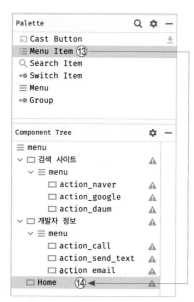

▶ 메뉴 아이템 추가

속성 창에서 ⑮ … 아이콘을 클릭하여 메뉴 아이템의 아이콘을 선택하는 화면을 표시합니다.

▶ 아이콘 선택

리소스 선택 화면에서 ⑯ Drawable을 클릭하고 ⑰ ic_baseline_home_24를 선택하고
⑱ OK를 클릭합니다.

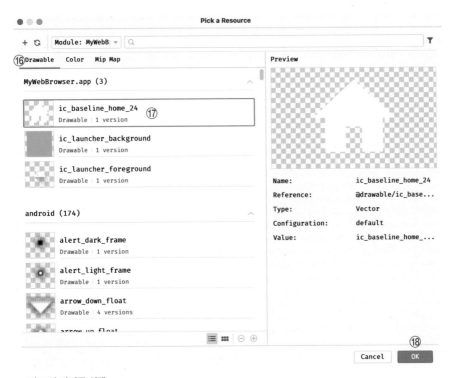

▶ 집 모양 아이콘 선택

메뉴 아이템을 툴바 밖으로 노출시키려면 showAsAction 속성을 수정해야 합니다. 설정하는
값은 다음과 같습니다.

- **never** : 밖으로 절대 노출시키지 않습니다.
- **ifRoom** : 툴바에 여유가 있으면 노출합니다.
- **always** : 항상 노출합니다.
- **withText** : 글자와 아이콘을 함께 표시합니다.
- **collapseActionView** : 액션 뷰와 결합하면 축소되는 메뉴를 만들 수 있습니다.

showAsAction 속성의 ⑲ ▶ 아이콘을 클릭하면 5가지 옵션 중에 선택하는 화면이 표시됩니다. 공간에 여유가 있을 때 아이콘을 노출시키는 ⑳ ifRoom을 체크하고 OK를 클릭합니다. 다음 그림처럼 집 그림이 툴바 밖에 표시됩니다.

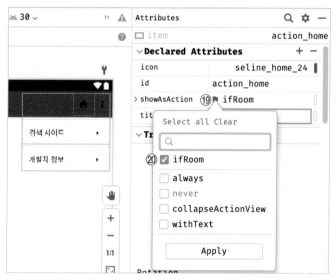

▶ ifRoom 속성 선택

7.5.3 옵션 메뉴를 액티비티에 표시하기

액티비티에서 onCreateOptionsMenu( ) 메서드를 오버라이드하여 메뉴 리소스 파일을 지정하면 메뉴가 표시됩니다.

MainActivity 파일을 열고 onCreateOptionsMenu( ) 메서드를 자동 완성 기능을 이용하여 빠르게 오버라이드합니다.

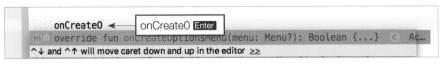

▶ 자동 완성

onCreateOptionsMenu( ) 메서드에 다음 코드를 작성합니다.

옵션메뉴 리소스 지정 (MainActivity.kt)

```
override fun onCreateOptionsMenu(menu: Menu?): Boolean {
    menuInflater.inflate(R.menu.main, menu)          // ①
    return true                                       // ②
}
```

① 메뉴 리소스를 액티비티의 메뉴로 표시하려면 menuInflater 객체의 inflate( ) 메서드를 사용하여 메뉴 리소스를 지정합니다.

② true를 반환하면 액티비티에 메뉴가 있다고 인식합니다.

앱을 실행하여 메뉴가 표시되면 성공입니다.

7.5.4 옵션 메뉴 클릭 이벤트 처리

옵션 메뉴를 선택했을 때의 이벤트를 처리하려면 onOptionsItemSelected( ) 메서드를 오버 라이드하여 메뉴 아이템의 ID로 분기하여 처리합니다.

MainActivity 파일을 열고 자동 완성 기능을 사용하여 onOptionsItemSelected( ) 메서드 를 오버라이드합니다.

```
  onOp
m override fun onOptionsItemSelected(item: MenuItem): Boolean {...}    © Activity
m override fun onOptionsMenuClosed(menu: Menu?) {...}                  © Activity
m override fun onPrepareOptionsMenu(menu: Menu?): Boolean {...}        © Activity
m override fun onMenuOpened(featureId: Int, menu: Menu): Boolean {...} AppComp…
m override fun onPrepareOptionsPanel(view: View?, menu: Menu): Boolean {...} F…
Press ⏎ to insert, → to replace   Next Tip
```

▶ 자동 완성

onOptionsItemSelected( ) 메서드에 메뉴 아이템의 ID로 분기할 수 있도록 when문을 작 성합니다.

옵션 메뉴의 처리 (MainActivity.kt)

```kotlin
override fun onOptionsItemSelected(item: MenuItem): Boolean {
    when (item.itemId) {                                         // ①
        R.id.action_google, R.id.action_home -> {                // ②
            binding.webView.loadUrl("https://www.google.com")
            return true
        }
        R.id.action_naver -> {                                   // ③
            binding.webView.loadUrl("https://www.naver.com")
            return true
        }
        R.id.action_daum -> {                                    // ④
            binding.webView.loadUrl("https://www.daum.net")
            return true
        }
        R.id.action_call -> {                                    // ⑤
            val intent = Intent(Intent.ACTION_DIAL)
            intent.data = Uri.parse("tel:031-123-4567")
            if (intent.resolveActivity(packageManager) != null) {
                startActivity(intent)
            }
            return true
        }
        R.id.action_send_text -> {                               // ⑥
            binding.webView.url?.let { url ->
                // 문자 보내기
            }
            return true
        }
        R.id.action_email -> {                                   // ⑦
            binding.webView.url?.let { url ->
                // 이메일 보내기
            }
            return true
        }
    }
    return super.onOptionsItemSelected(item)                     // ⑧
}
```

① 메뉴 아이템으로 분기를 수행합니다.

② 구글, 집 아이콘을 클릭하면 구글 페이지를 로딩합니다.

③ 네이버를 클릭하면 네이버 페이지를 로딩합니다.

④ 다음을 클릭하면 다음 페이지를 로딩합니다.

⑤ 연락처를 클릭하면 전화 앱을 엽니다. 이러한 방식을 암시적 인텐트라고 합니다. 암시적 인텐트에 대해서는 7.7절 '[스텝 5] 암시적 인텐트'에서 다시 다룹니다.

⑥ 문자 보내기 코드를 작성합니다.

⑦ 이메일 보내기 코드를 작성합니다.

⑧ when문에서는 각 메뉴 처리를 끝내고 true를 반환했습니다. 내가 처리하고자 하는 경우를 제외한 그 이외의 경우에는 super 메서드를 호출하는 것이 안드로이드 시스템에서의 보편적인 규칙입니다.

앱을 실행하여 검색 사이트 메뉴가 잘 동작하면 성공입니다.

7.6 [스텝 4] 컨텍스트 메뉴 사용하기

특정 뷰를 길게 클릭하고 있으면 표시되는 메뉴를 본 적이 있을 겁니다. 이것을 컨텍스트 메뉴라고 합니다.

▶ 컨텍스트 메뉴

컨텍스트 메뉴처럼 메뉴 리소스를 사용하며 액티비티에 작성하는 코드만 약간 다릅니다. 다음 순서를 기억합시다.

1. 메뉴 리소스를 생성합니다.

2. onCreateContextMenu( ) 메서드를 재정의하여 메뉴를 붙입니다.

3. onContextItemSelected( ) 메서드를 재정의하고 메뉴를 선택했을 때의 분기를 처리합니다.

4. registerForContextMenu(View view) 메서드에 컨텍스트 메뉴가 표시되었으면 하는 뷰를 지정합니다.

그럼 컨텍스트 메뉴를 다음 순서로 작성하겠습니다.

1. 메뉴 리소스 파일 생성

2. 컨텍스트 메뉴 작성

3. 컨텍스트 메뉴 등록하기

4. 컨텍스트 메뉴 클릭 이벤트 처리

7.6.1 메뉴 리소스 파일 생성

7.5.1절 '메뉴 리소스 파일 생성 및 벡터 이미지 준비'를 참고하여 다음과 같이 메뉴 리소스 파일을 생성합니다. 프로젝트 창의 menu 폴더에서 우클릭 또는 안드로이드 스튜디오 상단 메뉴에서 File → New → Menu resource file을 클릭합니다. 컨텍스트 메뉴에 표시할 리소스의 메뉴 리소스 파일의 이름을① context로 작성하고② OK를 클릭합니다.

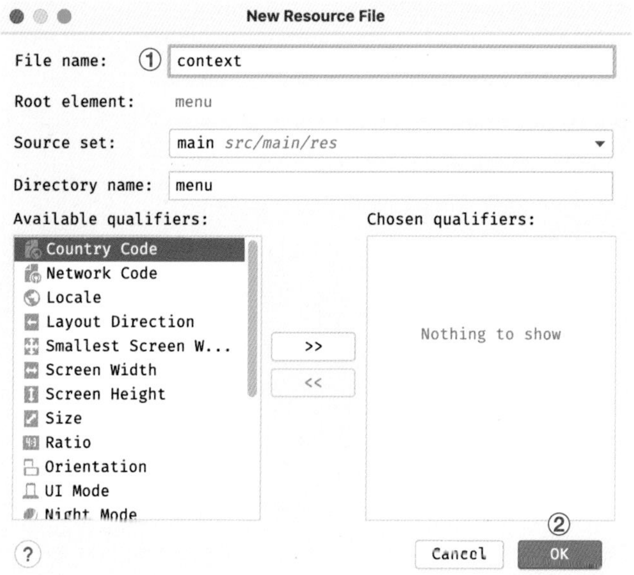

▶ 메뉴 리소스 생성

7.6.2 컨텍스트 메뉴 작성

7.5.2절 '메뉴 작성'을 참고하여 다음과 같이 메뉴 아이템 두 개를 추가합니다.

- **id** : action_share
- **id** : action_browser

- **title** : 페이지 공유
- **title** : 기본 브라우저에서 열기

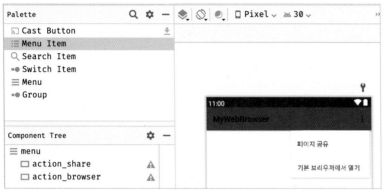

▶ 메뉴 아이템 구성

7.6.3 컨텍스트 메뉴 등록하기

MainActivity.kt 파일을 열고 자동 완성 기능을 활용하여 onCreateContextMenu( ) 메서드를 오버라이드하고 다음과 같이 코드를 작성합니다.

컨텍스트 메뉴 작성 (MainActivity.kt)

```
override fun onCreateContextMenu(menu: ContextMenu?, v: View?,
                       menuInfo: ContextMenu.ContextMenuInfo?) {
    super.onCreateContextMenu(menu, v, menuInfo)
    menuInflater.inflate(R.menu.context, menu)
}
```

menuInflater.inflate( ) 메서드를 사용하여 메뉴 리소스를 액티비티의 컨텍스트 메뉴로서 사용하도록 합니다. 이 코드는 옵션 메뉴와 같습니다.

이제 컨텍스트 메뉴가 표시될 대상 뷰를 지정해야 합니다. MainActivity.kt 파일의 onCreate( ) 메서드에 다음과 같은 코드를 추가합니다.

컨텍스트 메뉴를 표시할 뷰 등록 (MainActivity.kt)

```kotlin
class MainActivity : AppCompatActivity() {
  override fun onCreate(savedInstanceState: Bundle?) {
    super.onCreate(savedInstanceState)
    setContentView(R.layout.activity_main)

    // 웹뷰 기본 설정
    ...

    // 컨텍스트 메뉴 등록
    registerForContextMenu(binding.webView)
  }
}
```

registerForContextMenu( ) 메서드에 컨텍스트 메뉴를 표시할 뷰에 웹뷰를 지정했습니다. 이제 앱을 실행하여 웹뷰를 길게 클릭하면 컨텍스트 메뉴가 표시됩니다.

7.6.4 컨텍스트 메뉴 클릭 이벤트 처리

MainActivity.kt 파일을 열고 자동 완성 기능을 활용하여 onContextItemSelected( ) 메서드를 오버라이드합니다. 메뉴 아이템의 분기를 when문을 사용하여 구현해둡니다.

컨텍스트 메뉴 클릭 이벤트 처리 (MainActivity.kt)

```kotlin
override fun onContextItemSelected(item: MenuItem): Boolean {
  when (item.itemId) {
    R.id.action_share -> {
      binding.webView.url?.let { url ->
        // 페이지 공유
      }
      return true
    }
    R.id.action_browser -> {
      binding.webView.url?.let { url ->
        // 기본 웹 브라우저에서 열기
      }
      return true
    }
  }
}
```

```
    return super.onContextItemSelected(item)
}
```
코드 구성은 옵션 메뉴와 똑같습니다.

7.7 [스텝 5] 암시적 인텐트

안드로이드에는 미리 정의된 인텐트들이 있고 암시적 인텐트라고 합니다. 암시적 인텐트에 대해 알아보고 메뉴와 연동하여 사용하겠습니다.

구현 순서는 다음과 같습니다.

1. 암시적 인텐트의 종류
2. 확장 함수를 활용한 암시적 인텐트
3. 메뉴와 암시적 인텐트 연동
4. 패키지 가시성 설정하기

7.7.1 암시적 인텐트의 종류

7.5.4절 '옵션 메뉴 클릭 이벤트 처리'에서 사용한 코드에는 전화 앱에 번호를 입력해주는 코드가 있습니다. 암시적 인텐트는 대부분 이러한 형태를 하고 있습니다.

전화걸기 암시적 인텐트

```
val intent = Intent(Intent.ACTION_DIAL)                    // ①
intent.data = Uri.parse("tel:031-123-4567")                // ②
if (intent.resolveActivity(packageManager) != null) {      // ③
    startActivity(intent)
}
```

① 인텐트를 정의하며 Intent 클래스에 정의된 액션 중 하나를 지정합니다. ACTION_DIAL 액션은 전화 다이얼을 입력해주는 액션입니다.

② 인텐트에 데이터를 지정합니다. 'tel:'로 시작하는 Uri는 전화번호를 나타내는 국제표준 방법입니다. 이를 Uri.parse( ) 메서드로 감싼 Uri 객체를 데이터로 설정합니다.

③ intent.resolveActivity( ) 메서드는 이 인텐트를 수행하는 액티비티가 있는지를 검사하여 반환합니다. null이 반환된다면 수행하는 액티비티가 없는 겁니다. 전화 앱이 없는 태블릿 같은 경우에 해당됩니다.

이 외에도 암시적 인텐트 중에서 많이 사용되는 두 가지를 보여드리겠습니다.

종류	코드

문자열 보내기	```val intent = Intent(Intent.ACTION_SEND)```
	```intent.apply {```
	``` type = "text/plain"```
	``` putExtra(Intent.EXTRA_TEXT, "보낼 문자열")```
	``` var chooser = Intent.createChooser(intent, null)```
	``` if (intent.resolveActivity(packageManager) != null) {```
	``` startActivity(chooser)```
	``` }```
	```}```

웹 브라우저 띄우기	```val intent = Intent(Intent.ACTION_VIEW)```
	```intent.data = Uri.parse("http://www.example.com")```
	```if (intent.resolveActivity(packageManager) != null) {```
	``` startActivity(intent)```
	```}```

▶ 암시적 인텐트 _출처 : https://developer.android.com/guide/components/intents-common

출처에는 훨씬 더 많은 암시적 인텐트 사용 방법이 있습니다.

7.7.2 확장 함수를 활용한 암시적 인텐트

코틀린의 기능 중 확장 함수를 사용하면 복잡한 암시적 인텐트 사용 코드를 미리 정의해 두고 사용할 때 편리하게 사용할 수 있습니다.

일반적으로 클래스에 기능을 추가하려면 기존 클래스를 상속받아 새로운 클래스를 만들고 추가 기능을 작성하는 것입니다. 확장 함수는 상속을 하지 않아도 기존 클래스에 기능을 추가할 수 있습니다.

확장 함수로 만들 암시적 인텐트 기능은 다음과 같습니다.

종류	코드
문자 보내기	sendSms(전화번호, [문자열])
웹 브라우저에서 열기	browse(url)
문자열 공유	share(문자열, [제목])
이메일 보내기	email(받는 메일주소, [제목], [내용])

▶ 확장 함수로 만들 암시적 인텐트. [ ]는 옵션

일반적으로 가장 자주 사용되는 암시적 인텐트입니다. 새로운 코틀린 파일로 Extensions.kt 파일을 생성하고 다음과 같이 코드를 작성합니다. 먼저 소개해 드린 암시적 인텐트 공식 문서를 토대로 작성한 코드들입니다.

암시적 인텐트를 쉽게 사용할 수 있는 확장 함수를 작성 (Extensions.kt)

```kotlin
import android.content.ActivityNotFoundException
import android.content.Context
import android.content.Intent
import android.net.Uri

fun Context.sendSMS(number: String, text: String = ""): Boolean {
    return try {
        val intent = Intent(Intent.ACTION_VIEW, Uri.parse("sms:$number"))
        intent.putExtra("sms_body", text)
        startActivity(intent)
        true
    } catch (e: Exception) {
        e.printStackTrace()
        false
    }
}

fun Context.email(email: String, subject: String = "", text: String = ""): Boolean {
    val intent = Intent(Intent.ACTION_SENDTO)
    intent.data = Uri.parse("mailto:")
    intent.putExtra(Intent.EXTRA_EMAIL, arrayOf(email))
    if (subject.isNotEmpty())
        intent.putExtra(Intent.EXTRA_SUBJECT, subject)
    if (text.isNotEmpty())
        intent.putExtra(Intent.EXTRA_TEXT, text)
```

```kotlin
            if (intent.resolveActivity(packageManager) != null) {
                startActivity(intent)
                return true
            }
            return false
    }

    fun Context.share(text: String, subject: String = ""): Boolean {
        return try {
            val intent = Intent(Intent.ACTION_SEND)
            intent.type = "text/plain"
            intent.putExtra(Intent.EXTRA_SUBJECT, subject)
            intent.putExtra(Intent.EXTRA_TEXT, text)
            startActivity(Intent.createChooser(intent, null))
            true
        } catch (e: ActivityNotFoundException) {
            e.printStackTrace()
            false
        }
    }

    fun Context.browse(url: String, newTask: Boolean = false): Boolean {
        return try {
            val intent = Intent(Intent.ACTION_VIEW)
            intent.data = Uri.parse(url)
            if (newTask) {
                intent.addFlags(Intent.FLAG_ACTIVITY_NEW_TASK)
            }
            startActivity(intent)
            true
        } catch (e: ActivityNotFoundException) {
            e.printStackTrace()
            false
        }
    }
```

Context 클래스는 인텐트 작성에 필요한 클래스라서 이 클래스에 4가지 암시적 인텐트 사용에 대한 기능 메서드를 추가했습니다. 작성 방법은 일반 메서드 작성 방식과 동일하며 메서드명 앞에 기능이 추가될 클래스명. 을 붙이고 최상위 위치에 작성하면 됩니다.

7.7.3 메뉴와 암시적 인텐트 연동

MainActivity.kt 파일을 열고 확장 함수로 만든 암시적 인텐트 코드를 추가합니다.

메뉴에 암시적 인텐트 연동 (MainActivity.kt)

```kotlin
override fun onOptionsItemSelected(item: MenuItem): Boolean {
    when (item.itemId) {
        R.id.action_google, R.id.action_home -> {
            binding.webView.loadUrl("https://www.google.com")
            return true
        }
        R.id.action_naver -> {
            binding.webView.loadUrl("https://www.naver.com")
            return true
        }
        R.id.action_daum -> {
            binding.webView.loadUrl("https://www.daum.net")
            return true
        }
        R.id.action_call -> {
            val intent = Intent(Intent.ACTION_DIAL)
            intent.data = Uri.parse("tel:031-123-4567")
            if (intent.resolveActivity(packageManager) != null) {
                startActivity(intent)
            }
            return true
        }
        R.id.action_send_text -> {
            binding.webView.url?.let { url ->
                // 문자 보내기 ①
                sendSMS("031-123-4567", url)
            }
            return true
        }
        R.id.action_email -> {
            binding.webView.url?.let { url ->
                // 이메일 보내기 ②
                email("test@example.com", "좋은 사이트", url)
            }
            return true
        }
```

```kotlin
    }
    return super.onOptionsItemSelected(item)
}

...

override fun onContextItemSelected(item: MenuItem): Boolean {
    when (item.itemId) {
        R.id.action_share -> {
            binding.webView.url?.let { url ->
                // 페이지 공유 ③
                share(url)
            }
            return true
        }
        R.id.action_browser -> {
            binding.webView.url?.let { url ->
                // 기본 웹 브라우저에서 열기 ④
                browse(url)
            }
            return true
        }
    }
    return super.onContextItemSelected(item)
}
```

① 웹뷰에 URL이 널이 아니라면 031-123-4567로 웹 페이지 주소를 SMS 문자로 보냅니다. 여러분의 전화번호로 설정하여 문자가 발송되는지 확인하기 바랍니다.

② test@example.com에 '좋은 사이트'라는 제목의 이메일을 보냅니다. 여러분의 이메일을 설정하여 메일이 발송되는지 확인하기 바랍니다

③ 웹 페이지 주소를 문자열을 공유하는 앱을 사용해 공유합니다.

④ 기기에 기본 브라우저로 웹 페이지 주소를 다시 엽니다.

앱을 실행하여 메뉴가 잘 동작하는지 확인합니다.

7.7.4 패키지 가시성 설정하기

안드로이드 11 (API 30) 이상을 타게팅 하는 앱에서는 개인 정보에 민감한 암시적 인텐트의 사용이 제한됩니다. 이를 패키지 가시성이라고 하며 전화, 이메일 기능이 동작하려면 앱에서 해당 암시적 인텐트를 사용한다고 알려주는 패키지 가시성 설정을 해줘야 합니다.

AndroidManifest.xml 파일을 열고 applications 태그의 앞이나 뒤에 queries 와 허용할 암시적 인텐트 필터를 작성해 줍니다. 인터넷 권한과 application 태그 사이에 추가하였습니다.

패키지 가시성 설정 (AndroidManifest.xml)

```xml
<uses-permission android:name="android.permission.INTERNET" />

<queries>
    <intent>
        <action android:name="android.intent.action.DIAL" />
    </intent>

    <intent>
        <action android:name="android.intent.action.SENDTO" />
        <data android:scheme="*" />
    </intent>
</queries>

<application …>
```

android.intent.action.DIAL은 전화를 거는 암시적 인텐트를 나타내고, SENDTO와 * 스킴은 이메일 보내기를 나타냅니다. 이러한 정보들 역시 공식 문서를 참고하였습니다.

이제 앱을 실행하여 모든 메뉴가 잘 동작하는지 확인합니다.

7.8 마치며

이번 장에서는 리소스 중에서 메뉴와 코틀린 기능 중 확장 함수를 다루었습니다. 확장 함수를 사용하면 상속 없이도 기능의 추가가 간단합니다. 특히 암시적 인텐트처럼 복잡한 코드를 확장 함수로 만들어 두면 아주 유용합니다.

- 테마를 수정하면 앱의 전체 분위기를 바꿀 수 있습니다.
- 웹 뷰는 웹 페이지를 표시하는 뷰이고 인터넷 권한이 필요합니다.
- 메뉴는 옵션 메뉴와 컨텍스트 메뉴가 있습니다. 메뉴 리소스 파일을 작성하면 쉽게 메뉴를 구성할 수 있습니다.
- 전화 걸기, 문자 보내기, 이메일 보내기 등은 다른 액티비티를 활용하는 암시적 인텐트의 대표적인 예입니다.
- 확장 함수는 간단하게 기존 클래스에 기능을 추가할 수 있는 코틀린의 기능입니다.

8장
수평 측정기

이 장에서는 가속도 센서를 활용한 수평을 측정하는 앱을 만들면서
센서 사용 방법과 센서값을 이용해 나만의 커스텀 뷰를 화면에 그려봅니다.

8 수평 측정기

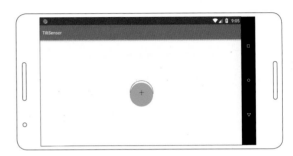

난이도	★★☆
프로젝트명	TiltSensor
기능	• 기기를 기울이면 수평을 측정할 수 있습니다. 화면에 표시되는 원이 가운데로 이동하면 수평입니다.
핵심 구성요소	• SensorManager : 센서 관리자 • SensorEventListener : 센서 이벤트를 수신하는 리스너 • **커스텀 뷰** : 나만의 새로운 뷰를 만드는 방법 • **뷰 바인딩** : findViewById( )를 사용하지 않고 쉽게 레이아웃에 정의한 객체를 사용할 수 있는 기능

8.1 해법 요약

가속도 센서를 사용하여 수평 측정기를 만듭니다. 가로 모드로 고정하고 사용 중에는 화면이 꺼지지 않도록 설정합니다. 수평 측정기 화면은 커스텀 뷰를 작성하고 그래픽 조작 API를 사용하여 그림을 그립니다.

구현 순서는 다음과 같습니다.

1. **준비하기** : 프로젝트 생성 및 안드로이드 설정
2. **스텝 1** : 액티비티의 생명주기 알아보기
3. **스텝 2** : 센서 사용하기
4. **스텝 3** : 커스텀 뷰 작성하기

8.2 준비하기

프로젝트를 생성합니다. 이 예제에서는 ViewBinding 라이브러리 설정이 필요없습니다.

8.2.1 프로젝트 생성

다음과 같이 프로젝트를 생성합니다.

- **프로젝트명** : TiltSensor
- **minSdkVersion** : 21
- **기본 액티비티** : Empty Activity

이번 프로젝트에서는 xml 레이아웃을 사용하지 않습니다. 뷰 바인딩은 xml 레이아웃의 id를 쉽게 접근하기 위해 사용하는 기능이므로 이 장에서는 뷰 바인딩 설정을 하지 않습니다.

8.3 [스텝 1] 액티비티의 생명주기 알아보기

센서를 다루기 전에 액티비티의 생명주기를 먼저 알아야 합니다. 액티비티에는 특정 시점에 호출되는 여러 메서드가 있습니다. 예를 들어 onCreate( )는 생성 시점에 호출됩니다. 이렇게 특정한 타이밍에 호출되는 메서드를 콜백 메서드라고 합니다. 액티비티의 생명주기Lifecycle는 다음과 같습니다. 각 타이밍에 호출되는 콜백 메서드를 표시하고 있습니다.

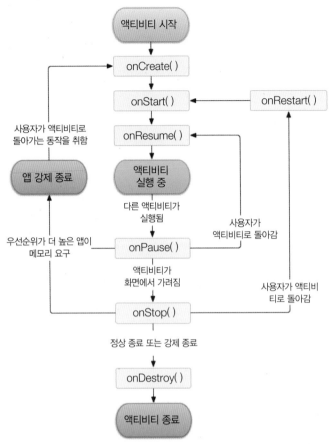

▶ 액티비티 생명주기 _출처 : https://developer.android.com/guide/components/activities/activity-lifecycle

센서처럼 화면이 꺼져 있을 때는 센서가 동작하지 않고 화면이 켜져 있을 때만 동작하는 처리를 하는 경우가 있습니다. 만약 계속 센서가 동작한다면 배터리가 빨리 소모될 겁니다. 이처럼 적절한 타이밍에 필요한 코드를 작성하려면 생명주기를 잘 알아야 합니다. 생명주기를 몇 가지 구간으로 나누어서 보면 좀 더 이해하기 쉽습니다.

8.3.1 액티비티 시작

액티비티가 시작되면 가장 먼저 onCreate( ) 메서드가 호출됩니다. 즉 onCreate( ) 메서드를 오버라이드하여 프로그램을 작성하면 액티비티가 시작되면서 작성한 프로그램이 자동으로 시작됩니다. 그다음에는 onStart( ) 메서드와 onResume( ) 메서드 순으로 호출됩니다.

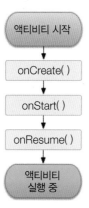

▶ 액티비티 시작 _출처 : https://developer.android.com/guide/components/activities/activity-lifecycle

8.3.2 액티비티 종료

액티비티가 종료될 때는 화면에서 보이지 않게 되는 순간 제일 먼저 onPause( ) 메서드가 호출되고 완전히 보이지 않게 되면 onStop( ) 메서드가 호출되며 마지막으로 onDestroy( ) 메서드가 호출됩니다. 간단한 앱을 작성할 때는 사용할 일이 거의 없지만, 복잡한 앱을 작성하면 액티비티가 종료될 때 메모리에서 해제하는 객체가 있을 수 있습니다. 이때 onDestroy( ) 메서드를 오버라이드합니다.

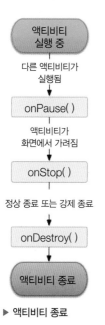

▶ 액티비티 종료

8.3.3 액티비티 재개

앱을 실행 중에 종료하지 않고 백그라운드에서 대기하는 경우가 있습니다. 예를 들어 다른 앱이 실행되거나 홈 키를 누르거나 전원 버튼을 눌러 화면을 끄는 경우입니다. 이때는 onPause( ), onStop( )까지만 호출되고 대기하게 됩니다. 이때 다시 앱이 전면으로 나오는 경우, 즉 화면을 다시 켜거나 최근 실행 앱에서 다시 이 앱을 실행하는 경우입니다. 이때는 onRestart( ), onStart( ), onResume( ) 순으로 호출됩니다.

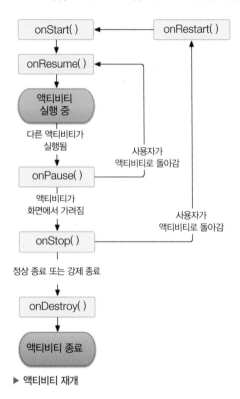

▶ 액티비티 재개

8.3.4 프로세스 강제 종료

안드로이드의 모든 앱은 백그라운드 실행 중에는 메모리 부족 등으로 강제로 종료될 수 있습니다. 이 경우 앱을 다시 실행하면 onCreate( ) 메서드부터 호출합니다.

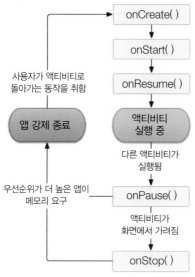

```
                    ┌─────────────┐
                    │  onCreate( ) │
                    └─────────────┘
                          │
                    ┌─────────────┐
                    │  onStart( )  │
                    └─────────────┘
                          │
   사용자가 액티비티로      ┌─────────────┐
   돌아가는 동작을 취함     │ onResume( )  │
                    └─────────────┘
                          │
   ┌───────────┐    ┌───────────┐
   │ 앱 강제 종료 │    │  액티비티   │
   └───────────┘    │   실행 중   │
                    └───────────┘
                     다른 액티비티가
                       실행됨
   우선순위가 더 높은 앱이  ┌─────────────┐
   메모리 요구           │  onPause( )  │
                    └─────────────┘
                     액티비티가
                    화면에서 가려짐
                    ┌─────────────┐
                    │  onStop( )   │
                    └─────────────┘
```

▶ 프로세스 강제 종료

8.4 [스텝 2] 센서 사용하기

가속도 센서를 사용 방법에 관해서 알아봅시다. 센서의 사용 방법은 대부분 비슷하기 때문에 하나의 센서만 잘 사용하면 나머지도 쉽게 응용이 가능합니다.

알아볼 순서는 다음과 같습니다.

1. 센서 사용 준비
2. 가속도 센서 사용 방법
3. 가로 모드로 고정하기
4. 화면이 꺼지지 않게 하기

8.4.1 센서

안드로이드 기기에는 많은 센서가 내장되어 있습니다. 다음은 Sensor 클래스에 정의된 안드로이드에서 공식으로 지원하는 센서 목록입니다.

센서	설명	용도
TYPE_ACCELEROMETER	가속도 센서	동작 감지 (흔들림, 기울임 등)
TYPE_AMBIENT_TEMPERATURE	주변 온도 센서	대기 온도 모니터링
TYPE_GRAVITY	중력 센서	동작 감지 (흔들림, 기울임 등)
TYPE_GYROSCOPE	자이로 센서	회전 감지
TYPE_LIGHT	조도 센서	화면 밝기 제어
TYPE_LINEAR_ACCELERATION	선형 가속도 센서	단일 축을 따라 가속 모니터링
TYPE_MAGNETIC_FIELD	자기장 센서	나침반
TYPE_ORIENTATION	방향 센서	장치 위치 결정
TYPE_PRESSURE	기압 센서	공기압 모니터링 변화
TYPE_PROXIMITY	근접 센서	통화 중인지 검사
TYPE_RELATIVE_HUMIDITY	상대 습도 센서	이슬점, 상대 습도를 모니터링
TYPE_ROTATION_VECTOR	회전 센서	모션 감지, 회전 감지
TYPE_TEMPERATURE	온도 센서	장치의 온도 감지

▶ 안드로이드가 제공하는 센서

모든 기기에 이 센서가 다 내장된 것은 아닙니다. 제조사에 따라 여기에 포함되지 않은 센서를 쓰기도 합니다. 예제에서는 대부분의 기기에 기본으로 내장되어 있는 가속도 센서를 사용합니다.

8.4.2 센서 사용 준비

다음 단계를 순서대로 센서를 준비하겠습니다.

1. SensorManager 인스턴스를 얻습니다.
2. 위 표에 있는 센서 중 하나를 getDefaultSensor( ) 메서드에 지정하여 Sensor 객체를 얻습니다.
3. onResume( ) 메서드에서 registerListener( ) 메서드로 센서의 감지를 등록합니다.
4. onPause( ) 메서드에서 unregisterListener( ) 메서드로 센서의 감지를 해제합니다.

센서를 사용하려면 안드로이드가 제공하는 센서 매니저 서비스 객체가 필요합니다. 센서 매니저는 안드로이드 기기의 각 센서 접근 및 리스너의 등록 및 취소, 이벤트를 수집하는 방법을 제공합니다.

장치에 있는 센서를 사용하려면 먼저 센서 매니저에 대한 참조를 얻어야 합니다. 이렇게 하려면 getSystemService( ) 메서드에 SENSOR_SERVICE 상수를 전달하여 SensorManager 클래스의 인스턴스를 만듭니다.

```
SensorManager 준비 (MainActivity.kt)

class MainActivity : AppCompatActivity(), SensorEventListener {

    private val sensorManager by lazy {
        getSystemService(Context.SENSOR_SERVICE) as SensorManager
    }

    override fun onCreate(savedInstanceState: Bundle?) {
        ...
    }
}
```

지연된 초기화를 사용하여 sensorManager 변수를 처음 사용할 때 getSystemService( ) 메서드로 SensorManager 객체를 얻습니다.

8.4.3 센서 등록

SensorManager 객체가 준비되면 액티비티가 동작할 때만 센서가 동작해야 베터리를 아낄 수 있습니다. 일반적으로 센서의 사용 등록은 액티비티의 onResume( ) 메서드에서 수행합니다. 자동 완성 기능을 사용하여 onResume( ) 메서드를 오버라이드해 다음과 같이 센서를 등록하는 코드를 작성합니다.

```
센서 등록 (MainActivity.kt)

override fun onResume() {
    super.onResume()
    sensorManager.registerListener(this,                              // ①
        sensorManager.getDefaultSensor(Sensor.TYPE_ACCELEROMETER),   // ②
        SensorManager.SENSOR_DELAY_NORMAL)                           // ③
}
```

① registerListener( ) 메서드로 사용할 센서를 등록합니다. 첫 번째 인자는 센서값을 받을 SensorEventListener입니다. 여기서는 this를 지정하여 액티비티에서 센서값을 받도록 합니다.

② 그런 다음 getDefaultSensor( ) 메서드로 사용할 센서 종류를 지정합니다. 여기서는 Sensor 클래스에 상수로 정의된 가속도 센서TYPE_ACCELEROMETER를 지정했습니다.

③ 세 번째 인자는 센서값을 얼마자 자주 받을지를 지정합니다. SensorManager 클래스에 정의된 상수 중 하나를 선택합니다.

- **SENSOR_DELAY_FASTEST** : 가능한 가장 자주 센서값을 얻습니다.
- **SENSOR_DELAY_GAME** : 게임에 적합한 정도로 센서값을 얻습니다.
- **SENSOR_DELAY_NORMAL** : 화면 방향이 전환될 때 적합한 정도로 센서값을 얻습니다.
- **SENSOR_DELAY_UI** : 사용자 인터페이스를 표시하기에 적합한 정도로 센서값을 얻습니다.

너무 빈번하게 센서값을 읽으면 시스템 리소스를 낭비하고 배터리 전원을 사용합니다. 여기서는 SENSOR_DELAY_NORMAL을 지정했습니다.

리스너를 ④ this로 지정했으므로 ⑤ MainActivity 클래스가 SensorEventListener를 구현하도록 추가합니다. 미구현 메서드가 있기 때문에 에러가 표시됩니다. ⑥ 빨간 전구를 클릭하거나 빨간 줄이 표시되는 부분에 커서를 두고 단축키 Alt + Enter ⌥ + return 를 클릭하면 나오는 메뉴에서 ⑦ Implement members를 클릭하여 미구현 멤버를 구현하는 화면을 표시합니다.

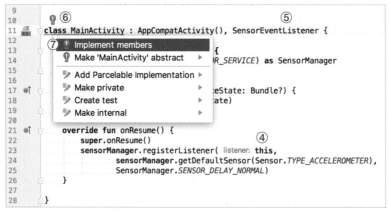

▶ 미구현 멤버 구현

onAccuracyChanged( )와 onSensorChanged( ) 메서드를 구현해야 합니다. ⑧ 단축키 Ctrl + A ⌘ + A 를 눌러 모두 선택하고 ⑨ OK를 누릅니다.

▶ 모두 선택(Ctrl+A) 후 OK

두 미구현 메서드가 액티비티에 오버라이드되었습니다. 두 메서드는 다음과 같은 상황에서 호출됩니다.

- **onAccuracyChanged( )** : 센서 정밀도가 변경되면 호출됩니다.
- **onSensorChanged( )** : 센서값이 변경되면 호출됩니다.

```
12  class MainActivity : AppCompatActivity(), SensorEventListener {
13      override fun onAccuracyChanged(sensor: Sensor?, accuracy: Int) {
14          TODO( reason: "not implemented") //To change body of created func
15      }
16
17      override fun onSensorChanged(event: SensorEvent?) {
18          TODO( reason: "not implemented") //To change body of created func
19      }
20
```

▶ 메서드가 추가됨

센서값이 변경되면 onSensorChanged( ) 메서드가 호출되며 SensorEvent 객체에 센서가 측정한 값들과 여러 정보가 넘어옵니다.

8.4.4 센서 해제

액티비티가 동작 중일 때만 센서를 사용하려면 화면이 꺼지기 직전인 onPause( ) 메서드에서 센서를 해제합니다.

센서 해제 (MainActivity.kt)

```kotlin
override fun onPause() {
    super.onPause()
    sensorManager.unregisterListener(this)
}
```

unregisterListener( ) 메서드를 이용하여 센서 사용을 해제할 수 있으며 인자로 SensorEventListener 객체를 지정합니다. MainActivity 클래스에서 이 객체를 구현 중이므로 this를 지정합니다.

8.4.5 좌표 시스템

이제 센서를 사용할 준비가 되었습니다. 그럼 가속도 센서를 사용해서 어떤 값을 어떻게 얻을 수 있는지를 먼저 알아보겠습니다.

일반적으로 센서 프레임워크에서는 센서값을 나타내는 데 x, y, z 표준 3축 좌표계를 사용합니다. 일반적으로 기기를 정면으로 봤을 때 x축은 수평이며 오른쪽을 가리키고, y축은 수직이며 위쪽을 가리키고, z축은 화면의 바깥쪽을 향합니다.

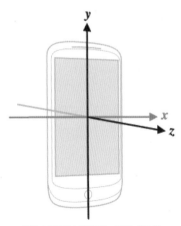

▶ 센서 API에서 사용하는 좌표 시스템_
  출처 : https://developer.android.com/guide/topics/sensors/sensors_overview

이 좌표는 다음 센서에서 사용합니다.

- 가속도 센서
- 중력 센서
- 자이로 스코프
- 선형 가속도 센서
- 자기장 센서

8.4.6 가속도 센서값 읽어오기

센서는 SensorEvent 객체로 값을 넘겨줍니다. SensorEvent.values[ ] 배열 객체에 센서값이 담겨 있습니다. 가속도 센서를 사용 시 다음과 같이 값을 얻을 수 있습니다.

- **SensorEvent.values[0]** : x축 값
- **SensorEvent.values[1]** : y축 값
- **SensorEvent.values[2]** : z축 값

MainActivity.kt 파일을 열고 onSensorChanged( ) 메서드에 다음과 같이 로그를 표시하도록 코드를 작성합니다. 두 메서드에 자동으로 생성된 TODO( ) 메서드는 삭제하지 않으면 빌드 에러가 발생하니 모두 삭제합니다.

센서값 읽기 (MainActivity.kt)

```kotlin
override fun onSensorChanged(event: SensorEvent?) {
    // 센서값이 변경되면 호출됨
    // values[0] : x축 값 : 위로 기울이면 -10~0, 아래로 기울이면 0~10
    // values[1] : y축 값 : 왼쪽으로 기울이면 -10~0, 오른쪽으로 기울이면  0~10
    // values[2] : z축 값 : 미사용
    event?.let {
        Log.d("MainActivity", "onSensorChanged: x :" +
                " ${event.values[0]}, y : ${event.values[1]}, z : ${event.values[2]}")
    }
}
```

이 책에서는 Log.d( ) 메서드를 사용하여 주로 로그를 표시합니다. 사용 방법은 다음과 같습니다.

```
// 디버그용 로그를 표시할 때 사용합니다.
Log.d([태그], [메시지]) :
```

- **태그** : 로그캣에는 많은 내용이 표시되므로 필터링할 때 사용합니다.
- **메시지** : 출력할 메시지를 작성합니다.

이 외에도 다음과 같은 로그 메서드가 있습니다.

- **Log.e( )** : 에러를 표시할 때 사용합니다.
- **Log.w( )** : 경고를 표시할 때 사용합니다.
- **Log.i( )** : 정보성 로그를 표시할 때 사용합니다.
- **Log.v( )** : 모든 로그를 표시할 때 사용합니다.

앱을 실행하고 하단의 ① Logcat을 클릭한 후에 ② 기기와 ③ 실행 중인 프로세스명을 확인하고 ④ MainActivity 태그를 필터링하면 우리가 작성한 로그만 볼 수 있습니다.

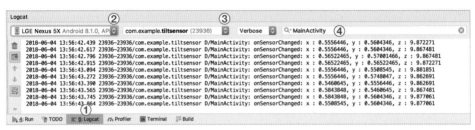

▶ Logcat으로 센서값 모니터링

센서의 값이 어떻게 변화하는지를 기기를 움직여가면서 테스트할 수 있습니다.

오버라이드 시 인자 이름이 책과 다를 경우

onSensorChanged( ) 메서드를 오버라이드할 때 인자의 이름이 event가 아닌 p0처럼 의미 없는 이름으로 생성된다면 compileSdk와 맞는 SDK의 소스를 내려받으세요. 그러면 의미 있는 이름으로 표시됩니다.

모듈 수준의 `build.gradle`

```
android {
    compileSdk 31

    …
}
```

이 프로젝트는 compileSdk가 30입니다. 이 값은 컴퓨터에 설치된 최신 SDK 버전이 설정되므로 PC 환경에 따라 다를 수 있습니다.

안드로이드 스튜디오 상단 툴바에서 ① SDK Manager를 클릭합니다.

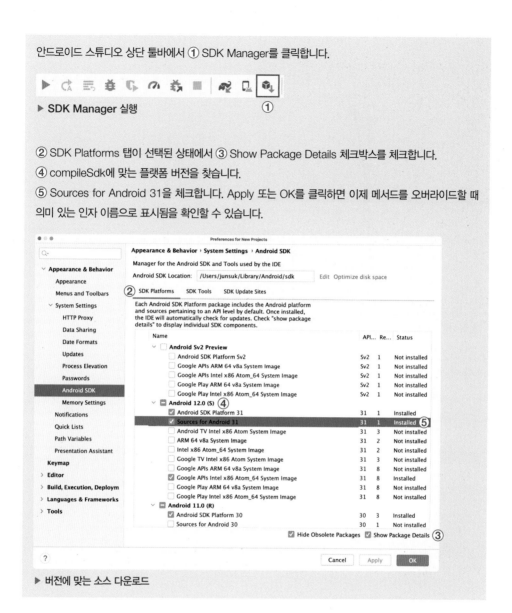

▶ SDK Manager 실행

② SDK Platforms 탭이 선택된 상태에서 ③ Show Package Details 체크박스를 체크합니다.
④ compileSdk에 맞는 플랫폼 버전을 찾습니다.
⑤ Sources for Android 31을 체크합니다. Apply 또는 OK를 클릭하면 이제 메서드를 오버라이드할 때
의미 있는 인자 이름으로 표시됨을 확인할 수 있습니다.

▶ 버전에 맞는 소스 다운로드

8.4.7 가로 모드로 고정하기

수평 측정기는 기기를 가로로 바닥에 놓고 사용할 겁니다. 기기를 가지고 이리저리 테스트를
하다 보면 화면 가로세로 모드가 자꾸 변환되어 불편할 겁니다. 화면 방향을 가로로 고정하겠
습니다. 그러고 나서 좌푯값을 이떻게 다룰지를 알아보겠습니다.

참고로 기기 방향을 다음 그림처럼 고정하면 좌표축도 돌아가므로 일반적인 x축과 y축 방향과
달라지게 된다는 사실을 기억해둡시다.

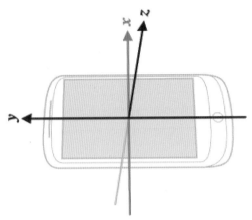

▶ 기기를 가로로 고정했을 때의 축_
　출처 : https://developer.android.com/guide/topics/sensors/sensors_overview

기기의 방향을 가로로 고정하려면 슈퍼클래스의 생성자를 호출하기 전에
requestedOrientation 프로퍼티값에 가로 방향을 나타내는 ActivityInfo.SCREEN_
ORIENTATION_LANDSCAPE값을 설정합니다.

가로 모드 고정 (MainActivity.kt)

```
override fun onCreate(savedInstanceState: Bundle?) {
    // 화면이 가로 모드로 고정되게 하기
    requestedOrientation = ActivityInfo.SCREEN_ORIENTATION_LANDSCAPE
    super.onCreate(savedInstanceState)
    setContentView(R.layout.activity_main)
}
```

앱을 실행하면 이제 화면이 항상 가로 모드로 고정됩니다.

8.4.8 화면이 꺼지지 않게 하기

절전 기능이 활성화되어 있으면 사용자의 조작이 없을 때 자동으로 화면이 꺼집니다. 센서를
사용 중인데 화면이 꺼지면 불편합니다. 이 액티비티를 실행하는 중에는 화면이 꺼지지 않도록
다음과 같이 플래그를 설정합니다.

> **화면이 꺼지지 않게 하기 (MainActivity.kt)**
>
> ```
> override fun onCreate(savedInstanceState: Bundle?) {
>     // 화면이 꺼지지 않게 하기
>     window.addFlags(WindowManager.LayoutParams.FLAG_KEEP_SCREEN_ON)
>     // 화면이 가로 모드로 고정되게 하기
>     requestedOrientation = ActivityInfo.SCREEN_ORIENTATION_LANDSCAPE
>     super.onCreate(savedInstanceState)
>     setContentView(R.layout.activity_main)
> }
> ```

window.addFlags( ) 메서드에는 액티비티 상태를 지정하는 여러 플래그를 설정할 수 있습니다. 여기서는 FLAG_KEEP_SCREEN_ON 플래그를 지정하여 화면이 항상 켜지도록 설정했습니다.

앱을 다시 실행하면 자동으로 화면이 꺼지지 않기 때문에 센서를 테스트하기가 편해집니다.

8.4.9 에뮬레이터에서 센서 테스트하기

에뮬레이터에서도 센서를 테스트할 수 있습니다. 에뮬레이터의 메뉴 중 ① ⋯ 을 클릭하여 확장 컨트롤 화면을 엽니다.

▶ 확장 컨트롤 실행

좌측의 메뉴 중 ② Virtual sensors를 클릭하고 ③ Accelerometer 탭에서 센서를 테스트할 수 있습니다. ④ 기기 그림을 마우스로 클릭한 상태로 움직여보며 x, y, z 축 값이 변하는 것을 확인해보세요.

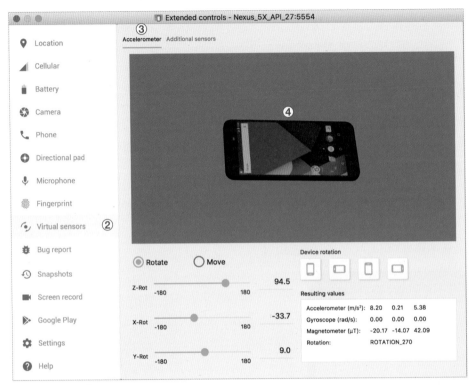

▶ 에뮬레이터로 3축 테스트

x축과 y축 값이 0, 0이면 수평입니다. 이제 센서값에 따라서 화면에 수평계를 그리면 됩니다.

8.5 [스텝 3] 커스텀 뷰 작성하기

수평계를 화면에 나타내려면 기존에 없는 뷰를 만들 필요가 있습니다. 없는 뷰를 만드는 것을 커스텀 뷰를 작성한다고 합니다. 그래픽 API들을 사용하여 수평계를 나타내고 센서와 연동되는 뷰를 작성하겠습니다.

구현 순서는 다음과 같습니다.

1. 수평계 그래픽 구상
2. 커스텀 뷰 작성하기
3. 그래픽 API를 사용해서 뷰에 그리기
4. 센서값을 뷰에 반영하기

8.5.1 수평계 그래픽 구상

다음은 시중에 판매되는 수평계들입니다. 수평이 되면 공기방울이 중앙에 오게 됩니다. 예제에서는 왼쪽 둥근 모양의 수평계를 표현해볼 겁니다.

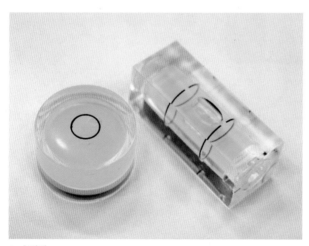

▶ 수평계

다음과 같은 원 두 개를 이용해 수평계를 구현하겠습니다.

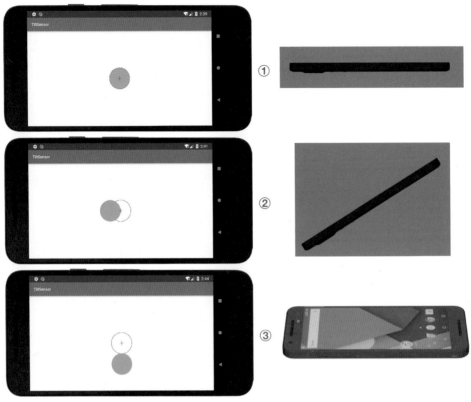

▶ 기기의 방향에 따른 그래픽 구상

① 수평을 유지하려면 기기를 평평하게 놓아 원이 중앙에 오게 합니다.

② x축 값에 따라서 원이 좌우로 움직입니다.

③ y축 값에 따라서 원이 상하로 움직입니다.

8.5.2 커스텀 뷰 작성하기

기본 제공되는 뷰가 아닌 새로운 뷰를 커스텀 뷰라고 합니다. 커스텀 뷰를 만드는 순서는 다음 과 같습니다.

1. View 클래스를 상속받는 새로운 클래스를 생성합니다.
2. 필요한 메서드를 오버라이드합니다. 여기서는 화면에 그리는 onDraw( ) 메서드를 오버라이드합니다.

참고로 이 예제에서는 커스텀 뷰를 생성하고 onCreate( ) 메서드에서 직접 인스턴스를 생성하여 사용합니다. 일반적인 뷰와 같이 디자인 에디터에서 사용하면 더 복잡한 과정을 수행하기 때문에 이 책에서는 다루지 않습니다.

먼저 프로젝트 창 패키지명에서 우클릭하거나, 안드로이드 스튜디오의 상단 메뉴에서 File New → Kotlin File/Class를 클릭하여 새로운 파일을 만드는 화면을 표시합니다. 파일명으로 ① TiltView를 입력하고, 종류는 ② Class를 선택하고 Enter 를 누릅니다.

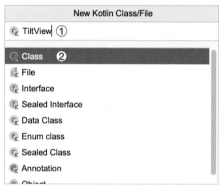

▶ 새로운 코틀린 파일 생성

생성된 TiltView는 ③ View를 상속받도록 합니다. ④ android.view 패키지의 View가 임포트 되었는지 확인합니다.

▶ View(android.view)를 상속받기

View에 빨간 줄이 표시될 겁니다. View 클래스의 생성자 중 최소 한 개를 오버라이드해야 합니다. 빨간 줄이 표시되는 View에 커서를 두고 단축키 ⑤ Alt + Enter ⌥+return 를 눌러 제안을 확인합니다. ⑥ Context를 인자로 받는 생성자를 클릭합니다.

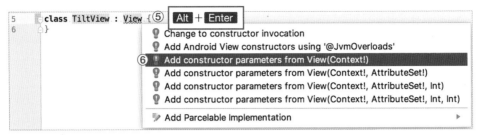

▶ 생성자를 선택하기

에러가 사라졌습니다. MainActivity.kt 파일에서 TiltView를 생성자를 사용해 인스턴스화하여 화면에 배치할 수 있습니다.

TiltView를 화면에 배치 (MainActivity.kt)

```kotlin
class MainActivity : AppCompatActivity(), SensorEventListener {
    ...
    private lateinit var tiltView: TiltView    // ⑦

    override fun onCreate(savedInstanceState: Bundle?) {
        window.addFlags(WindowManager.LayoutParams.FLAG_KEEP_SCREEN_ON)
        requestedOrientation = ActivityInfo.SCREEN_ORIENTATION_LANDSCAPE
        super.onCreate(savedInstanceState)


        tiltView = TiltView(this)            // ⑧
        setContentView(tiltView)             // ⑨
    }
}
```

⑦ TiltView의 늦은 초기화 선언을 합니다.

⑧ onCreate( ) 메서드에서 생성자에 this를 넘겨서 TiltView를 초기화합니다.

⑨ 기존의 R.layout.activity_main 대신에 tiltView를 setContentView( ) 메서드에 전달합니다. 이제 tiltView가 전체 레이아웃이 되었습니다.

앱을 실행하면 아직 아무것도 표시되지 않습니다.

8.5.3 그래픽 API를 다루는 기초

그래픽을 다루려면 다음과 같은 클래스를 사용해야 합니다.

- **Canvas** : 도화지 (뷰의 표면)
- **Paint** : 붓 (색, 굵기, 스타일 정의)

Canvs는 도화지이고, Paint는 붓입니다. 도화지가 있어야 그림을 그릴 수 있죠?

먼저 커스텀 뷰에 onDraw( ) 메서드를 오버라이드해 Canvas 객체를 받습니다. 여기서 원하는 그림을 그리면 됩니다. TiltView 파일에서 자동 완성을 사용하여 onDraw( ) 메서드를 오버라이드합니다.

onDraw( ) 메서드 오버라이드 (TiltView.kt)

```kotlin
class TiltView(context: Context) : View(context) {

    override fun onDraw(canvas: Canvas?) {
        // 그리기
    }
}
```

onDraw( ) 메서드는 인자로 넘어오는 Canvas 객체에 뷰의 모습을 그립니다. 예제에서 사용할 Canvas 클래스의 그리기 메서드는 다음과 같습니다.

```kotlin
// 원을 그립니다.
drawCircle(cx: Float, cy: Float. radius: Float, paint: Paint!) :
```

- **cx** : X 좌표
- **cy** : Y 좌표
- **radius** : 반지름
- **paint** : Paint 객체

```kotlin
// 선을 그립니다.
drawLine(startX: Float, startY: Float, stopX: Float, stopY: Float, paint: Paint!) :
```

- **startX** : 한 점의 X 좌표
- **startY** : 한 점의 Y 좌표
- **stopX** : 다른 점의 X 좌표
- **stopY** : 다른 점의 Y 좌표
- **paint** : Paint 객체

8.5.4 Paint 객체 초기화

그리기 메서드에는 Paint 객체가 필요합니다. Paint 객체는 다음과 같이 작성할 수 있습니다

```kotlin
import android.graphics.Paint

class TiltView(context: Context) : View(context) {
    private val greenPaint: Paint = Paint()
    private val blackPaint: Paint = Paint()

    init {
        // 녹색 페인트
        greenPaint.color = Color.GREEN                // ①

        // 검은색 테두리 페인트
        blackPaint.style = Paint.Style.STROKE         // ②
    }

    ...
}
```

Paint 객체의 color 및 style을 변경할 수 있습니다. color 프로퍼티는 검은색이 기본값이며
색을 변경하려면 ① Color 클래스에 선언된 색상들을 지정합니다. style 프로퍼티는 다음 속
성 중에서 하나를 선택합니다.

- **FILL** : 색을 채웁니다. 획 관련된 설정을 무시합니다.
- **FILL_AND_STROKE** : 획과 관련된 설정을 유지하면서 색을 채웁니다.
- **STROKE** : 획 관련 설정을 유지하여 외곽선만 그립니다.

기본값은 FILL이며 여기서는 외곽선만 그리므로 ② STROKE를 설정합니다.

8.5.5 수평계 그래픽 구상

이제 원과 직선의 조합으로 수평계를 표현하겠습니다.

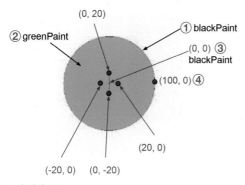

▶ 수평계 구상

① 외부 검은 선은 검은색 테두리만 칠하는 페인트로 그립니다. ③ 중점과 ④ 원의 테두리까지의 거리가 100이므로 반지름은 100입니다. 이를 코드로 나타내면 다음과 같습니다.

```
canvas?.drawCircle(0, 0, 100f, blackPaint)    // x, y, 반지름, 색
```

② 내부의 원은 녹색의 내부에 색을 꽉 채운 페인트로 ① 외부 원과 동일한 크기로 그립니다.

```
canvas?.drawCircle(0, 0, 100f, greenPaint)
```

중앙에 길이가 40인 직선 두 개를 교차하여 십자선을 표현합니다.

```
canvas?.drawLine(-20, 0, 20, 0, blackPaint)    // x1, y1, x2, y2, 색
canvas?.drawLine(0, -20, 0, 20, blackPaint)
```

이 코드들을 onDraw( ) 메서드에 작성하면 되는 거죠.

그런데 안드로이드의 좌표계는 왼쪽 상단이 (0, 0)으로 시작하여 오른쪽 하단이 기기의 (가로, 세로) 좌표입니다.

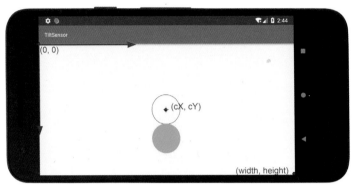

▶ 안드로이드의 좌표계

중점을 (cX, cY)라고 한다면 (width / 2, height / 2)라는 공식이 성립됩니다. 그렇다면 View의 크기를 먼저 얻어야 하는데 onSizeChanged( ) 메서드를 오버라이드합니다. 이 메서드는 다음과 같은 인잣값을 받습니다.

```
// 뷰의 크기가 변경될 때 호출됩니다.
onSizeChanged(w: Int, h: Int, oldw: Int, oldh: Int) :
```

- **w** : 변경된 가로 길이
- **h** : 변경된 세로 길이
- **oldw** : 변경 전 가로 길이
- **oldh** : 변경 전 세로 길이

다음과 같이 중점의 좌표를 구할 수 있습니다.

```
private var cX: Float = 0f
private var cY: Float = 0f

override fun onSizeChanged(w: Int, h: Int, oldw: Int, oldh: Int) {
    cX = w / 2f
    cY = h / 2f
}
```

중점 (cX, cY)를 반영한 코드는 다음과 같습니다.

코드 작성 (TiltView.kt)

```kotlin
class TiltView(context: Context) : View(context) {
    private val greenPaint: Paint = Paint()
    private val blackPaint: Paint = Paint()

    private var cX: Float = 0f
    private var cY: Float = 0f

    // ⑤
    init {
        // 녹색 페인트
        greenPaint.color = Color.GREEN

        // 검은색 테두리 페인트
        blackPaint.style = Paint.Style.STROKE
    }

    // ⑥
    override fun onSizeChanged(w: Int, h: Int, oldw: Int, oldh: Int) {
        cX = w / 2f
        cY = h / 2f
    }

    // ⑦
    override fun onDraw(canvas: Canvas?) {
        // 바깥 원
        canvas?.drawCircle(cX, cY, 100f, blackPaint)
        // 녹색 원
        canvas?.drawCircle(cX, cY, 100f, greenPaint)
        // 가운데 십자가
        canvas?.drawLine(cX - 20, cY, cX + 20, cY, blackPaint)
        canvas?.drawLine(cX, cY - 20, cX, cY + 20, blackPaint)
    }
}
```

⑤ 녹색 페인트와 검은색 테두리 페인트를 준비합니다.

⑥ 뷰의 크기가 결정되면 호출한 onSizeChanged( ) 메서드에서 중점 좌표(cX, cY)를 계산합니다.

⑦ ①과 ②에서 정한 X 좌표와 Y 좌표에 각각 cX, cY를 더합니다.

앱을 실행하면 수평계가 표시됩니다.

8.5.6 센서값을 뷰에 반영하기

이제 센서값에 따라 녹색원이 움직이도록 구현하겠습니다. 센서값인 SensorEvent를 인자로
받는 onSensorEvent() 메서드를 정의합니다.

```kotlin
센서값받기 (TiltView.kt)
private var xCoord: Float = 0f
private var yCoord: Float = 0f

// ①
fun onSensorEvent(event: SensorEvent) {
    // 화면을 가로로 돌렸으므로 X축과 Y축을 서로 바꿈      // ②
    yCoord = event.values[0] * 20
    xCoord = event.values[1] * 20

    invalidate()          // ③
}
```

① 이 메서드는 SensorEvent값을 인자로 받습니다.

② 화면의 방향을 가로 모드로 회전시켰기 때문에 X축과 Y축을 서로 바꿔야 이해하기 편합니
다. 다시 한번 기기의 방향과 축을 확인해보시죠. 여기서 센서값에 각각 20을 곱한 이유는 센
서값의 범위를 그대로 좌표로 사용하면 너무 범위가 적어서 녹색원의 움직임을 알아보기 어렵
기 때문입니다. 그래서 적당한 값을 곱해 보정하여 녹색원이 이동하는 범위를 넓혔습니다.

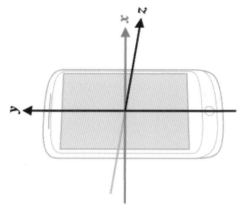

▶ 수평 측정기의 기기 방향 설정
 _출처 : https://developer.android.com/guide/topics/sensors/sensors_overview

③ invalidate( ) 메서드는 뷰의 onDraw( ) 메서드를 다시 호출하는 메서드입니다. 즉 뷰를 다시 그리게 됩니다.

그런 다음 onDraw( ) 메서드에 x축과 y축 값을 보정하여 녹색원의 위치를 결정하도록 수정합니다.

녹색원의 중점 보정 (TiltView.kt)

```kotlin
override fun onDraw(canvas: Canvas?) {
    // 바깥 원
    canvas?.drawCircle(cX, cY, 100f, blackPaint)
    // 녹색 원
    canvas?.drawCircle(xCoord + cX, yCoord + cY, 100f, greenPaint)       // ④
    // 가운데 십자가
    canvas?.drawLine(cX - 20, cY, cX + 20, cY, blackPaint)
    canvas?.drawLine(cX, cY - 20, cX, cY + 20, blackPaint)
}
```

④ 녹색 원을 그릴 때 xCoord와 yCoord 값을 X 좌표와 Y 좌표에 각각 더해주었습니다.

이제 액티비티에서 센서값이 변경될 때마다 TiltView의 onSensorEvent( ) 메서드를 호출합니다.

센서값이 변경되면 TiltView에 전달하기 (MainActivity.kt)

```kotlin
override fun onSensorChanged(event: SensorEvent?) {
    // 센서값이 변경되면 호출됨
    // values[0] : x축 값 : 위로 기울이면 -10~0, 아래로 기울이면 0~10
    // values[1] : y축 값 : 왼쪽으로 기울이면 -10~0, 오른쪽으로 기울이면  0~10
    // values[2] : z축 값 : 미사용
    event?.let {
        Log.d(TAG, "onSensorChanged: " +
            "x : ${event.values[0]}, y : ${event.values[1]}, z : ${event.values[2]}")

        tiltView.onSensorEvent(event)          // ⑤
    }
}
```

액티비티에서 센서값이 변경되면 onSensorChanged( ) 메서드가 호출되므로 여기서 ⑤ TiltView에 센서값을 전달합니다.

앱을 실행하여 수평계가 잘 작동되는지 확인합니다.

8.6 마치며

이번 장에서는 센서를 사용하는 방법과 커스텀 뷰를 작성하는 방법을 배웠습니다. 모든 센서는 다루는 방법이 비슷하기 때문에 한 번만 익혀두면 쉽게 다른 센서도 사용할 수 있습니다.

- SensorManager 객체를 사용해 센서를 사용할 수 있습니다.
- View를 상속하여 커스텀 뷰를 작성할 수 있습니다. onDraw( ) 메서드는 뷰의 모양을 그리는 메서드입니다. Canvas, Paint 같은 그래픽 API를 사용하여 뷰의 모양을 그릴 수 있습니다.

9장
전자액자

이 장에서는 기기에 저장된 사진을 자동으로 슬라이드 해주는 전자액자를 만들어봅니다.
또한 사진을 찍으면 자동으로 기기 내부에 데이터베이스를 생성하고
외부에 공개하는 방법을 알아봅니다.

9 전자액자

난이도	★★☆
프로젝트명	MyGallery
기능	• 기기에 저장된 사진을 차례대로 보여줍니다. 3초마다 자동으로 슬라이드됩니다.
핵심 구성요소	• Content Provider : 사진 정보를 얻을 때 사용합니다. • Fragment : UI의 일부를 나타냅니다. • ViewPager : 프래그먼트 여러 개를 좌우로 슬라이드하여 넘길 수 있도록 해줍니다. • FragmentStateAdapter : 페이지가 많을 때 유용한 뷰페이저(ViewPager)용 어댑터입니다. • timer : 일정 시간 간격으로 반복되는 동작할 수 있습니다. • 뷰 바인딩 : findViewById( )를 사용하지 않고 쉽게 레이아웃에 정의한 객체를 사용할 수 있는 기능
라이브러리 설정	• Coil : 사진 로딩에 특화된 라이브러리로 메모리 절약과 자연스러운 사진 로딩에 사용합니다.

9.1 해법 요약

여러 사진이 좌우로 슬라이드되고 3초마다 자동으로 슬라이드되는 전자액자 앱을 만들어야 합니다. 사진은 프래그먼트라는 UI 조각으로 구성하고 프래그먼트들을 좌우로 슬라이드할 수 있게 뷰페이저2ViewPager2를 사용합니다. 사진이미지 로딩에 Coil 라이브러리를 사용합니다. 그리고 6장에서 다뤘던 timer를 사용하여 자동으로 슬라이드되게 합니다.

구현 순서는 다음과 같습니다.

1. **준비하기** : 프로젝트 생성 및 안드로이드 설정
2. **스텝 1** : 프로바이더 사용하기
3. **스텝 2** : 전자액자 구현하기
4. **스텝 3** : 슬라이드쇼 구현하기

9.2 준비하기

프로젝트를 생성하고 뷰 바인딩을 설정합니다.

9.2.1 프로젝트 생성

다음과 같이 프로젝트를 생성합니다.

- **프로젝트명** : MyGallery
- **minSdk** : 21
- **기본 액티비티** : Empty Activity

프로젝트를 생성했다면 5.2.2절 '뷰 바인딩'을 참고하여 뷰 바인딩 설정을 추가해둡니다.

```
앱 수준의 build.gradle
android {
  ...
  buildFeatures {
     viewBinding true
  }
}
```

```
MainActivity.kt

class MainActivity : AppCompatActivity() {
  private val binding by lazy {
     ActivityMainBinding.inflate(layoutInflater)
  }

  override fun onCreate(savedInstanceState: Bundle?) {
     super.onCreate(savedInstanceState)
     setContentView(binding.root)
  }
}
```

9.3 [스텝1] 프로바이더 사용하기

사진을 찍으면 내부 저장소에 저장되고 안드로이드의 미디어 데이터베이스에도 사진 정보가 저장됩니다. 저장된 미디어 데이터는 콘텐츠 프로바이더Contents Provider를 사용해 다른 앱에 공개될수 있습니다. 콘텐츠 프로바이더란 앱의 데이터 접근을 다른 앱에 허용하는 컴포넌트입니다. 그렇다면 프로바이더를 사용해 사진 정보를 얻는 방법에 대해 알아보겠습니다.

프로바이더를 이용하여 사진 정보를 가지고 오는 순서는 크게 다음과 같습니다.

1. 사진 데이터는 외부 저장소에 저장되어 있으므로 외부 저장소 읽기 권한을 앱에 부여합니다.
2. 외부 저장소 읽기 권한은 위험 권한으로 실행 중에 사용자에게 권한을 허용하도록 합니다.
3. contentResolver 객체를 이용하여 데이터를 Cursor 객체로 가지고 옵니다.

위 순서를 기억해두고 다음 과정을 진행합니다.

1. 프로바이더로 기기의 사진 경로얻기
2. 매니페스트에 외부 저장소 읽기 권한 추가
3. 권한 확인
4. 권한 요청
5. 앱 실행

9.3.1 기기의 사진 경로얻기

프로바이더를 사용해 사진 정보를 얻으려면 contentResolver 객체를 사용해 데이터를 얻을 수 있습니다. 다음은 외부 저장소에 저장된 모든 사진을 최신순으로 정렬하여 Cursor라는 객체를 얻는 코드입니다.

```
// 모든 사진 정보 가져오기
val cursor = contentResolver.query(MediaStore.Images.Media.EXTERNAL_CONTENT_URI, // ①
    null,        // ②
    null,        // ③
    null,        // ④
    "${MediaStore.Images.ImageColumns.DATE_TAKEN} DESC")    // ⑤
```

contentResolver 객체의 query( ) 메서드는 인자 5개를 받습니다.

① 첫 번째 인자는 어떤 데이터를 가져오느냐를 URI 형태로 지정합니다. 사진 정보는 외부 저장소에 저장되어 있기 때문에 외부 저장소에 저장된 데이터를 가리키는 URI인 EXTERNAL_CONTENT_URI를 지정합니다.

② 두 번째 인자는 어떤 항목의 데이터를 가져올 것인지 String 배열로 지정합니다. 가져올 데이터의 구조를 잘 모른다면 일반적으로 null을 지정합니다. null을 지정하면 모든 항목을 가져옵니다.

③ 세 번째 인자는 데이터를 가져올 조건을 지정할 수 있습니다. 전체 데이터를 가져올 때는 null을 설정합니다.

④ 네 번째 인자는 세 번째 인자와 조합하여 조건을 지정할 때 사용합니다. 사용하지 않는다면 null을 설정합니다.

⑤ 정렬 방법을 지정합니다. 사진이 찍힌 날짜의 내림차순 정렬을 합니다.

더 복잡한 데이터 요청도 할 수 있습니다만 더 깊은 SQL 문법 지식이 필요하므로 예제에서는 이 정도로만 다루겠습니다.

MainActivity.kt 파일을 열고 모든 사진 정보를 가져오는 getAllPhotos() 메서드를 작성합니다.

모든 사진을 가져오는 코드 작성 (MainActivity.kt)

```kotlin
private fun getAllPhotos() {
    val uris = mutableListOf<Uri>()      // ⑥

    // 모든 사진 정보 가져오기
    contentResolver.query(
        MediaStore.Images.Media.EXTERNAL_CONTENT_URI,
        null,
        null,
        null,
        "${MediaStore.Images.ImageColumns.DATE_TAKEN} DESC" // 찍은 날짜 내림차순
    )?.use { cursor ->                    // ⑦
        while (cursor.moveToNext()) {        // ⑧
            // ⑨ 사진 정보 id
            val id = cursor.getLong(cursor.getColumnIndexOrThrow(MediaStore.Images.
Media._ID))
            // ⑩ Uri 얻기
            val contentUri = ContentUris.withAppendedId(
                MediaStore.Images.Media.EXTERNAL_CONTENT_URI,
                id
            )
```

```
      // ⑪ 사진의 Uri들 리스트에 담기
      uris.add(contentUri)
   }
  }
  Log.d("MainActivity", "getAllPhotos: $uris")  // ⑫
```

URI는 안드로이드 기기 내부의 데이터를 표현하는 방법입니다. 우리가 잘 알고 있는 URL도 URI에 포함되어 있지요. 안드로이드 기기의 사진 정보는 이를 표현한 Uri 클래스로 표현합니다. ⑥ 모든 사진 정보를 담을 리스트를 준비합니다. mutableListOf( ) 함수는 수정 가능한 리스트를 생성하는 함수입니다.

콘텐츠 프로바이더로 얻은 모든 사진 정보 Cursor 객체는 사용을 마치면 반드시 close( ) 메서드로 닫아야 합니다. 만약 닫지 않으면 메모리 누수memory leak가 발생합니다.

> **메모리 누수**
>
> 메모리 누수란 메모리가 해제되지 않는 상황이 지속되는 것을 말합니다. 메모리 누수가 쌓이면 잘 동작하던 폰이 느려지고 앱이 죽을 수 있습니다.

Cursor는 Closeable 인터페이스를 상속한 인터페이스입니다. Closeable 인터페이스는 close ( ) 메서드를 가지고 있습니다. Closeable 인터페이스를 구현하고 있는 객체에 ⑦ use( ) 확장 함수를 사용하면 사용이 끝나고 자동으로 close( ) 메서드를 호출해 주기 때문에 유용합니다.

⑧ 사진 정보를 담고 있는 Cursor 객체는 내부적으로 데이터를 이동하는 포인터를 가지고 있어서 moveToNext( ) 메서드로 다음 정보로 이동하고 그 결과를 true로 반환합니다. while 문을 사용하면 모든 데이터를 순회할 수 있습니다. 만약 사진이 없다면 Cursor 객체는 null입니다.

⑨ 사진은 고유한 URI를 가지고 있고 이것으로 사진을 불러올 수 있습니다. 사진의 URI는 절대적인 경로가 아닌 안드로이드 내부에서 식별하기 위한 별도의 규칙에 의해 정의된 값입니다. 이 URI를 얻기 위해서 미디어를 가리키는 URI인 MediaStore.Images.Media.EXTERNAL_CONTENT_URI 에 사진이 저장된 DB의 id를 붙이는 형태의 URI를 얻어야 합니다. ⑩ ContentUris 클래스를 사용하면 이러한 URI 결합을 쉽게 할 수 있습니다.

⑪ 사진 정보인 Uri들은 리스트에 담아둡니다.

⑫ 마지막으로 로그를 출력하여 확인합니다.

사진 정보를 얻기 위해서는 기기에서 카메라 앱으로 미리 찍어놔야 합니다.

getAllPhotos( ) 메서드를 onCreate( ) 메서드에서 호출해도 사진 정보는 얻을 수가 없습니다. 사진 정보에 접근하기 위해서는 외부 저장소 읽기 권한이 필요하기 때문입니다.

9.3.2 매니페스트에 외부 저장소 읽기 권한 추가

매니페스트AndroidManifest.xml 파일을 열고 READ_EXTERNAL_STORAGE 외부 저장소 읽기 권한을 앱에 추가합니다.

```xml
<manifest xmlns:android="http://schemas.android.com/apk/res/android"
    package="com.example.mygallery">

    <uses-permission android:name="android.permission.READ_EXTERNAL_STORAGE" />

    <application
        ...
    </application>

</manifest>
```

안드로이드 6.0API 23부터 모든 앱은 외부에서 리소스 또는 정보를 사용하는 경우 앱에서 사용자에게 권한을 요청해야 합니다. 매니페스트에 권한을 나열하고 앱을 실행 중에 사용자에게 각 권한을 승인받으면 됩니다.

안드로이드 시스템에 의해서 권한은 '정상normal' 권한과 '위험dangerous' 권한으로 분류됩니다. 예를 들어 7.4.1절 '인터넷 권한 설정'에서 사용한 인터넷 액세스 권한은 매니페스트에 권한을 추가하면 권한이 부여되는 정상 권한입니다. 그리고 이 예제에서 다루는 외부 저장소 읽기 권한은 위험 권한입니다. 위험 권한은 실행 중에 사용자에게 권한을 요청해야 합니다.

다음은 자주 쓰는 위험 권한 중 일부입니다.

권한 그룹	권한
STORAGE	• READ_EXTERNAL_STORAGE • WRITE_EXTERNAL_STORAGE
LOCATION	• ACCESS_FINE_LOCATION • ACCESS_COARSE_LOCATION
SMS	• SEND_SMS • RECEIVE_SMS
CAMERA	• CAMERA

▶ 자주 쓰는 위험 권한

9.3.3 권한 확인

실행 중에 위험 권한이 필요한 작업을 수행할 때마다 권한이 있는지 확인해야 합니다. 권한은 사용자가 앱 설정에서 언제든지 취소할 수 있기 때문입니다. 예를 들어 어제 저장소 읽기 권한이 있었더라도 오늘도 권한이 있다고 가정할 수는 없습니다.

권한이 있는지 확인하려면 ContextCompat.checkSelfPermission( ) 메서드를 사용합니다. 다음 코드는 앱이 외부 저장소 읽기 권한이 있는지 확인합니다.

```
if (ContextCompat.checkSelfPermission(this, Manifest.permission.READ_EXTERNAL_STORAGE)
        != PackageManager.PERMISSION_GRANTED) {
    // 권한이 허용되지 않음
}
```

앱에 권한이 있으면 PERMISSION_GRANTED가 반환되고, 없다면 PERMISSION_DENIED가 반환됩니다. 이때 사용자에게 명시적으로 권한을 요청해야 합니다.

여기서 Manifest 클래스는 여러 패키지에 존재하는데 코드 작성 중 어느 것을 임포트할지 물어보면 android를 임포트합니다.

```
if (ContextCompat.checkSelfPermission( context: this,
            Manifest.permission.READ_EXTERNAL_STORAGE) != PackageManager.PERMISSION_GRANTED) {
    // 권한이
    if (Act    © ⓑ Manifest (java.util.jar)
        //     © ⓑ Manifest (android)                                    anifest.permission.READ
        ale    © ⓑ ManifestParser (com.bumptech.glide.module)
               ^↓ and ^↑ will move caret down and up in the editor >>         title: "권한이 필요한 이유") { t
```

▶ android 패키지의 Manifest 임포트

만약 위 화면을 놓쳤다면 Manifest가 빨간색으로 표시될 때 Manifest 글자에 커서를 두면 임포트 툴팁이 표시됩니다. 여기서 단축키 `Alt` + `Enter` ⌥ + return 를 클릭하면 임포트할 패키지를 선택할 수 있습니다.

```
? android.Manifest? (multiple choices...) ⌘1
    if (ContextCompat.checkSelfPermission( context: this,
                    Manifest.permission.READ_EXTERNAL_STORAGE)
```

▶ 임포트할 클래스가 여러 개일 경우 툴팁

일반적인 경우에는 자동으로 임포트가 되지만 같은 이름의 클래스가 여러 개인 경우에는 이렇게 사용자가 임포트할 패키지를 선택합니다. 만약 실수로 잘못된 패키지를 선택한 경우에는 해당 임포트문을 삭제하고 다시 진행합니다.

9.3.4 권한 요청

MainActivity 파일을 열고 onCreate( ) 메서드에 권한을 요청하는 코드를 다음과 같이 작성합니다.

권한 요청 로직 작성 (MainActivity.kt)

```kotlin
// 권한 요청에 대한 처리를 하는 객체
private val requestPermissionLauncher =
    registerForActivityResult(ActivityResultContracts.RequestPermission()) {
        // 권한 요청에 대한 처리를 작성하는 부분
    }

override fun onCreate(savedInstanceState: Bundle?) {
    super.onCreate(savedInstanceState)
    setContentView(binding.root)

    // 권한이 부여되었는지 확인 ①
    if (
        ActivityCompat.checkSelfPermission(
            this,
            Manifest.permission.READ_EXTERNAL_STORAGE
        ) != PackageManager.PERMISSION_GRANTED
    ) {
        // 이전에 권한이 허용되지 않음 ②
        if (ActivityCompat.shouldShowRequestPermissionRationale(
```

```
            this,
            Manifest.permission.READ_EXTERNAL_STORAGE
        )
    ) {
        // 이전에 이미 권한이 거부되었을 때 설명 ③
        AlertDialog.Builder(this).apply {
            setTitle("권한이 필요한 이유")
            setMessage("사진 정보를 얻으려면 외부 저장소 권한이 필요합니다.")
            setPositiveButton("권한 요청") { _, _ ->
                // 권한 요청
                requestPermissionLauncher.launch(Manifest.permission.READ_EXTERNAL_
STORAGE)
            }
            setNegativeButton("거부", null)
        }.show()
    } else {
        // 권한 요청 ④
        requestPermissionLauncher.launch(Manifest.permission.READ_EXTERNAL_STORAGE)
    }
    return
}
// 권한이 이미 허용됨
getAllPhotos()
}
```

액티비티가 시작되면 먼저 ① 앱에 권한이 부여되었는지를 확인합니다.

어떤 경우에는 사용자에게 권한이 왜 필요한지 알려줄 필요가 있습니다. 그렇지만 항상 권한에
대한 설명을 주저리주저리 한다면 사용하기 불편합니다. 사용자가 한 번 권한을 거부한 적이
있을 때만 설명을 하는 것이 좋습니다.

② shoudShowRequestPermissionRationale( ) 메서드는 사용자가 전에 권한 요청을 거부
했는지를 반환합니다. true를 반환하면 거부를 한 적이 있는 겁니다.

만약 사용자가 전에 권한 부여를 거부했다면 ③ 권한이 왜 필요한지에 대해서 별도의 메시지를
표시하고 다시 권한을 요청할 수 있습니다.

만약 권한이 부여되지 않았다면 ④ requestPermissionLauncher 객체를 통해 외부 저장소 읽기 권한을 요청합니다. requestPermissionLauncher 객체는 권한이 요청되면 어떤 처리를 해야할 지 로직을 작성해 두는 객체입니다. registerForActivityResult( ) 함수에 RequestPermissions( ) 객체를 지정하면 됩니다.

9.3.5 사용 권한 요청 응답 처리

사용자가 권한을 요청하면 권한이 부여되었는지 확인하고 처리하는 코드는 registerForActivityResult( ) 함수를 활용합니다. 인자로 RequestPermission( ) 객체를 전달하면 권한에 대한 처리를 할 수 있습니다. 응답 결과를 확인하여 사진 정보를 가져오거나 권한이 거부됐다는 토스트 메시지를 표시하는 코드를 다음과 같이 작성합니다.

권한 요청에 대한 결과 처리 (MainActivity.kt)

```kotlin
private val requestPermissionLauncher =
  registerForActivityResult(ActivityResultContracts.RequestPermission()) { isGranted ->
    if (isGranted) {
      // 권한 허용됨
      getAllPhotos()
    } else {
      // 권한 거부
      Toast.makeText(this, "권한 거부 됨", Toast.LENGTH_SHORT).show()
    }
  }
```

isGranted 변수에는 요청한 권한의 결과가 전달됩니다. 권한이 허용되면 사진을 가져오고 거부되었다면 토스트 메시지를 표시합니다.

9.3.6 앱 실행

앱을 실행해보면 권한을 요청하는 화면이 표시됩니다. 먼저 권한 ① '거부'를 클릭합니다. 권한이 거부되어 사진이 표시되지 않습니다. 앱을 종료하고 다시 실행합니다. 전에 거부를 했기 때문에 권한이 필요한 이유가 표시됩니다. ② '확인'을 클릭하면 다시 권한을 묻는 화면이 표시됩니다. ③ '허용'을 클릭합니다.

▶ 권한 요청

안드로이드 스튜디오의 ④ Logcat 탭을 클릭하고 ⑤ MainActivity 태그를 필터링하여 사진의 URI가 표시되면 성공입니다(단, 기기에 사진이 한 장도 없다면 아무것도 표시되지 않습니다).

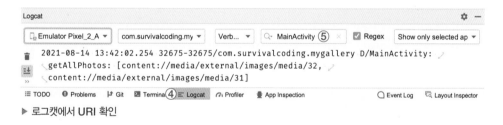

▶ 로그캣에서 URI 확인

URI는 content://media/external/images/midea/[아이디] 형태로 표현됩니다.

9.4 [스텝 2] 전자액자 구현하기

전자액자 앱은 여러 화면이 좌우로 슬라이드되는 구조입니다. 화면은 프래그먼트라는 UI 구성 요소로 작성하고 ViewPager2를 사용하여 좌우 슬라이드를 구현합니다. 이때 사진 로딩 시 메모리를 관리하고 성능을 향상시키는 데 Coil 라이브러리를 사용합니다.

다루는 순서는 다음과 같습니다.

1. 화면을 표시하는 프래그먼트 생성
2. 이미지 로딩에 Coil 라이브러리 사용
3. 화면 슬라이드를 구현하는 ViewPager2와 FragmentStateAdapter 작성

9.4.1 프래그먼트의 기초

프래그먼트Fragment란 사용자 인터페이스의 모음입니다. 프래그먼트 여러 개를 조합하여 액티비티 하나를 구성할 수 있고 한 번 작성한 프래그먼트는 재사용할 수 있습니다.

◀ 액티비티

▶ 여러 프래그먼트의 조합 예

프래그먼트는 액티비티처럼 독자적인 생명주기를 가지고 있습니다. 다음 그림은 프래그먼트의 생명주기를 나타냅니다. 액티비티에 비해서 훨씬 많은 생명주기 콜백 메서드가 있는데 모두 다 알 필요는 없습니다. 주로 프래그먼트에 표시할 뷰를 레이아웃 파일로부터 읽어오는 부분은 ② onCreateView( ) 메서드입니다. 액티비티의 onCreate( ) 부분이라고 생각해도 됩니다. 그런데 ① onCreate( ) 메서드도 존재하네요. 프래그먼트를 생성할 때 인자가 함께 넘어온다면 주로 ① onCreate( ) 메서드에서 받아서 변수에 담습니다. ② onCreateView( ) 메서드에서 완성된 레이아웃 뷰는 생명주기에는 포함되지 않는 ③ onViewCreated( ) 메서드로 전달되며 이쪽에서 뷰가 완성된 이후에 이벤트 처리 등을 수행합니다.

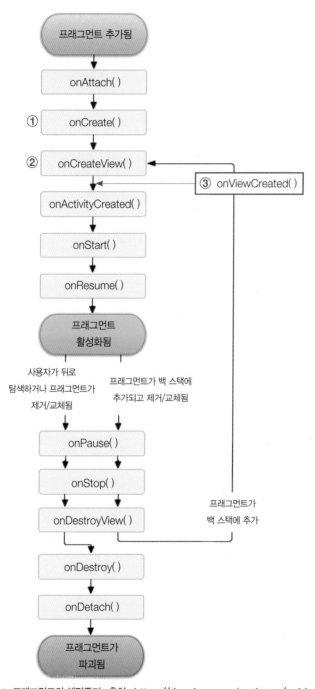

▶ 프래그먼트의 생명주기 _출처 : https://developer.android.com/guido/fragments

예제에서는 주로 onCraete( ), onCreateView( ), onViewCreated( ) 세 가지 콜백 메서드를 사용합니다. 나머지는 언제 호출되고 어떤 작업을 하는지 간단하게 언급하고 넘어가도록 하겠습니다. 참고로 예제에서는 대부분 사용하지 않습니다.

- **onAttach( )** : 액티비티에 붙을 때 호출됩니다. 이때 부터 액티비티의 참조를 사용할 수 있습니다.
- **onCreate( )** : 프래그먼트가 생성될 때 호출됩니다. 아직 레이아웃은 완성되기 전입니다.
- **onCreateView( )** : 레이아웃을 생성하기 전에 호출됩니다. 완성된 뷰를 반환하게 되는데 아직 레이아웃은 완성되기 전입니다.
- **onActivityCreated( )** : 액티비티의 onCreate( ) 메서드가 수행된 직후에 호출됩니다.
- **onStart( )** : 프래그먼트가 사용자에게 보여질 때 호출됩니다.
- **onResume( )** : 사용자와 상호작용하기 시작합니다.
- **onPause( )** : 프래그먼트가 일시 중지이거나 더 이상 사용자와 상호작용하지 않습니다.
- **onStop( )** : 프래그먼트가 중지되었습니다.
- **onDestroyView( )** : 프래그먼트가 해당 자원을 정리할 수 있도록 합니다.
- **onDestroy( )** : 프래그먼트가 파괴될 때 호출됩니다.
- **onDetach( )** : 프래그먼트가 액티비티에서 완전히 제거될 때 호출됩니다.

9.4.2 프래그먼트 생성

프로젝트 창에서 패키지를 클릭 후 우클릭 또는 안드로이드 스튜디오 상단 메뉴에서 File → New → Fragment → Fragment (Blank)를 클릭합니다.

새로운 프래그먼트를 작성하는 화면이 표시됩니다. 프래그먼트 이름을 ① PhotoFragment로 지정합니다. 레이아웃 이름은 자동으로 fragment_photo로 변경됩니다. ② 소스 코드 종류는 Kotiln을 선택합니다. ③ Finish를 클릭합니다.

New Android Component

Fragment (Blank)

Creates a blank fragment that is compatible back to API level 16

Fragment Name

① PhotoFragment

Fragment Layout Name

fragment_photo

Source Language

② Kotlin

Cancel Previous Next ③ Finish

▶ 새로운 프래그먼트 작성

다음과 같은 두 파일이 생성됩니다.

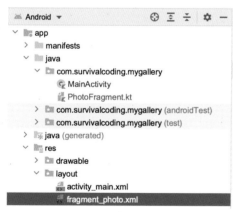

▶ 생성된 파일

9.4.3 프래그먼트의 레이아웃 수정

프래그먼트도 액티비티처럼 일반적으로 하나의 클래스와 XML 레이아웃 파일로 구성됩니다. PhotoFragment는 하나의 사진을 꽉 차게 보여주는 프래그먼트입니다. 자동 생성된 fragment_photo.xml 파일은 FrameLayout 안에 텍스트 뷰가 하나 배치되어 있습니다. FrameLayout을 ConstraintLayout으로 변경하고 이미지 뷰를 화면에 꽉 채우도록 하겠습니다.

fragment_photo.xml 파일을 열고 컴포넌트 트리 창을 보면 루트 레이아웃인 ① FrameLayout이 보입니다. 안드로이드 스튜디오에서는 기존 레이아웃LinearLayout, RelativeLayout, FrameLayout 등을 ConstraintLayout으로 변환하는 방법을 제공합니다.

① FrameLayout을 클릭하고 마우스 우클릭을 하면 표시되는 메뉴 중에서 ② Convert FrameLayout to ConstraintLayout을 클릭하여 레이아웃을 ConstraintLayout으로 변환합니다.

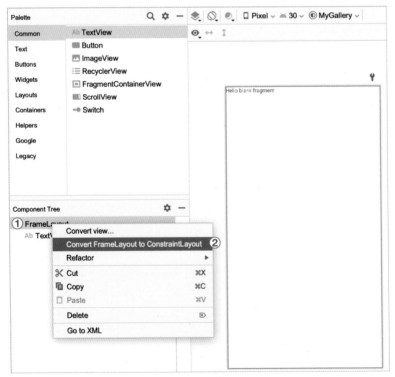

▶ FrameLayout을 ConstraintLayout으로 변환

옵션을 선택하는 화면이 표시되면 ③ 기본값 그대로 ④ OK를 클릭합니다.

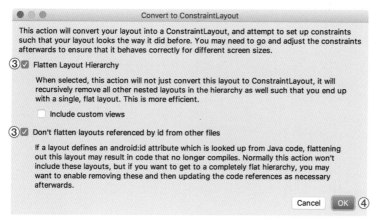

▶ 옵션 선택 화면

그러면 ConstraintLayout으로 변환됩니다. 아직 컴포넌트 트리에는 frameLayout이라고 표시되는데 ID가 frameLayout으로 지정되어 있기 때문입니다.

예제에서는 레이아웃의 ID를 사용하지 않습니다. 컴포넌트 트리 창에서 ⑤ frameLayout을 클릭하고 속성 창에서 ID값을 ⑥ 지우고 **Enter**를 누릅니다.

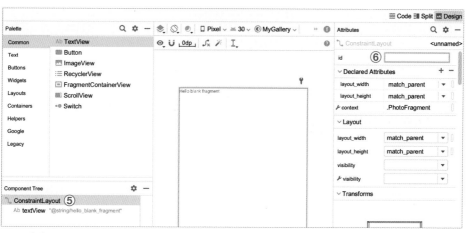

▶ ID 삭제

컴포넌트 트리 창에서 ⑦ textView를 클릭하고 마우스를 우클릭해서 메뉴를 표시합니다. ⑧ Delete 항목을 클릭하여 삭제합니다.

▶ textView 삭제

이제 이미지 뷰를 배치하겠습니다. ⑨ Autoconnect 모드와 여백이 ⑩ 0dp인지 확인합니다. 팔레트 창의 Common 카테고리에서 ⑪ ImageView를 선택하고 드래그하여 ⑫ 화면 중앙에 배치합니다.

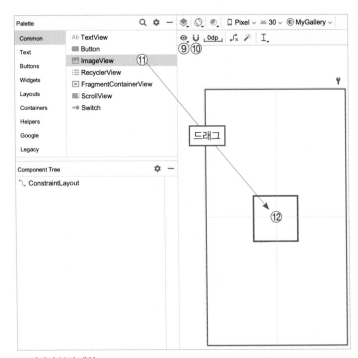

▶ 이미지 뷰의 배치

이미지 리소스를 선택하는 화면이 표시됩니다. 이번에는 이미지 뷰에 샘플 이미지를 표시하겠습니다. 샘플 이미지는 디자인하는 동안에만 표시되고 실제로는 적용되지 않습니다.

⑬ Drawable에서 ⑭ Sample data의 ⑮ avatars를 선택하고 ⑯ OK를 클릭합니다. 여기서 설정하는 이미지는 미리보기용이므로 Sample data가 아닌 원하는 이미지를 선택해도 무방합니다.

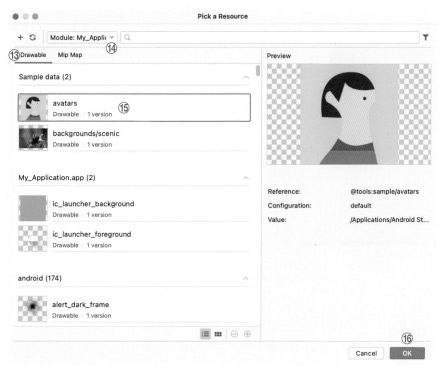

▶ 샘플 이미지 선택

이미지 뷰의 속성을 다음과 같이 설정합니다. ⑰ 검색창에서 찾을 속성을 검색하고, ⑱ 변경할 속성의 값을 ⑲ 수정합니다.

ID : imageView
layout_width : 0dp
layout_height : 0dp
scaleType : conterCrop

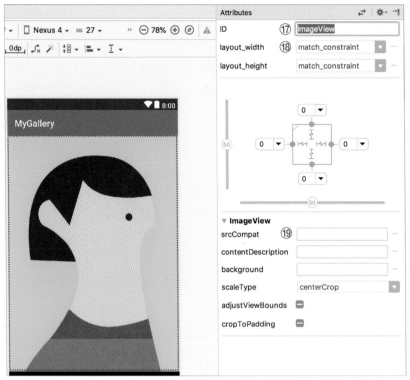

▶ 이미지 뷰의 속성 설정

9.4.4 Coil 라이브러리 사용 준비

사진의 정보URI를 얻었으므로 이를 활용하여 Bitmap 객체를 얻을 수 있습니다. Bitmap은 이미지를 표현하는 가장 기본적인 객체입니다. ImageView의 setImageBitmapI( ) 메서드를 사용해서 이미지 뷰에 표시할 수 있습니다.

```
imageView.setImageBitmat(bitmap)
```

하지만 이미지를 표시할 때는 이 메서드보다 Coil 라이브러리를 사용하는 방법을 추천합니다. Coil 라이브러리는 100% 코틀린 코드로 작성되어 코틀린 프로젝트와 잘 어울리며, 미사용 리소스를 자동으로 해제하고 메모리를 효율적으로 관리해주기 때문입니다. 그리고 이미지를 비동기로 로딩하여 UI의 끊김이 없습니다.

Coil 라이브러리를 사용하려면 build.gradle 파일에 의존성을 추가해야 합니다.

```
dependencies {
  // Coil
  implementation 'io.coil-kt:coil:1.3.2'
}
```

build.gradle 파일을 수정했다면 Sync Now 링크를 클릭하여 싱크합니다.

잠시 후 build.gradle 파일에 Coil 라이브러리 의존성이 추가되고 싱크를 합니다.

9.4.5 프래그먼트에 사진 표시하기

PhotoFragment.kt 파일을 열고 기본 코드를 다음과 같이 수정합니다.

```
private const val ARG_URI = "uri"   // ①

class PhotoFragment : Fragment() {
  private lateinit var uri: Uri
  override fun onCreate(savedInstanceState: Bundle?) {
      super.onCreate(savedInstanceState)
      // ③
      arguments?.getParcelable<Uri>(ARG_URI)?.let {
        uri = it
      }
  }

  override fun onCreateView(inflater: LayoutInflater, container: ViewGroup?,
                    savedInstanceState: Bundle?): View? {
      // ④
      return inflater.inflate(R.layout.fragment_photo, container, false)
  }

  // ②
  companion object {
      @JvmStatic
      fun newInstance(uri: String) =
          PhotoFragment().apply {
              arguments = Bundle().apply {
```

```
                putString(ARG_URI, uri)
            }
        }
    }
}
```

① 클래스 선언 밖에 const 키워드를 사용하여 상수를 정의하면 컴파일 시간에 결정되는 상수가 되고 이 파일 내에서 어디서든 사용할 수 있습니다. 컴파일 시간 상수의 초기화는 String 또는 프리미티브형(Int, Long, Double 등 기본형)으로만 초기화할 수 있습니다.

② newInstance( ) 메서드를 이용하여 프래그먼트를 생성할 수 있고 인자로 uri값을 전달합니다. 이 값은 Bundle 객체에 ARG_URI 키로 저장되고 arguments 프로퍼티에 저장됩니다.

③ 프래그먼트가 생성되면 onCreate( ) 메서드가 호출되고 ARG_URI 키에 저장된 uri값을 얻어서 변수에 저장합니다. Uri 객체는 안드로이드에서 데이터 전달시 활용되는 Parcelable 인터페이스를 구현한 객체입니다. 따라서 전달받은 Uri 객체는 getParcelable( ) 메서드로 얻을 수 있습니다.

④ onCreateView( ) 메서드에서는 프래그먼트에 표시될 뷰를 생성합니다. 액티비티가 아닌 곳에서 레이아웃 리소스를 가지고 오려면 LayoutInflater 객체의 inflate( ) 메서드를 사용합니다. R.layout.fragment_photo 레이아웃 파일을 가지고 와서 반환합니다. 기본 코드를 그대로 두면 됩니다.

이제 뷰가 완성된 직후에 호출되는 onViewCreated( ) 메서드를 오버라이드하고 Coil 라이브러리로 사진을 이미지 뷰에 표시하겠습니다.

```
// 뷰가 생성된 직후에 호출됩니다.
onViewCreated(view: View, savedInstanceState: Bundle?) :
```

- **view** : 생성된 뷰
- **savedInstanceState** : 상태를 저장하는 객체

다음과 같이 코드를 추가합니다. 프래그먼트가 생성되면서 imageView에 uri 경로에 있는 사진을 로딩하는 코드입니다.

사진을 이미지 뷰에 표시하기 (PhotoFragment.kt)

```kotlin
private const val ARG_URI = "uri"

class PhotoFragment : Fragment() {
  private lateinit var uri: Uri

  override fun onCreate(savedInstanceState: Bundle?) {
      super.onCreate(savedInstanceState)
      arguments?.getParcelable<Uri>(ARG_URI)?.let {
        uri = it
    }

  }

  override fun onCreateView(inflater: LayoutInflater, container: ViewGroup?,
                      savedInstanceState: Bundle?): View? {
      return inflater.inflate(R.layout.fragment_photo, container, false)
  }

  override fun onViewCreated(view: View, savedInstanceState: Bundle?) {
      super.onViewCreated(view, savedInstanceState)

      // ⑤
      val imageView = view.findViewById<ImageView>(R.id.imageView)
      // ⑥
      val descriptor = requireContext().contentResolver.openFileDescriptor(uri, "r")
      descriptor?.use {  // use 함수는 자동으로 close 해 줌
        val bitmap =
BitmapFactory.decodeFileDescriptor(descriptor.fileDescriptor)
        imageView.load(bitmap)
    }

  }

  companion object {
      @JvmStatic
      fun newInstance(uri: String) =
            PhotoFragment().apply {
                arguments = Bundle().apply {
```

```
                putString(ARG_URI, uri)
            }
        }
    }
}
```

프래그먼트는 뷰 바인딩을 사용하면 메모리 해제도 고려해야 하기 때문에 오히려 코드가 더 복잡해 집니다. 이 프래그먼트에는 이미지뷰 하나만 사용하는 간단한 레이아웃이므로 ⑤ ViewBinding을 사용하지 않고 전통적인 방식인 findViewById() 메서드를 사용해서 ImageView 객체의 인스턴스를 얻고 있습니다.

⑥ 프래그먼트에서 콘텐츠 프로바이더에 접근하려면 컨텍스트가 필요합니다. requireContent() 메서드로 얻을 수 있습니다. contentResolver 객체로부터 openFileDescriptor() 메서드를 사용하면 ParcelFileDescriptor 객체(descriptor)를 얻을 수 있습니다. 이 객체를 통해서 BitmapFactory.decodeFileDescriptor() 메서드를 통해 Bitmap 객체를 얻습니다. Bitmap 객체는 Coil 라이브러리를 사용하여 이미지를 부드럽게 로딩합니다.

이미지를 빠르고 부드럽게 로딩하고 메모리 관리까지 자동으로 하고 싶다면 Coil을 사용하세요. 코드는 같은 한 줄이지만 성능이 매우 향상됩니다.

9.4.6 액티비티에 ViewPager2 추가

뷰페이저2(ViewPager2)는 여러 프래그먼트들을 좌우로 슬라이드하는 뷰입니다. ViewPager2는 기존 ViewPager의 문제점을 해결하고 무엇보다 계속해서 버그 수정과 지원이 되고 있습니다. 뷰페이저를 사용하려면 데이터, 어댑터, 뷰 세 가지가 필요한 어댑터 패턴을 구현해야 합니다. 세 가지 개념에 해당하는 것은 각각 다음과 같습니다.

- **데이터** : 프래그먼트 (화면)
- **어댑터** : 프래그먼트를 어느 화면에 표시할 것인지 관리하는 객체
- **뷰** : 뷰페이저

먼저 액티비티의 레이아웃에 ViewPager2를 추가합시다.

activity_main.xml 파일을 열고 기본으로 배치된 텍스트 뷰를 삭제하고 팔레트 창에서 Containers 카테고리의 ① ViewPager2를 선택하여 ② 화면 중앙으로 드래그합니다.

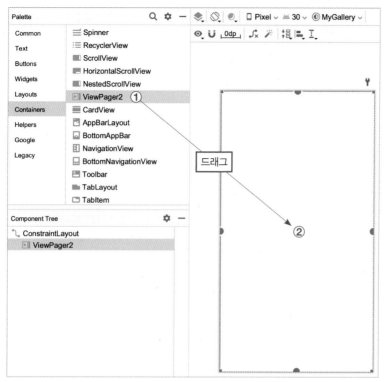

▶ ViewPager 추가

ViewPager2의 속성을 다음과 같이 설정합니다.

③ **ID :** viewPager

④ **layout_width :** 0dp(match_constraint)

⑤ **layout_height :** 0dp(match_constraint)

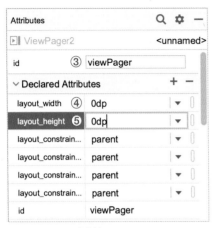

▶ ViewPager의 속성

9.4.7 PagerAdapter 작성

뷰페이저에 표시할 내용을 정의하려면 어댑터가 필요합니다. 어댑터는 아이템의 목록 정보를 가진 객체입니다. FragmentStateAdapter 클래스를 상속하여 나만의 어댑터를 정의할 수 있습니다. 이 클래스에는 화면의 갯수와 각 위치에 표시할 프래그먼트 생성 방법을 정의합니다.

먼저 새로운 클래스를 작성합니다. 프로젝트 창에서 우클릭 또는 안드로이드 스튜디오 상단 메뉴의 File → New → Kotlin File/Class를 클릭합니다. 새로운 파일을 작성하는 화면이 표시됩니다. 파일 이름을 ① MyPagerAdapter로 지정하고, 종류를 ② Class로 선택하고 OK를 클릭합니다.

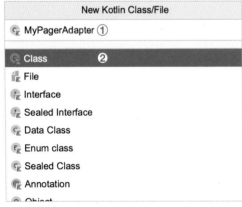

▶ 새로운 파일 생성

MyPagerAdapter.kt 파일이 열리면 ③ FragmentStateAdapter 클래스를 상속받습니다.
'( )'를 입력하지 않은 상태에서 빨간 줄이 생기면 FragmentStateAdapter 쪽에 커서를 두고
단축키 Alt + Enter ⌥+return 를 누르면 다음과 같이 몇 가지 제안이 표시됩니다. 슈퍼 클래스의
생성자를 추가하는 ④ Add constructor parameters from Adapter(FragmentManager,
Lifecycle)를 클릭합니다.

▶ FragmentStateAdapter의 상속

생성자 파라미터가 추가되고 다시 빨간 줄이 표시되는 ⑤ 클래스 이름에 커서를 두고 단축키
Alt + Enter ⌥+return 를 누릅니다. 다음과 같이 몇 가지 제안이 표시됩니다. 미구현된 멤버를
구현하는 ⑥ Implement members를 클릭합니다.

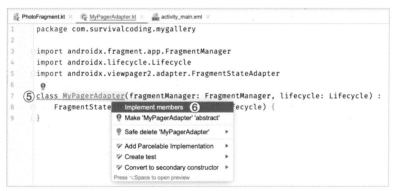

▶ 미구현 멤버 구현

단축키 Ctrl + A ⌘+A 를 클릭하여 ⑦ 모든 메서드를 선택하고 ⑧ OK를 클릭합니다.

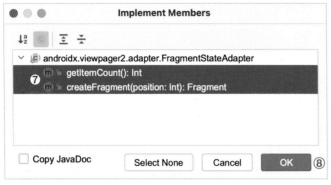

▶ 모든 메서드 구현

자동으로 생성된 코드를 다음과 같이 수정합니다.

코드 추가 (MyPagerAdatper.kt)

```kotlin
class MyPagerAdapter(fragmentManager: FragmentManager, lifecycle: Lifecycle) :
    FragmentStateAdapter(fragmentManager, lifecycle) {

    // 뷰페이저가 표시할 프래그먼트 목록 ⑨
    var uris = mutableListOf<Uri>()

    // 표시할 프래그먼트의 개수 ⑩
    override fun getItemCount(): Int {
        return uris.size
    }

    // position 위치의 프래그먼트 ⑪
    override fun createFragment(position: Int): Fragment {
        return PhotoFragment.newInstance(uris[position])
    }
}
```

⑨ 어댑터가 프래그먼트의 목록을 리스트로 가지도록 합니다. 외부에서 추가할 수 있도록 var
로 선언하였습니다.

⑩ createFragment( ) 메서드에는 position 위치에 어떤 프래그먼트를 표시할지를 정의해줍
니다.

⑪ getItemCount( ) 메서드에는 아이템^{프래그먼트} 개수를 정의해줍니다.

9.4.8 전자액자 완성

이제 모든 준비가 끝났습니다. 액티비티에 지금까지 준비한 프래그먼트, 뷰페이저와 페이저 어댑터, 프로바이더로 가져오는 사진 정보를 조합하여 앱을 완성합시다.

MainActivity.kt 파일을 열고 getAllPhotos( ) 메서드를 수정합니다.

getAllPhotos 메서드 수정 (MainActivity.kt)

```kotlin
private fun getAllPhotos() {
    val uris = mutableListOf<Uri>()

    // 모든 사진 정보 가져오기
    contentResolver.query(
        MediaStore.Images.Media.EXTERNAL_CONTENT_URI,
        null,
        null,
        null,
        "${MediaStore.Images.ImageColumns.DATE_TAKEN} DESC" // 찍은 날짜 내림차순
    )?.use { cursor ->
        while (cursor.moveToNext()) {
            // 사진 정보 id
            val id =
cursor.getLong(cursor.getColumnIndexOrThrow(MediaStore.Images.Media._ID))
            // Uri 얻기
            val contentUri = ContentUris.withAppendedId(
                MediaStore.Images.Media.EXTERNAL_CONTENT_URI,
                id
            )

            // 사진의 Uri들 리스트에 담기
            uris.add(contentUri)
        }
    }

    Log.d("MainActivity", "getAllPhotos: $uris")

    // ViewPager2 어댑터 연결
    val adapter = MyPagerAdapter(supportFragmentManager, lifecycle)
    adapter.uris = uris

    binding.viewPager.adapter = adapter
}
```

MyPagerAdapter를 생성할 때 프래그먼트 매니저와 Lifecycle를 생성자의 인자로 전달해야 합니다. 각각 프래그먼트 관리에 필요한 객체, 생명주기 관련 객체입니다. 이 책에서 각 객체에 대해 자세히 다루지는 않습니다. 어댑터 생성에 두 객체가 필요하다는 것과 그것들을 어떻게 얻어서 넘겨주는지에 초점을 둡니다. 프래그먼트 매니저는 getSupportFragmentManager( ) 메서드로 가져올 수 있고 코틀린에서는 supportFragmentManager 프로퍼티로 접근할 수 있습니다. 마찬가지로 getLifecycle( ) 메서드에 해당하는 lifecycle 프로퍼티를 지정하여 어댑터를 생성합니다. 어댑터의 uris에 사진 정보들을 연결해 주고 viewPager의 어댑터로 설정합니다.

앱을 실행합니다. 사진이 표시되고 좌우로 슬라이드했을 때 다음 사진으로 넘어가면 성공입니다.

9.5 [스텝 3] 슬라이드쇼 구현하기

마지막으로 사진이 3초마다 자동으로 슬라이드되는 기능을 추가하겠습니다. 바로 6장 스톱워치에서 사용했던 timer를 다시 한 번 사용하겠습니다.

구현하는 내용은 다음과 같습니다.

1. timer로 3초마다 코드 실행하기
2. runOnUiThread로 timer 내부에서 UI 조작하기

9.5.1 timer를 사용하여 자동 슬라이드쇼 구현하기

timer의 자세한 내용은 6.4.1절 'timer 사용 방법'을 참고하기 바랍니다. MainActivity 파일의 getAllPhotos( ) 메서드의 마지막에 다음 코드를 추가합니다.

```
타이머 코드 추가 (MainActivity.kt)
private fun getAllPhotos() {
  ...


  // 3초마다 자동 슬라이드
  timer(period = 3000) {                    // ①
```

```
    runOnUiThread {                              // ②
        if (viewPager.currentItem < adapter.count - 1) {           // ③
            viewPager.currentItem = viewPager.currentItem + 1      // ④
        } else {
            viewPager.currentItem = 0      // ⑤
        }
    }
  }
 }
}
```

① 3초마다 실행되는 타이머를 생성합니다. 3초마다 실행될 내용은 페이지를 전환하는 UI 변경입니다. timer가 백그라운드 스레드로 동작해 UI를 변경하도록 ② runOnUiThread로 코드를 감쌉니다.

③ 현재 페이지가 마지막 페이지가 아니라면 ④ 다음 페이지로 변경하고, 마지막 페이지라면 ⑤ 첫 페이지로 변경합니다.

앱을 실행하여 3초마다 페이지가 자동으로 변환되고 마지막 페이지에서 다시 첫 페이지로 이동된다면 성공입니다.

9.6 마치며

이번 장에서는 자동으로 슬라이드되는 전자액자를 구현하며 다음과 같은 내용을 다뤘습니다.

- 콘텐츠 프로바이더를 사용하면 기기에 저장된 사진 정보를 얻을 수 있습니다.
- 위험한 권한을 사용할 때는 앱을 실행하는 중에 해당 권한의 사용 허용을 사용자에게 요청해야 합니다.
- 프래그먼트는 UI 조각입니다. 액티비티에는 여러 프래그먼트를 배치할 수 있고 재사용이 가능합니다.
- 이미지를 로딩할 때 메모리와 캐시 관리 및 성능을 고려해 Coil 라이브러리를 사용하는 것이 좋습니다.
- 뷰페이저는 여러 프래그먼트를 좌우로 슬라이드하는 어댑터 패턴을 구현하는 뷰입니다.

10장
지도와 GPS

이 장에서는 구글 지도와 현재 위치 정보를 토대로
이동 경로를 표시하는 지도 앱을 만들어 봅니다.
구글 지도를 사용하는 데 필요한 API 키 발급 등의 준비 사항을 알아보고,
위치 정보에 접근할 때 위험 권한을 허용하는 프로세스에 대해 알아봅니다.

10 지도와 GPS

난이도	★★☆
프로젝트명	GpsMap
기능	• GPS로 현재 위치 정보를 얻어 지도에 표시합니다. • 주기적으로 현재 위치를 갱신하며 선을 그립니다.
핵심 구성요소	• Google Maps Activity : 지도를 표시하는 기본 템플릿입니다. • FusedLocationProviderClient : 현재 위치 정보를 얻는 클래스입니다. • 뷰 바인딩 : findViewById( )를 사용하지 않고 쉽게 레이아웃에 정의한 객체를 사용할 수 있는 기능
라이브러리 설정	• play-services-maps : 구글 지도 라이브러리 • play-services-location : 위치 정보 라이브러리

10.1 해법 요약

구글 지도에 나의 위치를 표시하고 이동 경로를 표시합시다. 액티비티 하나로 구성되며 Google Maps Activity 템플릿을 활용합니다. 지도를 활용해 현재 위치 정보를 사용하려면 9장에서 다룬 실행 중 권한 요청을 수행해야 합니다. 주기적으로 현재 위치를 업데이트받으려면 액티비티 생명주기에 따라 위치 업데이트 리스너를 등록 및 해제해야 합니다.

구현 순서는 다음과 같습니다.

1. **준비하기** : 프로젝트 생성 및 안드로이드 설정
2. **스텝 1** : 구글 지도 표시하기
3. **스텝 2** : 현재 위치 정보 얻기
4. **스텝 3** : 주기적으로 현재 위치 정보 업데이트하기
5. **스텝 4** : 이동 자취를 선으로 그리기

10.2 준비하기

프로젝트를 생성합니다. 이 프로젝트에서는 Google Maps Activity를 기본 액티비티로 진행하고 뷰 바인딩 설정이 포함되어 있습니다.

10.2.1 프로젝트 생성

다음과 같이 프로젝트를 생성합니다.

- **프로젝트명** : GpsMap
- **minSdkVersion** : 21
- **기본 액티비티** : Google Maps Activity

10.2.2 Google Maps Activity

구글 지도를 사용할 때 가장 쉬운 방법은 구글 맵 액티비티를 추가하는 겁니다. 프로젝트 생성 시 기본 액티비티 선택 화면에서 ① Google Maps Activity를 선택하고 ② Next를 클릭합니다.

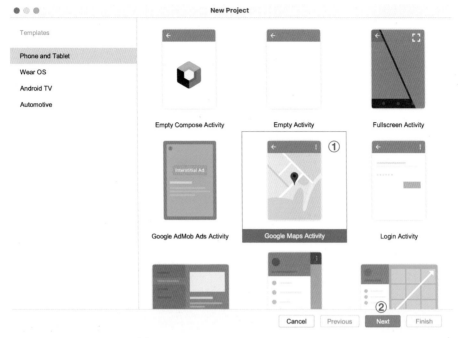

▶ Google Maps Activity 선택

Google Maps Activity로 만들면 뷰 바인딩 설정이 이미 되어 있습니다.

MapsActivity를 추가하면 자동으로 지도를 사용하는 play-services-maps 라이브러리가 추가됩니다. 모듈 수준의 build.gradle 파일에 play-services-location 라이브러리를 추가해 위치 정보를 사용할 수 있게 합니다.

라이브러리 의존성 추가 (build.gradle)

```
dependencies {
    // 위치 정보
    implementation 'com.google.android.gms:play-services-location:18.0.0'
    // 구글 지도. MapsActivity 추가 시 자동으로 추가됨
    implementation 'com.google.android.gms:play-services-maps:17.0.1'
}
```

10.3 [스텝1] 구글 지도 표시하기

기본 액티비티로 MapsActivity를 선택하는 것이 구글 지도를 사용하는 가장 쉬운 방법입니다. 구글 지도를 사용하려면 API 키를 발급받아야 합니다.

구현 순서는 다음과 같습니다.

1. 구글 지도 API 키 발급받기
2. MapsActivity 기본 코드 분석

10.3.1 구글 지도 API 키 발급받기

프로젝트를 생성하면 google_maps_api.xml 파일이 열려 있습니다. 여기에는 ② YOUR_KEY_HERE라고 적혀 있는 google_maps_key 문자열 리소스가 하나 있습니다. 여기에 구글 지도를 사용하는 API 키를 입력해야 구글 지도를 사용할 수 있습니다.

API 키는 어떤 기능을 사용하는 열쇠와도 같습니다. 이 열쇠가 있는 사람만 해당 기능을 사용할 수 있습니다.

그렇다면 구글 지도 API 키를 얻어봅시다. ①에 있는 https로 시작하는 링크를 복사하여 웹 브라우저에서 해당 페이지를 표시합니다.

▶ 구글 지두 API 키를 입력하는 곳

구글 지도를 사용하는 앱을 등록하는 구글 API 콘솔 화면이 표시됩니다. '프로젝트 만들기'가 표시된 드롭다운 리스트를 클릭하면 새로운 프로젝트 이름을 지정할 수 있고, 이전에 프로젝트를 만든 적이 있다면 기존 프로젝트를 선택할 수도 있습니다.

여기서는 ③ '계속'을 클릭합니다. 자동으로 프로젝트명이 결정됩니다.

▶ 프로젝트 만들기

다음 화면에서는 ④ 'API 키 만들기'를 클릭합니다.

▶ API 키 만들기

API 키가 생성됩니다. ⑤ 복사 아이콘을 클릭하여 API를 클립보드에 복사해둡니다.

▶ API 키를 클립보드에 복사

API 키는 중요 열쇠입니다. 분실 또는 다수에게 노출하지 말아야 합니다. 보통 API 키마다 사용횟수 등의 제한이 있습니다. 하지만 모바일 기기에서의 지도 사용은 아직까지 무료입니다.

다시 google_maps.api.xml 파일로 돌아와서 ⑥ API 키를 입력하는 곳에 붙여넣습니다.

▶ API 키 붙여넣기

10.3.2 실행해보기

앱을 실행합니다. 다음과 같이 지도가 표시된다면 성공입니다.

▶ 지도가 표시되었다.

10.3.3 액티비티 코드 분석

먼저 프로젝트 창에서 MapsActivity.kt 파일을 열고 내용을 분석하겠습니다.

코드 분석 (MapsActivity.kt)

```kotlin
class MapsActivity : AppCompatActivity(), OnMapReadyCallback {

    private lateinit var mMap: GoogleMap
    private lateinit var binding: ActivityMapsBinding

    override fun onCreate(savedInstanceState: Bundle?) {
        super.onCreate(savedInstanceState)

        binding = ActivityMapsBinding.inflate(layoutInflater)
```

```
        setContentView(binding.root)

        // SupportMapFragment를 가져와서 지도가 준비되면 알림을 받습니다 ①
        val mapFragment = supportFragmentManager
            .findFragmentById(R.id.map) as SupportMapFragment
        mapFragment.getMapAsync(this)
    }


    /**
     * 사용 가능한 맵을 조작합니다.
     * 지도를 사용할 준비가 되면 이 콜백이 호출됩니다.
     * 여기서 마커나 선, 청취자를 추가하거나 카메라를 이동할 수 있습니다.
     * 호주 시드니 근처에 마커 추가하고 있습니다.
     * Google Play 서비스가 기기에 설치되어 있지 않은 경우 사용자에게
     * SupportMapFragment 안에 Google Play서비스를 설치하라는 메시지가
     * 표시됩니다. 이 메서드는 사용자가 Google Play 서비스를 설치하고 앱으로
     * 돌아온 후에만 호출(혹은 실행)됩니다.
     */
    override fun onMapReady(googleMap: GoogleMap) {
        mMap = googleMap    // ②

        // 시드니에 마커를 추가하고 카메라를 이동합니다 ③
        val sydney = LatLng(-34.0, 151.0)
        mMap.addMarker(MarkerOptions().position(sydney).title("Marker in Sydney"))
        mMap.moveCamera(CameraUpdateFactory.newLatLng(sydney))
    }
}
```

① 프래그먼트 매니저로부터 SupportMapFragment를 얻습니다. getMapAsync( ) 메서드
로 지도가 준비되면 알림을 받습니다.

② 지도가 준비되면 GoogleMap 객체를 얻습니다.

③ 위도와 경도로 시드니의 위치를 정하고 구글 지도 객체에 마커를 추가하고 카메라를 이동합
니다.

10.3.4 레이아웃 파일 분석

activity_maps.xml 레이아웃 파일을 열어봅시다. 화면에 꽉 찬 프래그먼트가 하나 보입니다.

속성 창을 보면 이름이 ① com.google.android.gms.maps.SupportMapFragment로 되어 있습니다. 이것은 구글 지도가 내장된 프래그먼트로 play-services-maps 라이브러리에서 제공됩니다.

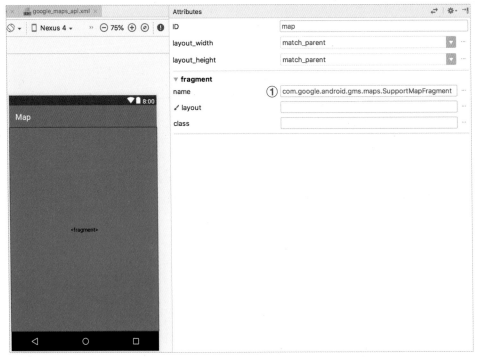

▶ 레이아웃

프로젝트 창에서 모듈 수준의 ② build.gradle 파일을 열어보면 play-services-maps 라이브러리의 의존성이 추가되어 있습니다.

▶ 모듈 수준의 build.gralde

10.4 [스텝 2] 주기적으로 현재 위치 정보 업데이트하기

주기적으로 위치 정보를 얻으려면 다음 순서대로 구현해야 합니다.

1. 매니페스트에 위치 권한 추가
2. onResume( ) 메서드에서 위치 정보 요청
3. 위치 정보 갱신 콜백 정의
4. onPause( ) 메서드에서 위치 정보 요청 중지

10.4.1 위치 권한 확인

프로젝트 창에서 ① 매니페스트 파일을 엽니다. MapsActivity 액티비티를 선택하여 프로젝트를 생성하면 위치 권한인 ② ACCESS_FINE_LOCATION이 추가됩니다.

▶ 위치 권한 확인

9장에서 다뤘듯이 이 권한은 위험 권한이므로 사용할 때는 실행 중 권한을 요청해야 합니다. 위험 권한에 대해서는 9.3.2절 '매니페스트에 외부 저장소 읽기 권한 추가'를 참고하기 바랍니다.

10.4.2 위치 정보 요청

구글 플레이 서비스를 최신 버전으로 업데이트해야 위치 서비스에 연결됩니다. 위치 서비스에 연결된 앱은 FusedLocationProviderClient 클래스의 requestLocationUpdates( ) 메서드를 호출하여 위치 정보를 요청할 수 있습니다.

```
requestLocationUpdates(locationRequest: LocationRequest,
        locationCallback: LocationCallback, looper: Looper)
```

- **locationRequest** : 위치 요청 객체입니다.
- **locationCallback** : 위치가 갱신되면 호출되는 콜백입니다.
- **looper** : 특정 루퍼 스레드를 지정합니다. 특별한 경우가 아니라면 null을 지정합니다.

위치 정보를 주기적으로 요청하는 코드는 액티비티가 화면에 보일 때만 수행하는 것이 좋습니다. onResume( ) 콜백 메서드에서 위치 정보 요청을 수행하고, onPause( ) 콜백 메서드에서 위치 정보 요청을 삭제하는 것이 일반적인 방법입니다.

```kotlin
override fun onResume() {
    super.onResume()
    addLocationListener()
}


private fun addLocationListener() {
    fusedLocationProviderClient.requestLocationUpdates(locationRequest,
            locationCallback,
            null);
```

requestLocationUpdates( ) 메서드의 첫 번째 인자인 LocationRequest 객체는 위치 정보를 요청하는 시간 주기를 설정하는 객체입니다.

```kotlin
LocationRequest.create().apply {
    // GPS 우선
    priority = LocationRequest.PRIORITY_HIGH_ACCURACY
    // 업데이트 인터벌
    // 위치 정보가 없을 때는 업데이트 안 함
    // 상황에 따라 짧아질 수 있음, 정확하지 않음
    // 다른 앱에서 짧은 인터벌로 위치 정보를 요청하면 짧아질 수 있음
    interval = 10000
    // 정확함. 이것보다 짧은 업데이트는 하지 않음
    fastestInterval = 5000
}
```

다음 코드는 두 번째 인자인 LocationCallback 객체를 구현하는 예입니다. lastLocation 프로퍼티로 최근 현재 위치에 대한 Location 객체를 얻을 수 있습니다. 이 객체는 위도와 경도 정보를 가지고 있습니다.

```kotlin
inner class MyLocationCallBack : LocationCallback() {
    override fun onLocationResult(locationResult: LocationResult?) {
        val location = locationResult?.lastLocation
    }
}
```

그럼 액티비티에 실제로 위치 정보를 얻도록 코드를 작성하겠습니다. MapsActivity.kt 파일을 열고 다음과 같이 코드를 추가합니다.

위치 정보에 필요한 객체 코드 작성 (MapsActivity.kt)

```kotlin
class MapsActivity : AppCompatActivity(), OnMapReadyCallback {

    private lateinit var mMap: GoogleMap
    private lateinit var binding: ActivityMapsBinding

    // 위치 정보를 얻기위한 객체 ①
    private val fusedLocationProviderClient by lazy {
        FusedLocationProviderClient(this)
    }

    // 위치 요청 정보 ②
    private val locationRequest by lazy {
        LocationRequest.create().apply {
            // GPS 우선
            priority = LocationRequest.PRIORITY_HIGH_ACCURACY
            // 업데이트 인터벌
            // 위치 정보가 없을 때는 업데이트 안 함
            // 상황에 따라 짧아질 수 있음, 정확하지 않음
            // 다른 앱에서 짧은 인터벌로 위치 정보를 요청하면 짧아질 수 있음
            interval = 10000
            // 정확함. 이것보다 짧은 업데이트는 하지 않음
            fastestInterval = 5000
        }
    }

    // 위치 정보를 얻으면 해야할 행동이 정의된 콜백 객체 ③
    private val locationCallback = MyLocationCallBack()

    override fun onCreate(savedInstanceState: Bundle?) {
        super.onCreate(savedInstanceState)

        binding = ActivityMapsBinding.inflate(layoutInflater)
        setContentView(binding.root)

        // SupportMapFragment를 가져와서 지도가 준비되면 알림을 받습니다
        val mapFragment = supportFragmentManager
```

```kotlin
            .findFragmentById(R.id.map) as SupportMapFragment
        mapFragment.getMapAsync(this)
    }

    override fun onResume() {
        super.onResume()
        addLocationListener()    // ④
    }

    // ⑤
    private fun addLocationListener() {
        fusedLocationProviderClient.requestLocationUpdates(
            locationRequest,
            locationCallback,
            null
        )
    }

    override fun onMapReady(googleMap: GoogleMap) {
        mMap = googleMap     // ②

        // 시드니에 마커를 추가하고 카메라를 이동합니다 ③
        val sydney = LatLng(-34.0, 151.0)
        mMap.addMarker(MarkerOptions().position(sydney).title("Marker in Sydney"))
        mMap.moveCamera(CameraUpdateFactory.newLatLng(sydney))
    }

    // ⑥
    inner class MyLocationCallBack : LocationCallback() {
        override fun onLocationResult(locationResult: LocationResult?) {
            super.onLocationResult(locationResult)

            val location = locationResult?.lastLocation

            // ⑦
            location?.run {
                // 17 level로 확대하며 현재 위치로 카메라 이동
                val latLng = LatLng(latitude, longitude)
                mMap.animateCamera(CameraUpdateFactory.newLatLngZoom(latLng, 17f))
            }
```

```
        }
    }
}
```

① 위치 정보를 주기적으로 얻는 데 필요한 객체들을 선언합니다. FusedLocationProvider Client 객체는 위치 정보를 얻을 때 사용합니다.

② LocationRequest는 위치 정보 요청에 대한 세부 정보를 설정합니다. 여기에 설정하는 프로퍼티의 의미를 살펴보면 다음과 같습니다.

- **priority** : 정확도를 나타냅니다.
  - PRIORITY_HIGH_ACCURACY : 가장 정확한 위치를 요청합니다.
  - PRIORITY_BALANCED_POWER_ACCURACY : '블록' 수준의 정확도를 요청합니다.
  - PRIORITY_LOW_POWER : '도시' 수준의 정확도를 요청합니다.
  - PRIORITY_NO_POWER : 추가 전력 소모 없이 최상의 정확도를 요청합니다.
- **interval** : 위치를 갱신하는 데 필요한 시간은 밀리초 단위로 입력합니다.
- **fastestInterval** : 다른 앱에서 위치를 갱신했을 때 그 정보를 가장 빠른 간격(밀리초 단위)으로 입력합니다.

이 요청은 GPS를 사용하여 가장 정확한 위치를 요구하면서 10초마다 위치 정보를 갱신합니다. 그 사이에 다른 앱에서 위치를 갱신했다면 5초마다 확인하여 그 값을 활용하여 베터리를 절약합니다.

③ 위치 정보를 얻은 후의 동작을 정의한 ⑥ MyLocationCallback은 MapsActivity 클래스의 내부(inner) 클래스로 생성했습니다.

④ 이러한 위치 요청은 액티비티가 활성화되는 onResume( ) 메서드에서 수행하며 ⑤와 같이 별도의 메서드로 작성합니다. 빨간 줄로 에러가 표시되어도 지금은 무시합니다.

⑥ requestLocationUpdates( ) 메서드에 전달되는 인자 중 LocationCallBack을 구현한 내부 클래스는 LocationResult 객체를 반환하고 lastLocation 프로퍼티로 Location 객체를 얻습니다.

⑦ 기기의 GPS 설정이 꺼져 있거나 현재 위치 정보를 얻을 수 없는 경우에 Location 객체가 null일 수 있습니다. Location 객체가 null이 아닐 때 해당 위도와 경도 위치로 카메라를 이동합니다.

10.4.3 위치 권한 요청

아마도 addLocationListener( ) 메서드에 빨간 줄로 에러가 표시될 겁니다. 이는 위치 정보를 사용하는 코드가 있는데 실행 중 권한 요청 코드를 작성하지 않았기 때문입니다.

```kotlin
private fun addLocationListener() {
    fusedLocationProviderClient.requestLocationUpdates(locationRequest,
            locationCallback,
            null);
}
```

▶ 실행 중 권한 요청을 안 했을 때 에러 표시

9장에서 실행 중 권한 요청 코드를 작성하면서 권한을 사용할 때마다 권한을 요청해야 한다고 했습니다. 9장에서와 달리 권한을 요청하는 부분이 여러 군데일 때는 권한 요청 코드를 각각 작성해야만 합니다.

코틀린의 고차 함수 기능을 사용하여 권한을 요청할 때마다 활용하는 메서드를 작성하겠습니다(4.12.4절 '고차 함수' 참조). 다음은 9장에서 다뤘던 실행 중 권한 요청을 하는 코드를 메서드로 작성한 겁니다. 이 코드를 MapsActivity.kt 파일에 작성합니다.

실행 중 권한 요청 메서드 작성 (MapsActivity.kt)

```kotlin
private fun checkPermission(cancel: () -> Unit, ok: () -> Unit) {   // ①
    // 위치 권한이 없는지 검사
    if (ActivityCompat.checkSelfPermission(
            this,
            Manifest.permission.ACCESS_FINE_LOCATION
        ) != PackageManager.PERMISSION_GRANTED
    ) {
        // 권한이 허용되지 않음
        if (ActivityCompat.shouldShowRequestPermissionRationale(
                this,
                Manifest.permission.ACCESS_FINE_LOCATION
            )
        ) {
            // 이전에 권한을 한 번 거부한 적인 있는 경우
            cancel()    // ②
        } else {
            // 권한 요청
            requestPermissionLauncher.launch(Manifest.permission.ACCESS_FINE_LOCATION)
        }
```

```
        return
    }
    // 권한을 수락했을 때 실행할 함수
    ok()    // ③
}
```

① 이 메서드는 함수 인자 두 개를 받습니다. 두 함수는 모두 인자가 없고 반환값도 없습니다. 이전에 사용자가 권한 요청을 거부한 적이 있다면 ② cancel( ) 함수를 호출하고, 권한이 수락되었다면 ③ ok( ) 함수를 호출합니다. Manifest 클래스는 android.Manifest를 임포트하는 것에 주의합니다.

먼저 cancel( ) 함수에 해당하는 메서드를 작성하겠습니다. 사용자가 한 번 거부했을 때 권한이 필요한 이유를 설명하는 다이얼로그를 표시하는 메서드를 다음과 같이 작성합니다.

권한이 필요한 이유를 설명하는 다이얼로그 표시 메서드 추가 (MapsActivity.kt)

```
private fun showPermissionInfoDialog() {
    // 다이얼로그에 권한이 필요한 이유를 설명
    AlertDialog.Builder(this).apply {    // ④
        setTitle("권한이 필요한 이유")
        setMessage("지도에 위치를 표시하려면 위치 정보 권한이 필요합니다.")
        setPositiveButton("권한 요청") { _, _ ->    // ⑤
            // 권한 요청
            requestPermissionLauncher.launch(Manifest.permission.ACCESS_FINE_LOCATION)
// ⑥
        }
        setNegativeButton("거부", null)    // ⑦
    }.show()    // ⑧
}
```

이 메서드는 ④ 위치 정보가 필요한 이유를 설명하는 AlertDialog를 ⑧ 표시합니다. 이 다이얼로그는 ⑤ 긍정 버튼과 ⑦ 부정 버튼을 가지고 있고, ⑤ 긍정 버튼을 누르면 권한을 요청하고 ⑦ 부정 버튼을 누르면 아무것도 하지 않고 다이얼로그가 닫힙니다.

⑥ requestPermissionLauncher 객체는 다음절에서 작성합니다. 이 객체는 권한 요청이 발생했을 때 처리 로직을 정의합니다. launch( ) 메서드의 첫 번째 인자는 요청할 권한인 ACCESS_FINE_LOCATION을 지정합니다.

이제 onResume( ) 메서드를 다음과 같이 수정합니다.

실행 중 권한 요청 코드 적용 (MapsActivity.kt)

```
override fun onResume() {
    super.onResume()


    // 권한 요청 ⑨
    checkPermission(
        cancel = {
            // 위치 정보가 필요한 이유 다이얼로그 표시 ⑩
            showPermissionInfoDialog()
        },
        ok = {
            // 현재 위치를 주기적으로 요청 (권한이 필요한 부분) ⑪
            addLocationListener()
        }
    )
}
```

⑪ addLocationListener( ) 메서드를 호출하기 전에 ⑨ chekcPermission( ) 메서드를 이용하여 권한을 요청합니다. 첫 번째 인자인 cancel( ) 함수는 이전에 사용자가 권한 요청을 거부했을 때 호출됩니다. ⑩ 권한이 필요한 이유를 알려주는 다이얼로그를 표시합니다. 두 번째 인자인 ok( ) 함수는 사용자가 권한을 수락했을 때 호출됩니다. ⑪ 주기적인 위치 정보 갱신을 시작합니다.

하지만 여전히 addLocationListener( ) 내부에는 빨간불이 꺼지지 않습니다. 안드로이드 스튜디오에서는 9장에서처럼 권한이 필요한 코드의 주변에 직접 작성한 권한 요청 코드만 인식하기 때문입니다. 빨간 줄에 커서를 두고 단축키 ⑫ Alt + Enter ⌥ + return 를 누르면 몇 가지 제안 메뉴가 표시됩니다. 이 메서드에서는 권한 요청 에러를 표시하지 않도록 하는 ⑬ Suppress: Add @SuppressList("MissingPermission") annotation을 클릭합니다.

```
 88  ●↑        override fun onResume() {
 89                  super.onResume()
 90
 91                  // 권한 요청 ⑨
 92                  checkPermission(
 93                      cancel = {
 94                          // 위치 정보가 필요한 이유 다이얼로그 표시 ⑩
 95                          showPermissionInfoDialog()
 96                      },
 97                      ok = {
 98                          // 현재 위치를 주기적으로 요청 (권한이 필요한 부분) ⑪
 99                          addLocationListener()
100                      }
101                  )
102              }
103
104          // ⑤         ⑫ [ Alt ] + [ Enter ]
105          private fun addLocationListener() {
106              fusedLocationProviderClient.requestLocationUpdates(
107                      locatio  💡 Add permission check
108                      locatio ⑬  Suppress: Add @SuppressLint("MissingPermission") annotation
109                      null        ⌦ Introduce local variable              ▶
110                  )               ⌦ Convert to with                     ▶
111              }                   ⌦ Convert to run                      ▶
```

▶ 권한 요청 에러를 무시하도록 주석 추가

이제 addLocationListener( ) 메서드 위에 권한 요청을 무시하는 주석이 추가되고 코드에 빨
간 줄이 사라집니다. 이 예제처럼 권한 요청 코드를 제대로 작성했지만 별도의 메서드로 해당
코드 블록을 분리하면 안드로이드 스튜디오가 에러로 판단합니다. 당황하지 말고 알려준 기법
을 사용해서 에러 표시를 없애기 바랍니다.

```
@SuppressLint( …value: "MissingPermission")
private fun addLocationListener() {
    fusedLocationProviderClient.requestLocationUpdates(
        locationRequest,
        locationCallback,
        null
    )
}
```

▶ 에러 표시 지우기

10.4.4 권한 선택에 대한 처리

사용자가 권한을 수락하거나 거부했을 때를 처리합시다. onCreate( ) 메서드 위에 다음과 같이 requestPermissionLauncher 객체를 정의합니다. registerForActivityResult( ) 함수는 권한을 요청하거나 암시적 인텐트를 처리할 때 유용합니다. 첫 번째 인자에 RequestPermission( ) 객체를 전달하면 권한 요청에 대한 처리를 할 수 있습니다.

권한 요청 처리 (MapsActivity.kt)

```
private val requestPermissionLauncher =
    registerForActivityResult(ActivityResultContracts.RequestPermission())
{ isGranted ->
        if (isGranted) {
            // 권한이 허락됨 ①
            addLocationListener()
        } else {
            // 권한 거부 ②
            Toast.makeText(this, "권한이 거부되었습니다", Toast.LENGTH_SHORT).show()
        }
    }
```

사용자가 권한을 수락하면 ① addLocationListener( ) 메서드를 호출하여 위치 정보를 갱신합니다. 거부하면 ② 토스트 메시지를 표시합니다.

10.4.5 위치 정보 요청 삭제

onResume( ) 메서드에서 위치 정보를 요청해서 앱이 동작 중일 때만 위치 정보를 갱신합니다. 액티비티의 생명주기에 따라서 앱이 동작하지 않을 때 위치 정보 요청을 삭제해야 한다면 onPause( ) 메서드에서 합니다(8.3.3절 '액티비티 재개' 참조). 다음과 같이 코드를 추가합니다.

위치 정보 요청 삭제 (MapsActivity.kt)

```
override fun onPause() {
    super.onPause()
    // ①
    removeLocationListener()
}

private fun removeLocationListener() {
```

```
    // 현재 위치 요청을 삭제 ②
    fusedLocationProviderClient.removeLocationUpdates(locationCallback)
}
```

onPause( ) 메서드에서 ① 위치 요청을 취소합니다. 위치 요청을 취소하는 removeLocation Listener( ) 메서드에서는 ② remoteLocationUpdates( ) 메서드에 LocationCallback 객체를 전달하여 주기적인 위치 정보 갱신 요청을 삭제합니다.

이제 권한 요청 및 위치 정보 요청의 추가와 삭제까지 구현했습니다. 앱을 실행하여 권한 요청이 제대로 동작하고 권한을 수락했을 때 현재 위치로 지도가 이동되면 성공입니다. 이때 기기의 위치 기능이 켜져 있어야 제대로 작동되니 잊지 말고 미리 위치 기능을 켜두세요.

10.4.6 위치 정보 갱신 확인하기

현재 위치로 지도가 이동되었지만 정말 주기적으로 위치 정보가 갱신되는지 로그를 사용해 확인하겠습니다.

MyLocationCallBack 클래스의 onLocationResult( ) 메서드에서 위치 정보를 갱신합니다. 다음과 같이 로그 메시지를 표시하는 코드를 추가합니다.

위도, 경도를 로그에 표시 (MapsActivity.kt)

```kotlin
inner class MyLocationCallBack : LocationCallback() {
  override fun onLocationResult(locationResult: LocationResult?) {
    super.onLocationResult(locationResult)

    val location = locationResult?.lastLocation

    location?.run {
      // 14 level로 확대하며 현재 위치로 카메라 이동
      val latLng = LatLng(latitude, longitude)
      mMap.animateCamera(CameraUpdateFactory.newLatLngZoom(latLng, 17f))

      Log.d("MapsActivity", "위도: $latitude, 경도: $longitude")    // ①
    }


  }
}
```

Location 객체의 ① 위도와 경도값을 로그로 출력합니다.

앱을 실행하여 ② Logcat 탭을 클릭하고 ③ MapsActivity로 필터링하여 ④ 위도와 경도 정보가 잘 표시되는지 확인합니다.

▶ 현재 위치 갱신을 로그로 확인

10.5 [스텝 3] 이동 자취를 선으로 그리기

8.5.3절 '그래픽 API를 다루는 기초'에서 수평 측정기 앱을 만들면서 뷰에 그래픽을 그리는 API를 다뤘습니다. 쉽지 않았던 기억이 드는데요, 다행히 구글 지도는 이동 자취를 그리는 다양한 메서드를 제공합니다.

- **addPolyLine( )** : 선의 집합으로 지도에 경로와 노선을 표시합니다.
- **addCircle( )** : 원을 표시합니다.
- **addPolygon( )** : 영역을 표시합니다.

여기서 addPolyLine( ) 메서드를 사용해서 이동 자취를 그리겠습니다.

구현 순서는 다음과 같습니다.

1. 이동 경로 그리기
2. 화면 유지하기
3. 에뮬레이터에서 테스트하기

10.5.1 이동 경로 그리기

이동 경로를 그리기 위해 다음과 같이 코드를 추가합니다.

이동 경로 그리기 (MapsActivity.kt)

```kotlin
class MapsActivity : AppCompatActivity(), OnMapReadyCallback {

    ...
    // PolyLine 옵션 ①
    private val polylineOptions = PolylineOptions().width(5f).color(Color.RED)

    ...

    inner class MyLocationCallBack : LocationCallback() {
        override fun onLocationResult(locationResult: LocationResult?) {
            super.onLocationResult(locationResult)

            val location = locationResult?.lastLocation

            location?.run {
                // 14 level로 확대하며 현재 위치로 카메라 이동
                val latLng = LatLng(latitude, longitude)
                mMap.animateCamera(CameraUpdateFactory.newLatLngZoom(latLng, 17f))

                Log.d("MapsActivity", "위도: $latitude, 경도: $longitude")
                // PolyLine에 좌표 추가 ②
                polylineOptions.add(latLng)

                // 선 그리기 ③
                mMap.addPolyline(polylineOptions)
            }

        }
    }
}
```

① 먼저 PolylineOptions( ) 객체를 생성합니다. 선을 이루는 좌표들과 선의 굵기, 색상 등을 설정할 수 있습니다. 여기서는 굵기 5f, 색상은 빨강으로 설정했습니다.

위치 정보가 갱신되면 해당 좌표를 ② polyLineOptions 객체에 추가합니다. ③ 지도에 polylineOptions 객체를 추가합니다.

이제 앱을 실행해서 이동해보세요. 이동 경로가 빨간 선으로 잘 표시되면 성공입니다.

10.5.2 화면 유지하기

8장 수평 측정기와 같이 지도를 테스트할 때 화면이 돌아가거나 자동으로 꺼지면 테스트하기가 어렵습니다. 다음과 같이 화면 방향을 고정하고, 화면이 자동으로 꺼지지 않도록 코드를 추가합니다.

화면 유지 코드 추가 (MapsActivity.kt)

```kotlin
override fun onCreate(savedInstanceState: Bundle?) {
    super.onCreate(savedInstanceState)
    // 화면이 꺼지지 않게 하기
    window.addFlags(WindowManager.LayoutParams.FLAG_KEEP_SCREEN_ON)
    // 세모 모드로 화면 고정
    requestedOrientation = ActivityInfo.SCREEN_ORIENTATION_PORTRAIT
    setContentView(binding.root)

    // SupportMapFragment를 가져와서 지도가 준비되면 알림을 받습니다
    val mapFragment = supportFragmentManager
            .findFragmentById(R.id.map) as SupportMapFragment
    mapFragment.getMapAsync(this)
}
```

10.5.3 에뮬레이터에서 테스트하기

위치 정보를 테스트하는 데 에뮬레이터를 사용할 수 있습니다. 에뮬레이터를 실행하고 에뮬레이터 메뉴에서 ① … 을 클릭하여 Extended controls 화면을 엽니다. ② Location 탭을 클릭하면 GPS를 가상으로 테스트하는 화면이 표시됩니다.

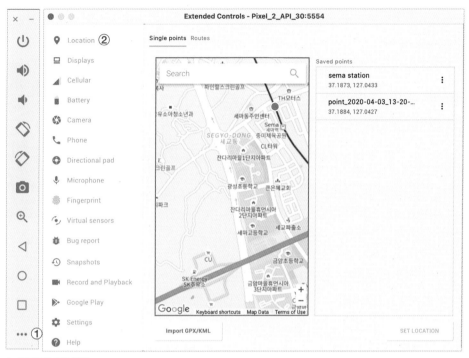

▶ GPS 테스트 화면

이동 경로에 해당하는 좌표 정보를 가지고 있으면 GPS를 테스트하기 편리합니다. 오픈스트리트맵에서 공개된 GPS 이동 경로를 내려받을 수 있습니다.

• https://www.openstreetmap.org/

먼저 오픈스트리트맵 사이트에 접속하여 ③ 'GPS 궤적'을 클릭합니다.

▶ 오픈스트리트맵

공개 GPS 궤적 목록이 표시됩니다. 점 개수가 많을수록 용량이 크니 점 개수가 1,000개 이하인 적당한 파일을 내려받습니다. 에뮬레이터에서 사용하려면 gpx 확장자의 파일을 받는 것이 좋습니다.

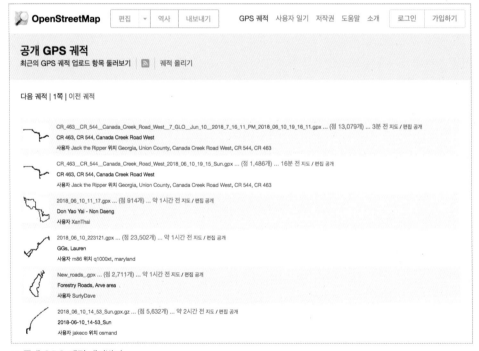

▶ 공개 GPS 궤적 내려받기

④ LOAD GPX/KML을 클릭하여 내려받은 파일을 선택하면 ⑤에 위치 정보 데이터가 표시됩니다. ⑥을 클릭하면 좌표를 순서대로 에뮬레이터에 전송합니다. 좌표 전송 간격을 빠르게 하려면 ⑦을 클릭하여 속도를 5배까지 조절할 수 있습니다.

▶ 좌표 정보를 사용한 GPS 테스트

다음은 임의의 좌표 데이터를 불러와서 에뮬레이터에서 이동 경로를 그리는 모습입니다.

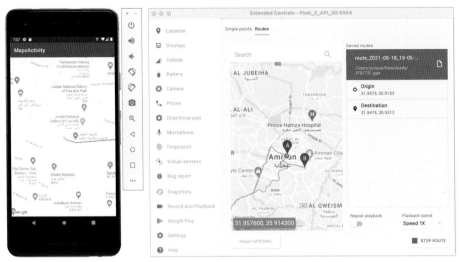

▶ 에뮬레이터로 **GPS**를 테스트하는 모습

10.6 마치며

이번 장에서는 구글 지도를 사용하여 이동 경로를 그리는 예제를 다뤘습니다.

- 액티비티 생성 시 Google Maps Activity를 선택하면 쉽게 구글 지도가 내장된 액티비티로 시작할 수 있습니다.
- 구글 지도는 API 키를 발급받아 사용할 수 있습니다.
- 사용자의 위치 정보를 얻으려면 위치 권한이 필요합니다. 위치 권한은 위험 권한이기 때문에 실행 중에 사용자에게 권한을 요청해야 합니다.
- 구글 지도에는 선, 원, 폴리곤 등을 그리는 API가 준비되어 있습니다.
- 기기가 없어도 에뮬레이터에서 GPS를 테스트할 수 있습니다.

11장
손전등

이 장에서는 기기의 카메라 플래시를 사용하여
손전등 앱을 만들어보면서 위젯을 제공하여
앱을 실행하지 않고도 플래시를 켜고 끄는 방법을 알아봅니다.

11 손전등

난이도	★★★
프로젝트명	Flashlight
기능	• 앱에서 스위치로 플래시를 켜고 끕니다.
	• 위젯을 제공해 앱을 실행하지 않고도 플래시를 켜고 끌 수 있습니다.
핵심 구성요소	• CameraManager : 플래시를 켜는 기능을 제공하는 클래스
	• Service : 화면이 없고 백그라운드에서 실행되는 컴포넌트
	• App Widget : 런처에 배치하여 빠르게 앱 기능을 쓸 수 있게 하는 컴포넌트

11.1 해법 요약

손전등 앱을 앱과 위젯으로 구성합니다. 앱과 위젯 모두 손전등을 켜고 끄는 인터페이스만을 제공하고 핵심 기능은 서비스에서 수행합니다.

구현 순서는 다음과 같습니다.

1. **준비하기** : 프로젝트 생성 및 안드로이드 설정
2. **스텝 1** : 손전등 기능 구현
3. **스텝 2** : 액티비티에서 손전등 기능 사용
4. **스텝 3** : 서비스에서 손전등 기능 사용
4. **스텝 4** : 앱 위젯 작성

11.2 준비하기

프로젝트를 생성하고 뷰 바인딩을 설정합니다.

11.2.1 프로젝트 생성

다음과 같이 프로젝트를 생성합니다.

- **프로젝트명** : Flashlight
- **minSdkVersion** : 23 (안드로이드 6.0 Marshmallow)
- **기본 액티비티** : Empty Activity

플래시를 켜는 방법은 안드로이드 6.0 이상에서 제공하는 방법[API 23]이 가장 간단합니다. 5.0 버전에서도 공식적으로 플래시를 켤 수 있지만 코드가 굉장히 복잡합니다. 5.0 미만에서는 공식적으로 플래시를 켜는 방법이 없고 제조사마다 다른 방법을 사용해야 합니다.

이 예제는 안드로이드 6.0 이상을 대상으로 하기 때문에 minSdkVersion을 23으로 설정합니다. 예제를 테스트할 때는 안드로이드 6.0 이상의 기기에서 실행해야 하며 에뮬레이터는 플래시가 없으므로 예제가 동작하지 않습니다.

프로젝트를 생성했다면 5.2.2절 '뷰 바인딩'을 참고하여 뷰 바인딩 설정을 추가해둡니다.

앱 수준의 build.gradle

```
android {
  ...
  buildFeatures {
    viewBinding true
  }
}
```

MainActivity.kt

```
class MainActivity : AppCompatActivity() {
  private val binding by lazy {
    ActivityMainBinding.inflate(layoutInflater)
  }

  override fun onCreate(savedInstanceState: Bundle?) {
    super.onCreate(savedInstanceState)
    setContentView(binding.root)
  }
```

11.3 [스텝 1] 손전등 기능 구현

손전등 기능의 핵심은 카메라 플래시를 켜고 끄는 겁니다. 이를 위해 CameraManager 클래스를 사용하여 플래시 기능을 제어하는 방법을 알아보고 별도의 클래스로 분리해서 작성합니다. 다룰 내용은 다음과 같습니다.

• 손전등 기능을 Torch 클래스에 작성하기

11.3.1 손전등 기능을 Torch 클래스에 작성하기

손전등 기능을 별도의 클래스로 분리해서 Torch 클래스를 새로 작성하겠습니다.

프로젝트 창의 ① 패키지명에서 마우스 우클릭을 하여 New → ② Kotlin File/Class를 클릭하면 파일 종류와 이름을 결정하는 화면이 표시됩니다.

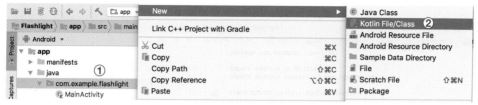

▶ 새로운 클래스 작성

파일 이름으로 ③ Torch를 입력하고 종류는 ④ Class를 선택하여 OK를 클릭합니다.

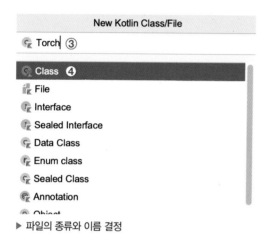

▶ 파일의 종류와 이름 결정

에디터 창에 코드를 다음과 같이 수정합니다.

손전등 클래스의 코드 (Torch.kt)

```kotlin
class Torch(context: Context) {                                    // ⑤
    private var cameraId: String? = null                           // ⑥
    private val cameraManager =
context.getSystemService(Context.CAMERA_SERVICE) as CameraManager  // ⑦

    init {                                                         // ⑧
        cameraId = getCameraId()
    }
    fun flashOn() {                                                // ⑨
        cameraId?.let {
            cameraManager.setTorchMode(it, true)
        }
    }
```

```kotlin
    fun flashOff() {                                            // ⑩
        cameraId?.let {
            cameraManager.setTorchMode(it, false)
        }
    }


    private fun getCameraId(): String? {                        // ⑪
        val cameraIds = cameraManager.cameraIdList             // ⑫
        for (id in cameraIds) {                                 // ⑬
            val info = cameraManager.getCameraCharacteristics(id)   // ⑭
            val flashAvailable =
info.get(CameraCharacteristics.FLASH_INFO_AVAILABLE)            // ⑮
            val lensFacing = info.get(CameraCharacteristics.LENS_FACING)
    // ⑯
            if (flashAvailable != null
                    && flashAvailable
                    && lensFacing != null
                    && lensFacing == CameraCharacteristics.LENS_FACING_BACK)
{       // ⑰
                return id                                       // ⑱
            }
        }
        return null                                             // ⑲
    }
}
```

이 클래스는 플래시를 켜는 ⑨ flashOn( ) 메서드와 플래시를 끄는 ⑩ flashOff( ) 메서드를 기능을 제공합니다. 플래시를 켜려면 ⑦ CameraManager 객체가 필요하고 이를 얻으려면 Context 객체가 필요하기 때문에 ⑤ 생성자로 Context를 받습니다.

⑥ 카메라를 켜고 끌 때(⑨, ⑩) 카메라 ID가 필요합니다. 클래스 초기화 때 ⑧ 카메라 ID를 얻어야 합니다. 카메라 ID는 기기에 내장된 카메라마다 고유한 ID가 부여됩니다.

⑦ context의 getSystemService( ) 메서드는 안드로이드 시스템에서 제공하는 각종 서비스를 관리하는 매니저 클래스를 생성합니다. 인자로 Context 클래스에 정의된 서비스를 정의한 상수여기서는 CAMERA_SERVICE를 지정합니다. 이 메서드는 Object형을 반환하기 때문에 as 연산자를

사용하여 CameraService형으로 형변환을 합니다.

⑪ getCameraId( ) 메서드는 카메라의 ID를 얻는 메서드입니다. 카메라가 없다면 ID가 null일 수 있기 때문에 반환값은 String?로 지정합니다.

⑫ CameraManager는 기기가 가지고 있는 모든 카메라에 대한 정보 목록을 제공합니다. ⑬ 이 목록을 순회하면서 ⑭ 각 ID별로 세부 정보를 가지는 객체를 얻습니다.

이 객체로부터 ⑮ 플래시 가능 여부와 ⑯ 카메라의 렌즈 방향을 알 수 있습니다.

⑰ 플래시가 사용 가능하고 카메라가 기기의 뒷면을 향하고 있는 카메라의 ID를 찾았다면 ⑱ 이 값을 반환합니다.

해당하는 카메라 ID를 찾지 못했다면 ⑲ null을 반환합니다. 에뮬레이터는 카메라가 없기 때문에 null을 반환합니다.

11.4 [스텝 2] 액티비티에서 손전등 기능 사용

작성한 Torch 클래스를 사용하여 플래시를 켜고 끄는 간단한 코드를 액티비티에 작성해서 테스트합니다. 화면에는 Switch 하나를 배치하여 말 그대로 플래시를 켜고 끄는 스위치처럼 사용합니다.

구현 순서는 다음과 같습니다.

1. 화면 작성
2. Switch 소개
3. 액티비티에서 손전등 켜기

11.4.1 화면 작성

액티비티에는 플래시를 켜고 끄는 스위치 하나만 배치합니다. ① Autoconnect 모드를 켜고 팔레트 창에서 Common 카테고리의 ② Switch를 선택하여 ③ 화면의 중앙에 배치합니다.

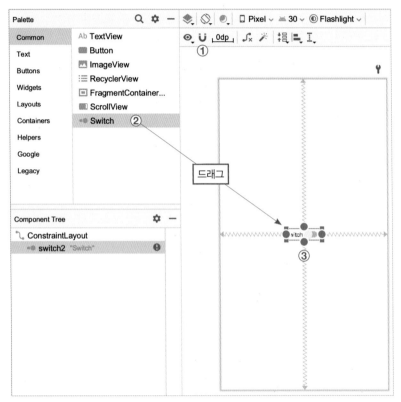

▶ Switch 배치하기

코틀린 코드에서 조작할 수 있도록 ④ ID를 flashSwitch로 설정하고 ⑤ 텍스트를 "플래시 On/Off"로 수정합니다.

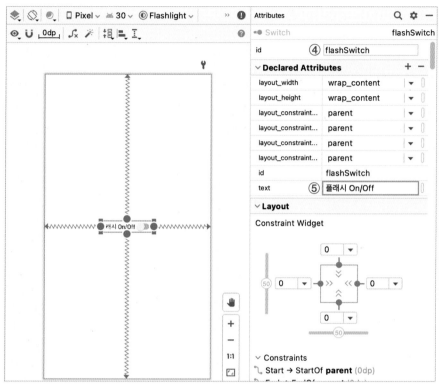

▶ Switch의 속성 설정

11.4.2 Switch 소개

Switch는 켜거나 끄는 두 가지 상태값을 가지는 버튼 객체입니다. setOnChecked ChangeListener를 구현하면 상태가 변경되었을 때의 처리를 수행할 수 있습니다.

```
binding.flashSwitch.setOnCheckedChangeListener { buttonView, isChecked ->
    if (isChecked) {
        // On일 때의 동작
    } else {
        // Off일 때의 동작
    }
}
```

buttonView 인자는 상태가 변경된 Switch 객체 자신이고, isChecked 인자는 On/Off 상태를 Boolean으로 알려줍니다. 이 값으로 켜졌을 때와 꺼졌을 때의 처리를 할 수 있습니다.

11.4.3 액티비티에서 손전등 켜기

MainActivity.kt 파일을 열고 스위치의 상태에 따라 플래시를 켜고 끄는 코드를 추가합니다.

손전등 켜고 끄는 코드 작성 (MainActivity.kt)

```kotlin
class MainActivity : AppCompatActivity() {
  private val binding by lazy {
    ActivityMainBinding.inflate(layoutInflater)
  }

  override fun onCreate(savedInstanceState: Bundle?) {
    super.onCreate(savedInstanceState)
    setContentView(binding.root)

    val torch = Torch(this)            // ①

    binding.flashSwitch.setOnCheckedChangeListener { _, isChecked ->
      if (isChecked) {
        torch.flashOn()       // ②
      } else {
        torch.flashOff()      // ③
      }
    }
  }
}
```

① 작성한 Torch 클래스를 인스턴스화합니다.

② 스위치가 켜지면 flashOn( ) 메서드를 호출하여 플래시를 켜고 ③ 스위치가 꺼지면 flashOff( ) 메서드를 호출하여 플래시를 끕니다.

앱을 안드로이드 6.0 이상 실제 기기에서 실행하여 플래시가 잘 작동하면 성공입니다.

11.5 [스텝 3] 서비스에서 손전등 기능 사용

액티비티에서 플래시 동작을 확인했습니다. 하지만 플래시를 켜는 데 꼭 액티비티가 필요할까요? 앱 실행 없이 위젯을 사용해 플래시를 켜는 기능도 제공해봅시다. 액티비티가 아닌 서비스에서 조작하면 가능합니다.

구현 순서는 다음과 같습니다.

> 1. 서비스 소개
> 2. 서비스의 생명주기
> 3. 서비스로 손전등 기능 옮기기
> 4. 액티비티에서 서비스를 사용해 손전등 켜기

11.5.1 서비스 소개

서비스Service란 안드로이드의 4대 컴포넌트 중 하나로 화면이 없고 백그라운드에서 수행하는 작업을 작성하는 컴포넌트입니다.

플래시를 켜는 기능에 화면이 꼭 필요하지는 않습니다. 액티비티는 단순히 플래시를 켜고 끄는 인터페이스만 제공합니다. 이런 경우에는 서비스에서 플래시를 켜고 끄도록 하고 액티비티는 서비스를 호출하는 방법을 사용합니다. 이렇게 되면 [스텝 4]에서 작성할 플래시 위젯도 서비스를 호출해서 조작할 수 있게 됩니다.

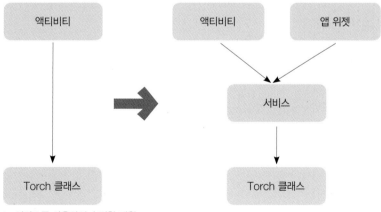

▶ 서비스를 사용하여 수정할 계획

서비스는 크게 바운드된 서비스와 바운드되지 않은 서비스로 나뉩니다. 예제에서는 바운드되지 않은 서비스를 다루고 그냥 '서비스'라고 부르겠습니다.

11.5.2 서비스의 생명주기

서비스는 액티비티와 마찬가지로 생명주기용 콜백 메서드를 가지고 있습니다. 서비스를 시작하면 onCreate( ) 메서드가 호출되고 onStartCommand( ) 메서드가 호출되며 여기서 서비스의 동작을 코드로 작성합니다. 서비스가 종료되면 onDestroy( ) 메서드가 호출됩니다.

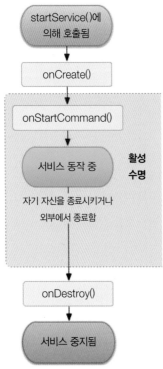

▶ 서비스의 생명주기 _출처 : https://developer.android.com/guide/components/services#Lifecycle

| onCreate( ) |

서비스가 생성될 때 호출되는 콜백 메서드입니다. 초기화 등을 수행합니다.

| onStartCommand( ) |

서비스가 액티비티와 같은 다른 컴포넌트로부터 startService( ) 메서드로 호출되면 불리는 콜백 메서드입니다. 실행할 작업을 여기에 작성합니다.

| onDestroy( ) |

서비스 내부에서 stopSelf( )를 호출하거나 외부에서 stopService( )로 서비스를 종료하면 호출됩니다.

11.5.3 서비스로 손전등 기능 옮기기

먼저 서비스를 생성하겠습니다. 프로젝트 창에서 우클릭 또는 안드로이드 스튜디오의 메뉴 중 File → New → Service → Service를 클릭합니다. 새로운 컴포넌트 작성 화면이 표시됩니다.

클래스명은 ① TorchService로 합니다. 다른 항목은 모두 기본값으로 두고 ② Finish를 클릭합니다.

▶ 서비스 작성

잠시 후 TorchService 파일이 에디터 창에 표시됩니다. 서비스를 호출하면 onStartCommand( ) 메서드가 불리기 때문에 원하는 작업을 하려면 이 메서드를 오버라이드합니다. ③ 에디터 중간에 onStartCommand의 몇 글자만 입력해도 그림과 같이 자동 완성 기능이 제공됩니다. 여기서 **Enter** 키를 누르면 자동으로 오버라이드 메서드가 완성됩니다.

```kotlin
class TorchService : Service() {

    onstartco
③ m override fun onStartCommand(intent: Intent?, flags: Int…  c
    Press ^. to choose the selected (or first) suggestion and insert a dot afterwards  Next Tip  ⋮
        TODO( reason: "Return the communication channel to the service.")
    }
}
```

▶ onStartCommand 입력하기

TorchService.kt 파일에 다음과 같은 코드를 추가합니다.

서비스가 플래시를 On/Off하는 코드 작성 (TorchService.kt)

```kotlin
class TorchService : Service() {              // ④
    private val torch: Torch by lazy {        // ⑤
        Torch(this)
    }

    override fun onStartCommand(intent: Intent?, flags: Int, startId: Int): Int {
        when (intent?.action) {               // ⑥
            // 앱에서 실행할 경우
            "on" -> {
                torch.flashOn()
            }
            "off" -> {
                torch.flashOff()
            }
        }
        return super.onStartCommand(intent, flags, startId)     // ⑦
    }

    override fun onBind(intent: Intent): IBinder {
        TODO("Return the communication channel to the service.")
    }
}
```

④ TorchService 서비스는 Service 클래스를 상속받습니다.

⑤ TorchService 서비스가 Torch 클래스를 사용해야 합니다. Torch 클래스의 인스턴스를 얻는 방법에는 onCreate( ) 콜백 메서드를 사용하는 방법과 by lazy를 사용하는 방법이 있습니다. onCreate( ) 콜백 메서드를 사용하면 코드가 더 길어지기 때문에 여기서는 by lazy를 사용한 초기화 지연 방법을 사용했습니다. 이 방법을 사용하면 torch 객체를 처음 사용할 때 초기화됩니다.

⑥ 외부에서 startService( ) 메서드로 TorchService 서비스를 호출하면 onStartCommand( ) 콜백 메서드가 호출됩니다. 보통 인텐트에 action값을 설정하여 호출하는데 "on"과 "off" 문자열을 액션으로 받았을 때 when문을 사용하여 각각 플래시를 켜고 끄는 동작을 하도록 코드를 작성했습니다.

서비스는 메모리 부족 등의 이유로 시스템에 의해서 강제로 종료될 수 있습니다. ⑦ onStartCommand( ) 메서드는 다음 중 하나를 반환합니다. 이 값에 따라 시스템이 강제로 종료한 후에 시스템 자원이 회복되어 다시 서비스를 시작할 수 있을 때 어떻게 할지를 결정합니다.

- **START_STICKY :** null 인텐트로 다시 시작합니다. 명령을 실행하지는 않지만 무기한으로 실행 중이며 작업을 기다리고 있는 미디어 플레이어와 비슷한 경우에 적합합니다.
- **START_NOT_STICKY :** 다시 시작하지 않음
- **START_REDELIVER_INTENT :** 마지막 인텐트로 다시 시작함. 능동적으로 수행 중인 파일 다운로드와 같은 서비스에 적합합니다.

어렵기 때문에 지금은 어떤 것을 사용해야 할지 모를 수 있습니다. 일반적인 경우에는 ⑦ super클래스의 onStartCommand( ) 메서드를 호출하면 내부적으로 START_STICKY를 반환합니다. 이 예제에서는 사실 어떤 것을 사용해도 차이점을 느끼기 어렵습니다.

11.5.4 액티비티에서 서비스를 사용해 손전등 켜기

서비스를 시작하려면 startService( ) 메서드를 사용합니다. 다음은 TorchService를 사용해서 플래시를 켜는 인텐트에 "on" 액션을 설정하여 서비스를 시작하는 코드입니다.

```
val intent = Intent(this, TorchService::class.java)
intent.action = "on"
startService(intent)
```

이 코드는 확장 함수를 사용하여 다음과 같이 한 줄로 작성할 수 있습니다.

```
startService(Intent(this, TorchService::class.java).apply {
    action = "on"
})
```

이제 MainActivity.kt 파일을 열고 서비스를 사용해 플래시를 켤 수 있도록 코드를 수정합니다.

서비스를 사용하는 코드로 수정 (MainActivity.kt)

```
class MainActivity : AppCompatActivity() {
    private val binding by lazy {
        ActivityMainBinding.inflate(layoutInflater)
    }

    override fun onCreate(savedInstanceState: Bundle?) {
        super.onCreate(savedInstanceState)
        setContentView(binding.root)

        val torch = Torch(this) // 삭제

        binding.flashSwitch.setOnFocusChangeListener { _, isChecked ->
            if (isChecked) {
                startService(Intent(this, TorchService::class.java).apply {
                    action = "on"
                })
            } else {
                startService(Intent(this, TorchService::class.java).apply {
                    action = "off"
                })
```

```
            }
        }
    }
}
```

앱을 실행해보고 여전히 플래시가 잘 동작한다면 성공입니다. 액티비티에서 직접 Torch 클래스를 조작하여 플래시를 켜던 구조에서, 서비스를 사용해 플래시를 켜는 구조로 변경되었습니다.

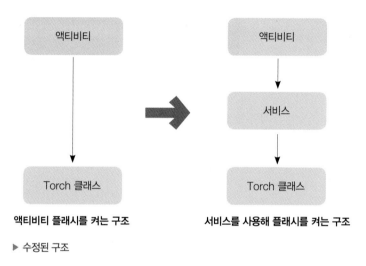

액티비티 플래시를 켜는 구조   서비스를 사용해 플래시를 켜는 구조

▶ 수정된 구조

11.6 [스텝 4] 앱 위젯 작성

서비스를 사용해 플래시를 켜고 끄게 작성했으니 앱 위젯App Widget을 작성할 차례입니다. 앱 위젯이란 런처에 배치하여 빠르게 앱 기능을 제공하는 컴포넌트입니다. 앞으로 편의상 '앱 위젯'을 '위젯'으로 부르겠습니다.

에뮬레이터의 런처에는 상단에 날짜와 날씨가 표시되는 위젯이 배치되어 있습니다. 날짜 부분과 날씨 부분을 클릭했을 때 각각 캘린더 앱과 날씨 앱이 실행됩니다.

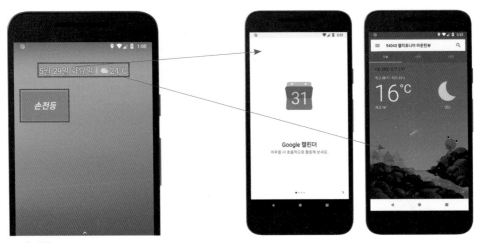

▶ 앱 위젯

손전등 위젯은 클릭하면 앱 실행 없이 곧바로 플래시가 켜집니다(다시 클릭하면 플래시가 꺼집니다).

다음과 같은 순서로 구현하겠습니다.

1. 앱 위젯 추가
2. 앱 위젯이 생성한 코드 살펴보기
3. 앱 위젯 레이아웃 수정
4. 앱 위젯에서 손전등 켜기
5. 앱 위젯 배치
6. 앱 위젯 사용하기

11.6.1 앱 위젯 추가

프로젝트 창의 패키지명에서 우클릭 또는 안드로이드 스튜디오 메뉴에서 File → New → Widget → App Widget을 클릭합니다. 새로운 위젯을 작성하는 화면이 보입니다.

클래스명을 ① TorchAppWidget으로 수정하고 다른 항목은 기본값으로 Finish를 클릭합니다.

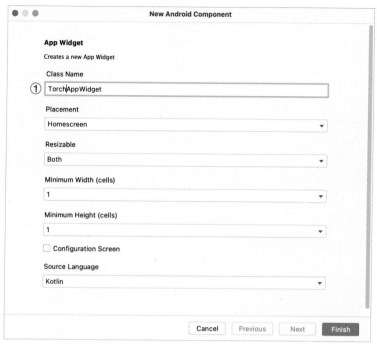

▶ 앱 위젯을 작성하는 화면

나머지 항목들에 대해서는 다음 표를 참고하세요.

항목	설명
Placement	위젯을 어디에 배치하는지 설정합니다. • Home-screen: 홈 화면에만 배치 가능 • Keyguard : 잠금화면에만 배치 가능 • Both : 홈 화면과 잠금화면에 배치 가능
Resizable (API 12+)	위젯 크기를 변경하는지를 설정합니다. • Both : 가로와 세로로 크기 변경 가능 • Horizontally : 가로로만 크기 변경 가능 • Vertically : 세로로만 크기 변경 가능 • None : 크기 변경 불가
Minimum Width (cells)	가로 크기를 1~4 중 선택합니다.
Minimum Height (cells)	새로 크기를 1~4 중 선택합니다.
Configuration Screen	위젯의 환경설정 액티비티를 생성합니다.
Source Language	자바와 코틀린 중에서 선택합니다.

▶ 앱 위젯 추가 화면의 항목

11.6.2 앱 위젯이 생성한 코드 살펴보기

잠시 후 몇 개의 파일이 생성됩니다. 하나씩 간단히 살펴보겠습니다.

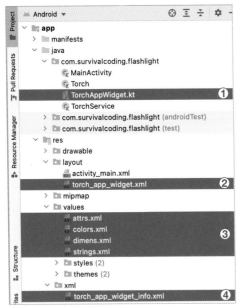

▶ 앱 위젯 관련 생성된 파일

① 앱 위젯을 클릭할 때의 동작을 작성하는 곳입니다.

② 앱 위젯의 레이아웃을 정의한 파일입니다.

③ 속성, 색상, 크기, 문자열 정보들이 추가되거나 수정되어 있습니다.

④ 앱 위젯의 각종 설정을 하는 파일입니다.

뭔가 복잡해보이지만 우리는 몇 군데만 수정합니다.

11.6.3 앱 위젯 레이아웃 수정

프로젝트 창에서 layout/torch_app_widget.xml 파일을 엽니다. 위젯을 배치했을 때 표시할 레이아웃입니다.

컴포넌트 트리 창에서 ① 텍스트 뷰를 선택하고 속성 창에서 text 속성을 수정하기 위해 ② 버튼을 클릭합니다. 물론 text 속성에서 '손전등'으로 수정을 해도 됩니다. 하지만 이왕 안드로이드 스튜디오에서 문자열 리소스로 만들어줬으니 정석대로 리소스를 수정하겠습니다.

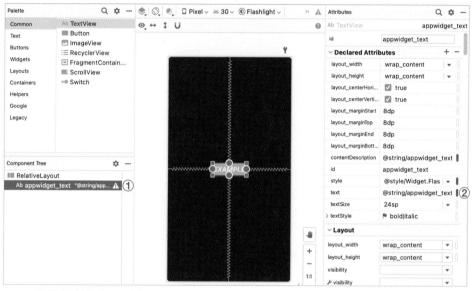

▶ text값 설정을 위해 리소스 선택

여기에 설정된 문자열은 strings.xml 파일에 appwidget_text라는 이름의 문자열로 지정되어 있습니다. ③ Open Translations를 클릭하고 OK를 클릭합니다. 3장에서 다국어화를 했을 때 봤던 번역 에디터 화면이 표시됩니다.

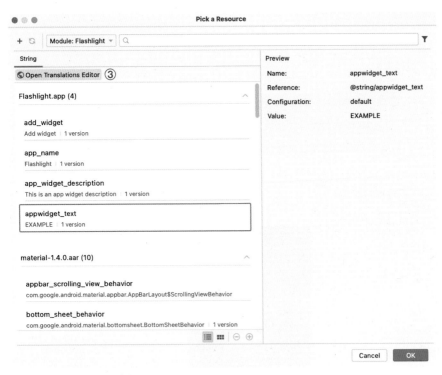

▶ Translations 에디터 열기

Key값이 appwidget_text인 문자열의 값을 ④ '손전등'으로 수정합니다.

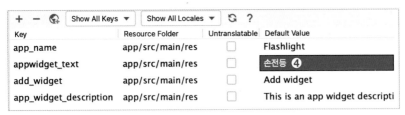

▶ Translations Editor

물론 values/strings.xml 파일을 열어서 직접 수정해도 됩니다. 추가로 app_widget_description 항목은 위젯의 설명을 작성하면 됩니다.

▶ values/strings.xml

다음으로 위젯을 클릭하면 플래시를 켜야 합니다. 그러려면 레이아웃 전체에 클릭 이벤트를 연결할 수 있도록 전체 레이아웃에 ID를 지정해야 합니다. 컴포넌트 트리 창에서 ⑤ RelativeLayout을 선택하고 속성 창에서 ID를 ⑥ appwidget_layout으로 수정합니다.

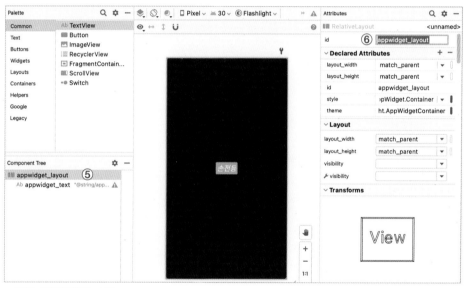

▶ 전체 레이아웃의 ID 수정

11.6.4 앱 위젯에서 손전등 켜기

레이아웃을 수정했으니 위젯을 클릭하면 플래시가 켜지도록 코드를 작성할 차례입니다.
TorchAppWidget.kt 파일을 열면 다음과 같은 기본 코드가 작성되어 있습니다.

```
TorchAppWidget.kt

class TorchAppWidget : AppWidgetProvider() {              // ①
    // ②
    override fun onUpdate(context: Context,
                          appWidgetManager: AppWidgetManager,
                          appWidgetIds: IntArray) {
        // There may be multiple widgets active, so update all of them
        for (appWidgetId in appWidgetIds) {               // ③
            updateAppWidget(context, appWidgetManager, appWidgetId)
        }
    }


    // ④
    override fun onEnabled(context: Context) {
        // Enter relevant functionality for when the first widget is created
    }


    // ⑤
    override fun onDisabled(context: Context) {
        // Enter relevant functionality for when the last widget is disabled
    }


    // ⑥
    internal fun updateAppWidget(context: Context,
                                 appWidgetManager: AppWidgetManager,
                                 appWidgetId: Int) {

        val widgetText = context.getString(R.string.appwidget_text)
        // Construct the RemoteViews object
        val views = RemoteViews(context.packageName, R.layout.torch_app_widget) // ⑦
        views.setTextViewText(R.id.appwidget_text, widgetText)           // ⑧

        // 추가로 작성할 부분    // ⑨

        // Instruct the widget manager to update the widget
```

```
        appWidgetManager.updateAppWidget(appWidgetId, views)// ⑩
    }
}
```

① 앱 위젯용 파일은 AppWidgetProvider라는 일종의 브로드캐스트 리시버 클래스를 상속받습니다.

② onUpdate( ) 메서드는 위젯이 업데이트되어야 할 때 호출됩니다.

③ 위젯이 여러 개 배치되었다면 모든 위젯을 업데이트합니다.

④ 위젯이 처음 생성될 때 호출됩니다.

⑤ 여러 개일 경우 마지막 위젯이 제거될 때 호출됩니다.

⑥ 위젯을 업데이트할 때 수행되는 코드입니다.

⑦ 위젯은 액티비티에서 레이아웃을 다루는 것과는 조금 다릅니다. 위젯에 배치하는 뷰는 따로 있습니다. 그것들은 RemoteViews 객체로 가져올 수 있습니다.

⑧ setTextViewText( ) 메서드는 RemteViews 객체용으로 준비된 텍스트값을 변경하는 메서드입니다.

⑨ 여기서 위젯을 클릭했을 때의 처리를 추가해야 합니다.

⑩ 레이아웃을 모두 수정했다면 AppWidgetManager를 사용해 위젯을 업데이트합니다.

위젯을 구현하는 것이 이렇게 복잡합니다. 하지만 우리는 ⑨ 부분에 필요한 코드를 추가해야 한다는 사실만 기억합니다.

updateAppWidget( ) 메서드에 다음과 같이 코드를 추가합니다.

위젯 클릭 이벤트 추가 (TorchAppWidget.kt)
```
internal fun updateAppWidget(
    context: Context,
    appWidgetManager: AppWidgetManager,
    appWidgetId: Int
) {
    val widgetText = context.getString(R.string.appwidget_text)
    // RemoteView 객체를 구성합니다.
```

```kotlin
    val views = RemoteViews(context.packageName, R.layout.torch_app_widget)
    views.setTextViewText(R.id.appwidget_text, widgetText)

    // 실행할 Intent를 작성
    val intent = Intent(context, TorchService::class.java)   // ⑬
    val pendingIntent = PendingIntent.getService(
        context,
        0,
        intent,
        PendingIntent.FLAG_IMMUTABLE
    ) // ⑫

    // 위젯을 클릭하면 위에서 정의한 Intent를 실행
    views.setOnClickPendingIntent(R.id.appwidget_layout, pendingIntent) // ⑪

    // 위젯 관리자에게 위젯을 업데이트하도록 지시합니다.
    appWidgetManager.updateAppWidget(appWidgetId, views)
}
```

RemoteViews 객체는 위젯의 전체 레이아웃의 정보입니다. 여기에 포함된 텍스트 뷰의 글자를 바꿀 때 setTextViewText( ) 메서드를 사용했습니다.

⑪ 클릭 이벤트를 연결하려면 setOnClickPendingIntent( ) 메서드를 사용합니다. 여기에는 클릭이 발생할 뷰의 ID와 PendingIntent 객체가 필요합니다.

PendingIntent는 실행할 인텐트 정보를 가지고 있다가 수행해줍니다. 다음과 같이 어떤 인텐트를 실행할지에 따라서 다른 메서드를 사용해야 합니다.

- **PendingIntent.getActivity( )** : 액티비티 실행
- **PendingIntent.getService( )** : 서비스 실행
- **PendingIntent.getBroadcast( )** : 브로드캐스트 실행

TorchService 서비스를 실행하는 데 ⑫ PendingIntent.getService( ) 메서드를 사용합니다. 전달하는 인자는 컨텍스트, 리퀘스트 코드, ⑬ 서비스 인텐트, 플래그 4개입니다. 리퀘스트 코드는 사용하지 않기 때문에 0을 전달합니다. 플래그는 앱 위젯의 모양이 변하지 않아도 되면 FLAG_IMMUTABLE을 설정합니다.

이제 위젯을 클릭하면 TorchService 서비스가 시작됩니다.

하지만 TorchService는 인텐트에 ON 또는 OFF 액션을 지정해서 켜거나 껐습니다. 위젯의 경우 어떤 경우가 ON이고 OFF인지 알 수 없기 때문에 액션을 지정할 수가 없습니다. 액션이 지정되지 않아도 플래시가 동작하도록 TorchService.kt 파일을 수정해야 합니다.

TorchService.kt 파일을 열고 다음과 같이 코드를 수정합니다.

액션이 없을 때도 동작하도록 수정 (TorchService.kt)

```kotlin
class TorchService : Service() {
  private val torch: Torch by lazy {
    Torch(this)
  }

  private var isRunning = false          // ⑭

  override fun onStartCommand(intent: Intent?, flags: Int, startId: Int): Int {
    when (intent?.action) {
      // 앱에서 실행할 경우
      "on" -> {
        torch.flashOn()
        isRunning = true                 // ⑮
      }
      "off" -> {
        torch.flashOff()
        isRunning = false                // ⑯
      }
      // 서비스에서 실행할 경우
      else -> {                          // ⑰
        isRunning = !isRunning
        if (isRunning) {
          torch.flashOn()
        } else {
          torch.flashOff()
        }
      }
    }
    return super.onStartCommand(intent, flags, startId)
  }

  override fun onBind(intent: Intent): IBinder {
    TODO("Return the communication channel to the service.")
```

```
    }
}
```

⑭ 플래시가 켜졌는지 꺼졌는지(⑮, ⑯)를 알기 위해 isRunning 변수를 추가했습니다. 위젯에서 서비스가 시작될 때는 액션값이 설정되지 않기 때문에 ⑰ else문이 실행됩니다. 여기서 isRunning값에 따라서 플래시를 켜거나 끄는 동작이 결정됩니다.

앱 위젯에 배치하는 뷰

앱 위젯에 배치하는 뷰는 정해져 있습니다.

레이아웃으로는 다음 4가지만 가능합니다. 아직 ConstraintLayout은 지원되지 않습니다.

- FrameLayout
- LinearLayout
- RelativeLayout
- GridLayout

레이아웃에 배치하는 뷰는 다음 12종만 가능합니다.

- AnalogClock
- Button
- Chronometer
- ImageButton
- ImageView
- ProgressBar
- TextView
- ViewFlipper
- ListView
- GridView
- StackView
- AdapterViewFlipper

11.6.5 앱 위젯 배치

위젯 코드가 반영되도록 앱을 실행하고 바로 종료합니다. 런처의 빈 공간을 길게 클릭하면 위젯을 배치할 수 있습니다. ① '위젯'을 클릭하고 스크롤하여 우리가 구현한 ② Flashlight 위젯을 다시 길게 클릭합니다. 그런 다음 런처의 ③ 빈 공간에 놓습니다. ② 미리보기 이미지는 앱 위젯을 생성 시 drawable 폴더에 생성된 example_appwidget_preview.png 파일입니다.

▶ 앱 위젯의 배치

필요하다면 이 파일을 다른 이미지 파일로 교체합니다.

▶ 앱 위젯의 미리보기 이미지

그리고 미리보기 이미지를 포함하여 각종 위젯의 정보는 xml/torch_app_widget_info. xml 파일에 작성되어 있습니다. 예제에서는 특별히 수정하지 않습니다만 어떻게 생겼는지는 한 번 보시기 바랍니다. 처음에 앱 위젯을 작성할 때 선택하는 설정이 이 파일에 기술됩니다. resizeMode 설정이 horizontal과 vertical로 설정되어 위젯의 크기를 사방으로 조절할 수 있습니다.

▶ 앱 위젯의 정보

위젯의 크기를 조절하려면 배치된 위젯을 길게 클릭하여 크기 조절 모드로 변경합니다. ④ 아이콘을 드래그하여 원하는 크기로 조절합니다. 조절이 끝나면 런처의 빈 공간을 터치합니다.

▶ 위젯의 크기 조절

11.6.6 앱 위젯 사용하기

이제 위젯이 잘 동작하는지 테스트합니다. 처음에 얘기했듯이 이 예제는 에뮬레이터와 안드로이드 6.0 미만에서는 동작하지 않습니다. 또한 이 예제는 서비스와 앱 위젯을 다루는 기초 지식을 학습하는 데 집중해서 예외 처리를 제대로 하지 않았습니다. 버그가 있는 점을 감안하고 테스트해주세요.

> **위젯이 동작하지 않을 때 이렇게 해보세요!**
>
> 1. 앱에서 플래시를 한번 켰다 끄고 위젯이 동작하는지 확인합니다.
> 2. 위젯을 배치한 상태에서 코드를 수정하여 재실행하면 기존의 위젯이 동작하지 않을 수 있습니다. 위젯을 삭제하고 다시 배치합니다.

11.7 마치며

이 장에서는 카메라의 플래시를 제어하여 손전등 앱을 만들고 더 나아가 앱 위젯까지 작성했습니다. 서비스나 앱 위젯이 어렵게 느껴질 수 있습니다. 하지만 유용한 기능이니까 이번 기회에 익혀두시기 바랍니다.

- CameraManager 객체를 사용하여 카메라와 플래시를 조작할 수 있습니다. 플래시는 안드로이드 버전별로 API 사용 방법이 변경되었습니다.
- 서비스는 화면이 없고 백그라운드에서 어떠한 동작을 하는 액티비티와 별개로 동작하는 컴포넌트입니다.
- 앱 위젯은 런처에서 특정 인텐트, 서비스, 브로드캐스트를 수행할 수 있습니다. 플래시를 서비스에 구현하여 앱 위젯에서 이 서비스를 시작하여 플래시를 켜고 끌 수 있습니다.

12장
실로폰

이 장에서는 실로폰 앱을 만들어보며
안드로이드에서 음원 파일을 재생하는 여러 방법을 배우고
상황에 따라 더 적절한 방법을 선택하는 기준에 대해 배웁니다.

12 실로폰

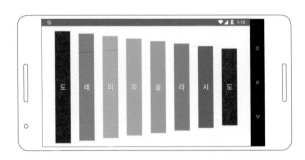

난이도	★☆☆
프로젝트명	Xylophone
기능	• 음판을 누르면 소리가 재생됩니다.
핵심 구성요소	• SoundPool : 음원을 관리하고 재생하는 클래스입니다. • 뷰 바인딩 : findViewById( )를 사용하지 않고 쉽게 레이아웃에 정의한 객체를 사용할 수 있는 기능

12.1 해법 요약

실로폰 앱은 가로화면으로 고정된 한 액티비티에 도, 레, 미, 파, 솔, 라, 시, 도 음판이 있습니다. 음판을 누르면 해당 음이 재생됩니다. 음판은 텍스트 뷰 속성을 수정하고, 소리는 SoundPool 클래스를 사용하여 재생합니다.

구현 순서는 다음과 같습니다.

1. **준비하기** : 프로젝트 생성
2. **스텝 1** : 레이아웃 작성
3. **스텝 2** : 소리 재생하기

12.2 준비하기

프로젝트를 생성하고 뷰 바인딩을 설정합니다.

12.2.1 프로젝트 생성

다음과 같이 프로젝트를 생성합니다.

- **프로젝트명** : Xylophone
- **minSdkVersion** : 21
- **기본 액티비티** : Empty Activity

프로젝트를 생성했다면 5.2.2절 '뷰 바인딩'을 참고하여 뷰 바인딩 설정을 추가해둡니다.

```
앱 수준의 build.gradle

android {
    ...
    buildFeatures {
        viewBinding true
    }
}
```

MainActivity.kt

```kotlin
class MainActivity : AppCompatActivity() {
    private val binding by lazy {
        ActivityMainBinding.inflate(layoutInflater)
    }

    override fun onCreate(savedInstanceState: Bundle?) {
        super.onCreate(savedInstanceState)
        setContentView(binding.root)
    }
}
```

12.3 [스텝 1] 레이아웃 작성

실로폰 화면을 작성합니다. 구현 순서는 다음과 같습니다.

1. 가로 모드로 고정하기
2. 텍스트 뷰로 음판 만들기

12.3.1 가로 모드로 고정하기

실로폰 예제는 화면을 가로 모드로 고정해야 합니다. 수평 측정기 예제에서 가로 모드로 고정하는 방법에 대해서 다뤘습니다(8.4.7절 '가로모드로 고정하기' 참조).

```kotlin
override fun onCreate(savedInstanceState: Bundle?) {
    // 화면이 가로 모드로 고정되게 하기
    requestedOrientation = ActivityInfo.SCREEN_ORIENTATION_LANDSCAPE
    super.onCreate(savedInstanceState)
    setContentView(binding.root)
}
```

이번에는 가로 모드로 고정하는 또 다른 방법을 소개합니다. 매니페스트 파일에서 액티비티의 screenOrientation 속성에 landscape를 설정해도 같은 효과를 냅니다. 이번 예제에서는 이 방법을 적용하겠습니다.

가로 모드 고정 (AndroidManifest.xml)

```xml
<manifest xmlns:android="http://schemas.android.com/apk/res/android"
    package="com.survivalcoding.xylophone">

    <application
        android:allowBackup="true"
        android:icon="@mipmap/ic_launcher"
        android:label="@string/app_name"
        android:roundIcon="@mipmap/ic_launcher_round"
        android:supportsRtl="true"
        android:theme="@style/Theme.Xylophone">
        <activity
            android:name=".MainActivity"
            android:exported="true"
            android:screenOrientation="landscape">
            <intent-filter>
                <action android:name="android.intent.action.MAIN" />

                <category android:name="android.intent.category.LAUNCHER" />
            </intent-filter>
        </activity>
    </application>

</manifest>
```

레이아웃 에디터에서 미리보기를 가로 모드로 변경해야 합니다. activity_main.xml 파일을 열고 레이아웃 에디터를 가로 모드로 작업할 수 있도록 ① Orientation for Preview를 클릭하여 ② Landscape를 선택합니다.

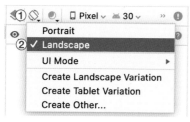

▶ 레이아웃 에디터 가로 모드로 미리보기

12.3.2 텍스트 뷰로 음판 만들기

음판을 적당히 배치한 후에 한 번에 제약을 추가하겠습니다. 먼저 ① Autoconnect 모드를 끕니다. 음판 중앙에는 계이름을 적고 배경색은 다양하게 설정합니다. 텍스트 뷰의 속성을 변경하면 음판을 만들 수 있습니다. 레이아웃에 기본으로 배치된 텍스트 뷰를 삭제하고 팔레트 창의 Common 카테고리의 ② TextView를 선택하여 ③ 화면의 좌측에 적당한 위치에 배치합니다.

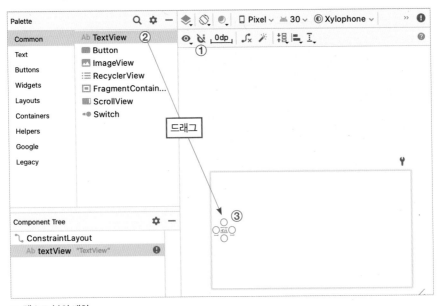

▶ 텍스트 뷰의 배치

배치한 텍스트 뷰의 속성을 다음과 같이 설정합니다.

④ **ID :** do1
⑤ **layout_width :** 50dp
⑥ **layout_height :** (0dp) match_constraint
⑦ **위, 아래 여백 :** 16

좌, 우의 여백 제약은 모든 음판을 배치한 후에 한 번에 설정합니다. 여기서는 위, 아래 여백에 대한 제약만 추가합니다.

⑧ **text :** 도

⑨ **textAppearance :** AppCompat.Large

⑩ **textColor :** @color/white

⑪ **gravity :** center

gravity 속성은 뷰의 콘텐츠(텍스트 뷰의 경우 글자)의 위치를 결정하는 속성입니다.

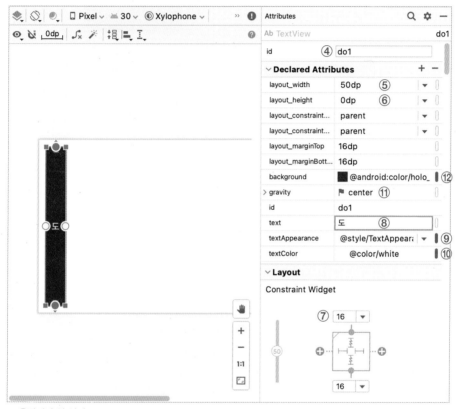

▶ 음판의 속성 설정

텍스트 뷰의 배경색을 변경하려면 background 속성을 설정합니다. 색상을 선택하려면 ⑫를 클릭합니다.

이미지 리소스를 선택하는 화면에서 안드로이드에 미리 정의된 색상 중에서 하나를 선택합니다. 여기서는 Color 탭에서 ⑬ red를 검색하고 ⑭ holo_red_dark를 선택한 후 OK를 클릭합니다.

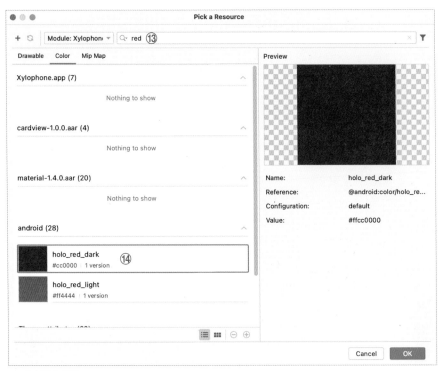

▶ 배경 색상 선택

같은 방식으로 음판을 7개 더 배치합니다. 다음은 모든 음판의 공통 속성입니다.

- **layout_width** : 50dp
- **layout_height** : match_constraint
- **위, 아래 여백** : 16
- **textAppearance** : AppCompat.Large
- **textColor** : @color/white
- **gravity** : center

개별 속성은 다음과 같습니다.

ID	위, 아래 여백	text	background
re	24	레	holo_orange_dark
mi	32	미	holo_orange_light
fa	40	파	holo_green_light

sol	48	솔	holo_blue_light
la	56	라	holo_blue_dark
si	64	시	holo_purple
do2	72	도	holo_red_dark

▶ 개별 속성

모든 음판을 적당히 배치하고 텍스트 뷰 하나를 선택한 상태에서 Ctrl 키를 누른 상태로 다른 텍스트 뷰들을 하나씩 클릭하여 모두 선택합니다. 마우스 오른쪽 버튼을 눌러 보조 메뉴를 표시하고 Chains → ⑮ Create Horizontal Chain을 클릭합니다. 이 메뉴는 선택된 모든 뷰를 수평 방향 체인으로 설정합니다.

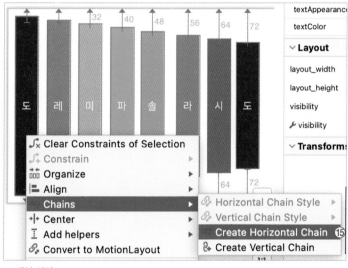

▶ 체인 설정

체인이 설정되면 다음과 같이 사슬 모양으로 연결된 것을 확인할 수 있습니다.

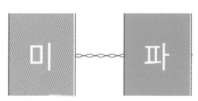

▶ 체인이 설정된 모습

체인이 연결된 모습입니다.

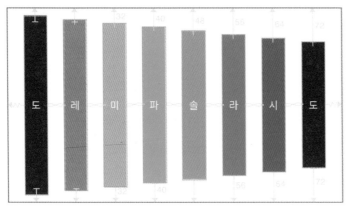

▶ 좌우 균등 여백으로 체인 설정

참고로 체인 모드는 몇 가지가 있는데 아무 체인을 선택하고 우클릭을 누르면 Chains –〉
Horizontal Chain Style 메뉴의 여러가지 체인 모드를 선택할 수 있습니다.

체인 모드

체인 모드는 총 3가지로 분산 체인(Spread), 체인 내부에서 분산(Spread Inside), 중앙 배치 체인(packed)
이며 다른 속성들과 결합하여 다음과 같이 다양한 형태의 체인 설정이 가능합니다.

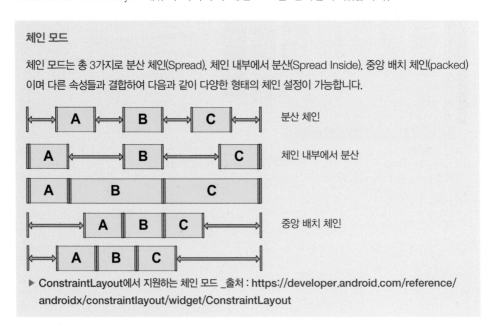

▶ ConstraintLayout에서 지원하는 체인 모드 _출처 : https://developer.android.com/reference/
androidx/constraintlayout/widget/ConstraintLayout

12.4 [스텝 2] 소리 재생하기

안드로이드 버전 따른 소리 재생 방법을 다루고 버전 분기에 대해서도 알아봅니다. 구현 순서는 다음과 같습니다.

1. raw 리소스 디렉터리 추가
2. 실로폰 소리 파일 준비하기
3. 안드로이드에서 소리를 재생하는 방법
4. SoundPool 초기화 버전 분기
5. 음판에 동적으로 클릭 이벤트 정의하기

12.4.1 raw 리소스 디렉터리 추가

wav, mp3 등의 사운드 파일은 raw 리소스 디렉터리에 넣어서 사용합니다. 기본 생성되지 않기 때문에 추가해야 합니다. raw 디렉터리를 생성하려면 프로젝트 창에서 res 폴더를 선택하고 마우스 오른쪽 버튼 클릭 또는 안드로이드 스튜디오 상단 메뉴에서 File → New → Android Resource Directory를 클릭합니다.

새로운 리소스 디렉터리 생성 화면이 표시됩니다. Resource type 드롭다운 리스트를 클릭하여 ① raw를 선택하고 ② OK를 클릭합니다.

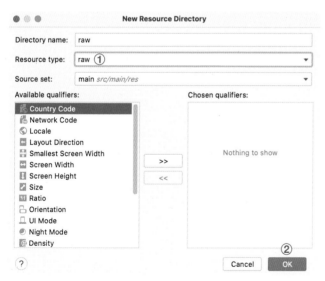

▶ raw 리소스 디렉터리 생성

12.4.2 실로폰 소리 파일 준비하기

실로폰 소리 파일을 http://bit.ly/2K9dQjo에서 다운로드받습니다. 도$_{do1}$, 레$_{re}$, 미$_{mi}$, 파$_{fa}$, 솔$_{sol}$, 라$_{la}$, 시$_{si}$, 도$_{do2}$의 실로폰 소리 wav 파일을 모두 제공합니다. 링크로 접속하여 각 파일을 클릭하면 다운로드 버튼이 있습니다.

▶ 음원 파일 다운로드

소리 파일 이름을 바꿔도 됩니다. 리소스 디렉터리에 포함되는 파일 이름은 소문자 알파벳과 _ 기호와 숫자로 구성됩니다. 이때 파일 이름은 숫자로 시작하지 않아야 합니다!

모든 파일을 선택하여 단축키 Ctrl + C ⌘ + ⓒ 를 눌러 클립보드에 복사합니다.

▶ 실로폰 소리 파일

프로젝트 창에서 ① raw 디렉터리를 선택하고 단축키 Ctrl + V ⌘+⍽를 누릅니다. 다음과 같이 붙여넣을 파일 이름을 수정하는 화면이 표시되는데 여기서는 그대로 ② OK를 클릭합니다.

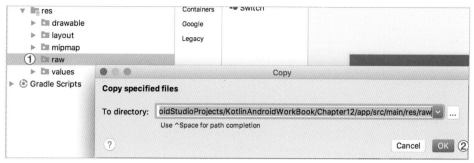

▶ 파일 붙여넣기

다음과 같이 raw 디렉터리에 실로폰 소리 파일을 붙여넣기만 하면 준비가 완료됩니다.

▶ 실로폰 소리 파일

12.4.3 안드로이드에서 소리를 재생하는 방법

안드로이드에서 소리를 재생하는 몇 가지 방법을 먼저 알아보겠습니다. 대표적으로 MediaPlayer 클래스와 SoundPool 클래스를 사용하는 방법이 있습니다.

일반적인 소리 파일 연주에는 MediaPlayer 클래스를 사용합니다. 클래스 이름을 보면 알겠지만 음악 파일과 비디오 파일을 모두 재생할 수 있습니다. MediaPlayer로 raw 디렉터리 파일을 재생하는 코드는 다음과 같이 간단합니다. 사용이 끝나면 반드시 release( ) 메서드를 호출하여 자원을 해제해야 합니다.

```
// raw 디렉터리의 do1 파일을 재생하는 예
val mediaPlayer = MediaPlayer.create(this, R.raw.do1)
button.setOnClickListener{ mediaPlayer.start() }

...

// 사용이 끝나면 릴리즈해야 함
mediaPlayer.release()
```

MediaPlayer 클래스는 일반적으로 소리를 한 번만 재생하는 경우 또는 노래나 배경음과 같은 경우에는 유용합니다. 하지만 실로폰과 같이 연타를 해서 연속으로 소리를 재생하는 경우에는 SoundPool 클래스가 더 유용합니다.

SoundPool은 다음과 같이 사용합니다. Builder( ).build( ) 메서드로 SoundPool 객체를 생성하고 load( ) 메서드로 소리 파일을 로드하여 그 아이디를 반환합니다.

```
val soundPool = SoundPool.Builder().build()

val soundId = soundPool.load(this, R.raw.do1, 1)
button.setOnClickListener{ soundPool.play(soundId, 1.0f, 1.0f, 0, 0, 1.0f) }
```

load( ) 메서드와 play( ) 메서드의 원형은 다음과 같습니다.

```
// 음원을 준비하여 id를 반환합니다.
load(context: Context, resId: Int, priority: Int) :
```

- **context** : 컨텍스트를 지정합니다. 액티비티를 지정합니다.
- **resId** : 재생할 raw 디렉터리의 소리 파일 리소스를 지정합니다.
- **priority** : 우선순위를 지정합니다. 숫자가 높으면 우선순위가 높습니다.

```
// 음원을 재생합니다.
play(soundId: Int, leftVolume: Float, rightVolume: Float, priority: Int, loop: Int,
    rate: Float) :
```

- **soundId** : load( ) 메서드에서 반환된 음원의 id를 지정합니다.
- **leftVolume** : 왼쪽 볼륨을 0.0 ～ 1.0 사이에서 지정합니다.
- **rightVolume** : 오른쪽 볼륨을 0.0 ～ 1.0 사이에서 지정합니다.
- **priority** : 우선순위를 지정합니다. 0이 가장 낮은 순위입니다.

- **loop** : 반복을 지정합니다. 0이면 반복하지 않고 −1이면 반복합니다.
- **rate** : 재생 속도를 지정합니다. 1.0이면 보통, 0.5이면 0.5배속, 2.0이면 2배속입니다.

실로폰은 연속으로 재생하는 경우이므로 SoundPool 클래스를 사용하겠습니다.

12.4.4 SoundPool 객체 정의

MainActivity 파일을 열고 SoundPool 객체를 초기화하는 코드를 작성합니다. setMaxStreams( ) 메서드는 한꺼번에 재생하는 음원 개수를 지정할 수 있습니다. 여기서는 음원 파일 개수에 맞춰 8개를 동시에 재생할 수 있게 했습니다. load( ) 메서드로 음원 8개를 한 번에 로드할 수 있습니다.

SoundPool 객체 정의 (MainActivity.kt)

```kotlin
class MainActivity : AppCompatActivity() {
    private val binding by lazy {
        ActivityMainBinding.inflate(layoutInflater)
    }

    private val soundPool = SoundPool.Builder().setMaxStreams(8).build()

    override fun onCreate(savedInstanceState: Bundle?) {
        super.onCreate(savedInstanceState)
        setContentView(binding.root)
    }
}
```

12.4.5 음판에 동적으로 클릭 이벤트 정의하기

음판을 눌렀을 때 해당 음계를 재생하도록 다음과 같이 코드를 작성합니다. 미리 텍스트 뷰와 음원을 연관 지은 리스트를 준비하여 이 리스트를 반복 순회하여 클릭 이벤트를 정의하고 있습니다.

코드 작성 (MainActivity.kt)

```kotlin
class MainActivity : AppCompatActivity() {
    private val binding by lazy {
        ActivityMainBinding.inflate(layoutInflater)
    }
```

```kotlin
private val soundPool = SoundPool.Builder().setMaxStreams(8).build()

private val sounds by lazy {          // ①
    listOf(
        Pair(binding.do1, R.raw.do1),
        Pair(binding.re, R.raw.re),
        Pair(binding.mi, R.raw.mi),
        Pair(binding.fa, R.raw.fa),
        Pair(binding.sol, R.raw.sol),
        Pair(binding.la, R.raw.la),
        Pair(binding.si, R.raw.si),
        Pair(binding.do2, R.raw.do2),
    )

}

override fun onCreate(savedInstanceState: Bundle?) {

    super.onCreate(savedInstanceState)
    setContentView(binding.root)

    sounds.forEach { tune(it) }     // ②
    }
}

private fun tune(pitch: Pair<TextView, Int>) {      // ③
    val soundId = soundPool.load(this, pitch.second, 1)    // ④
    pitch.first.setOnClickListener
{                                      // ⑤
        soundPool.play(soundId, 1.0f, 1.0f, 0, 0, 1.0f) // ⑥
    }
}

override fun onDestroy() {
    super.onDestroy()
    soundPool.release()     // ⑦
}
}
```

① 먼저 listOf( ) 함수를 사용하여 텍스트 뷰와 음원 파일의 리소스 ID를 연관 지은 Pair 객체 8개를 리스트 객체 sounds로 만듭니다. Pair 클래스는 두 개의 연관된 객체를 저장합니다.

② sounds 리스트를 forEach( ) 함수를 사용하여 요소를 하나씩 꺼내서 tune( ) 메서드에 전달합니다.

③ tune( ) 메서드는 Pair 객체를 받아서 ④ load( ) 메서드로 음원의 ID를 얻고 ⑤ 전달받은 Pair 객체의 첫번째 프로퍼티인텍스트 뷰를 얻고 ⑥ 텍스트 뷰를 클릭했을 때 음원을 재생합니다.

⑦ 앱을 종료할 때는 반드시 release( ) 메서드를 호출하여 SoundPool 객체의 자원을 해제합니다.

앱을 실행하여 소리가 잘 난다면 성공입니다.

12.5 마치며

이 장에서는 안드로이드에서 소리 파일을 재생하는 방법을 알아보고 실로폰을 만들어보았습니다.

- 소리를 재생하려면 MusicPlayer 또는 SoundPool 클래스를 사용합니다.
- 일반적인 경우 MusicPlayer 클래스가 간편하지만 연속으로 소리를 재생하는 경우에는 SoundPool 클래스를 사용합니다.
- 뷰가 여러 개일 때는 forEach( ) 함수 등을 사용하여 동적으로 클릭 이벤트를 구현할 수 있습니다.

13장
Todo 리스트

이 장에서는 할 일 정보를 데이터베이스에 저장하는 Todo 리스트 앱을 만듭니다.
Room 데이터베이스를 사용하여 할 일 정보를 저장, 수정, 삭제하는 방법에 대해 알아보고
리사이클러 뷰와 데이터베이스를 연동하여 내용을 표시하는 방법을 알아봅니다.

Todo 리스트

난이도	★★★
프로젝트명	Todo 리스트
기능	• 할 일 목록을 표시합니다. • 할 일을 데이터베이스에 추가, 수정, 삭제합니다.
핵심 구성요소	• RecyclerView : 목록을 표현하는 리스트형 뷰입니다. • **뷰 바인딩** : findViewById( )를 사용하지 않고 쉽게 레이아웃에 정의한 객체를 사용할 수 있는 기능 • ViewMode : UI에 표시할 데이터나 로직을 관리하기 유용한 객체입니다. • Flow : 데이터를 관찰 가능하게 합니다.
라이브러리 설정	• Room : 모바일 데이터베이스

13.1 해법 요약

Todo 리스트 예제는 할 일 목록을 표시하는 화면과 할 일을 추가, 수정, 삭제하는 화면 두 개로 구성됩니다. 할 일 목록은 RecyclerView를 사용하여 표현합니다. 데이터베이스로는 모바일에서 SQLite를 대체할 정도로 인기가 높은 Room을 사용합니다. Room은 SQL 문법을 몰라도 데이터베이스를 쉽게 사용할 수 있습니다. 그리고 Flow와 ViewModel을 사용하여 변경된 데이터를 관찰하고 UI와 로직을 분리하는 방법도 다룹니다. 이번 장은 조금 어렵더라도 잘익혀두시면 안드로이드 앱 개발이 더욱 쉬워질 겁니다.

구현 순서는 다음과 같습니다.

1. **준비하기** : 프로젝트 생성 및 안드로이드 설정
2. **스텝 1** : 레이아웃 작성
3. **스텝 2** : Room 데이터베이스
4. **스텝 3** : 리사이클러 뷰와 데이터베이스 연동

13.2 준비하기

Basic Activity로 프로젝트를 생성합니다

13.2.1 프로젝트 생성
다음과 같이 프로젝트를 생성합니다.

- **프로젝트명** : TodoList
- **minSdkVersion** : 21
- **기본 액티비티** : Basic Activity

13.2.2 Basic Activity 작성
Basic Activity는 하나의 액티비티와 두 개의 프래그먼트로 구성되어 있고 프래그먼트간에 화면 전환이 가능한 형태입니다. 이번 예제에서는 기본 액티비티로 ① Basic Activity를 선택하고 ② Next를 클릭합니다.

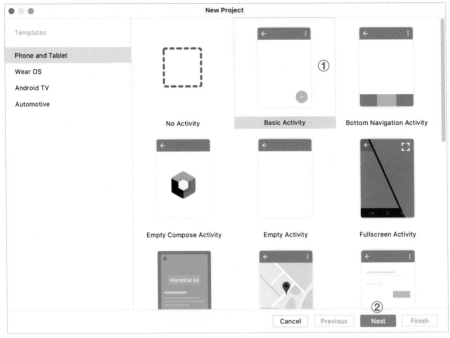

▶ Basic Activity 선택

프로젝트 이름을 TodoList로 설정하여 프로젝트를 생성합니다.

13.3 [스텝1] 레이아웃 작성

두 화면의 레이아웃을 작성합니다. 구현 순서는 다음과 같습니다.

1. 동작 분석
2. Basic Activity 분석
3. 첫 번째 화면의 레이아웃 작성
4. 두 번째 액티비티 추가
5. 날짜 선택을 위한 CalendarView 배치
6. 할 일을 입력하는 EditText 추가
7. 필요한 이미지 리소스 추가
8. 완료 버튼 추가

9. 삭제 버튼 추가

10. 추가 버튼의 이미지 변경

13.3.1 동작 분석

레이아웃의 구성요소를 분석하겠습니다. 첫 번째 화면에는 할 일 목록을 표시하는 ①
RecyclerView가 있습니다. 새로운 할 일을 추가하려면 ② FAB를 클릭하여 두 번째 화면을
표시합니다.

두 번째 화면에는 날짜를 선택하는 ⑤ CalendarView가 있습니다. 할 일 내용은 ⑥ EditText
에 작성합니다. 작성이 완료되면 ④ 완료 FAB를 클릭합니다.

③ 삭제 FAB는 ② FAB를 클릭했을 때는 보이지 않고 ① 을 선택했을 때는 보여야 합니다.

▶ 레이아웃 분석

RecyclerView와 CalendarView는 이 예제에서 처음 사용해보는군요.

13.3.2 Basic Activity 분석

기본 액티비티로 Basic Activity를 선택하여 프로젝트를 생성했다면 클래스가 세 개, 레이아
웃 파일이 네 개가 생성됩니다. 그리고 res/navigation/nav_graph.xml 이라는 처음보는 파
일도 생성됩니다.

프로젝트 창에서 ① activity_main.xml 파일을 열어봅니다. 컴포넌트 트리 창이나 속성 창을 보면 (②, ③) content_main.xml 파일이 포함include되어 있습니다. xml 파일은 다른 xml 파일을 include 속성으로 포함할 수 있습니다. 그래서 복잡한 화면을 구성할 때는 여러 xml 파일로 분리하여 레이아웃을 작성할 수 있습니다.

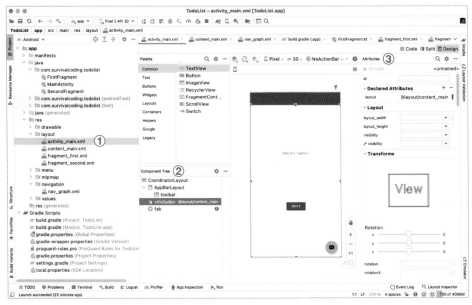

▶ 레이아웃

레이아웃 전체를 구성하는 activity_main.xml 파일은 액션바, 플로팅 액션 버튼, content_main.xml 파일로 구성됩니다. content_main.xml 파일이 콘텐츠 영역이 됩니다.

- **activity_main.xml**
  - 액션바(AppbarLayout, toolbar)
  - content_main.xml
  - 플로팅 액션 버튼(fab)

이번엔 ④ content_main.xml을 열어봅니다. 내부에는 프래그먼트가 배치되어 있으며 속성 중 ⑤ name과 ⑥ navGraph 항목을 확인합니다.

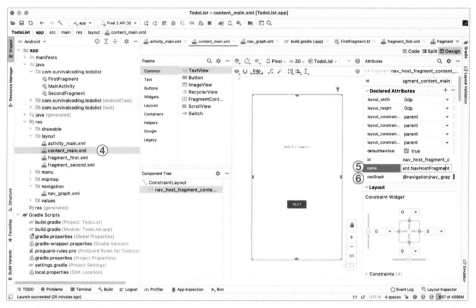

▶ content_main.xml

- **name** : androidx.navigation.fragment.NavHostFragment
- **navGraph** : @navigation/nav_graph

배치된 프래그먼트는 NavHostFragment인데 이 프래그먼트는 다른 프래그먼트들을 표시해 줍니다. 다른 프래그먼트들이 언제 표시되어야 하는지 정의하는 파일이 res/navigation/nav_graph.xml 입니다. navGraph 속성에 지정하고 있습니다.

이번엔 nav_graph.xml 파일을 열어봅니다. 이 파일에는 두 개의 프래그먼트가 어떤 관계로 화면 전환이 이루어질지 정의되어 있습니다.

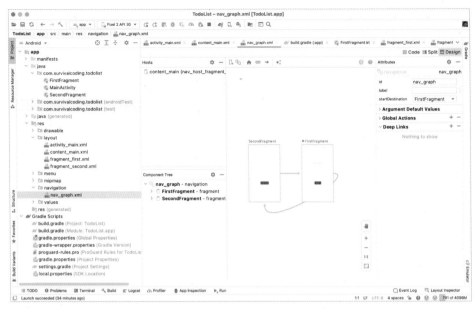

▶ nav_graph.xml

이번에 앱을 실행해 봅시다. 버튼을 누르면 화면이 전환되는 앱이 실행됩니다.

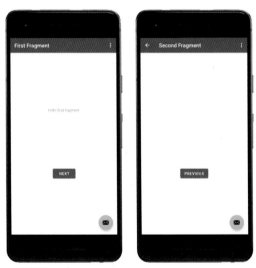

▶ 앱 실행

이제부터 이 기본 앱을 수정해 나가겠습니다. 새로운 것이 많이 등장하는데 겁먹지 마시고 이 책에서는 수정해 나가면서 조금씩 익혀 나가도록 하겠습니다.

13.3.3 첫 번째 화면의 레이아웃 작성

nav_graph 에서 집 모양 아이콘이 붙은 프래그먼트가 시작 지점이 됩니다.

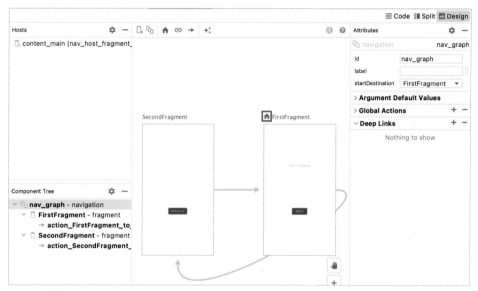

▶ 시작 지점

시작 지점을 변경할 수도 있는데 다른 프래그먼트를 선택하고 우클릭 후 Set as Start
Destination을 선택하면 됩니다. 지금은 변경 없이 진행하겠습니다.

시작 지점인 FirstFragment를 더블 클릭하면 fragment_first.xml 파일이 열립니다. 미리 작
성되어 있는 레이아웃은 삭제합니다.

① Autoconnect 모드를 켜고 팔레트 창에서 ② Common 카테고리의 ③ RecyclerView를
선택한 후 드래그하여 ④ 화면 중앙으로 배치합니다.

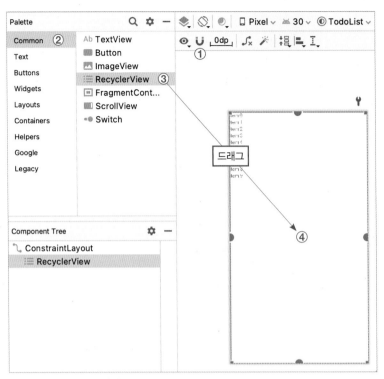

▶ RecyclerView의 배치

배치한 리사이클러 뷰의 속성을 다음과 같이 설정하여 화면을 꽉 채웁니다.

⑤ **ID :** recyclerView

⑥ **layout_width :** 0dp (match_constraint)

⑦ **layout_height :** 0dp (match_constraint)

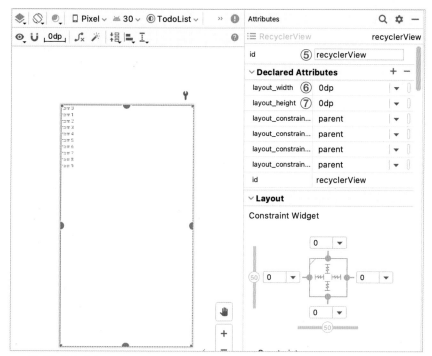

▶ 리사이클러 뷰 설정

다음으로 추가 버튼을 추가합니다. 팔레트 창의 Buttons에서 ⑧ FloatingActionButton을 클릭하여 ⑨ 우측 하단으로 드래그합니다.

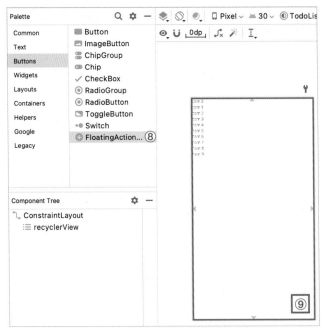

▶ 추가 버튼

다음과 같이 속성을 설정합니다.

- **id** : addFab
- **layout_width** : wrap_content
- **layout_height** : wrap_content
- **오른쪽, 아래 여백** : 16
- **src** : @drawable/ic_baseline_add_24

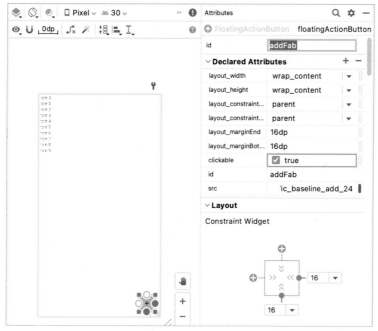

▶ 버튼의 속성

13.3.4 두 번째 화면의 레이아웃 작성

두 번째 화면을 수정합시다. fragment_second.xml 파일을 엽니다.

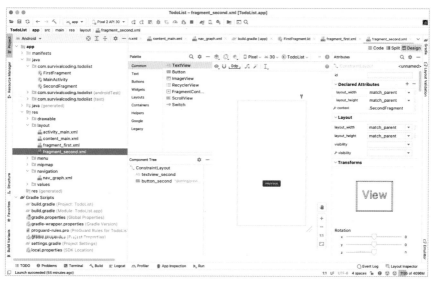

▶ 두 번째 화면의 레이아웃

13.3.5 달력 표시용 CalendarView 배치

fragment_second.xml 파일에 작성되어 있는 뷰 들을 모두 제거하고 팔레트 창의 Widgets 카테고리에서 ① CalendarView를 선택한 후 드래그하여 ② 레이아웃 상단에 배치합니다.

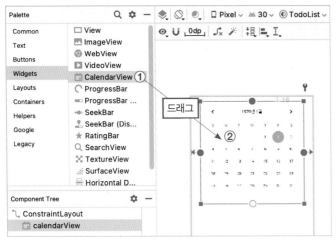

▶ CalendarView 배치

CalendarView는 날짜를 선택하는 달력 모양을 제공하는 뷰입니다. CalendarView의 속성을 다음과 같이 설정합니다.

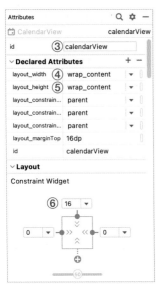

③ **ID :** calendarView

④ **layout_width :** wrap_content

⑤ **layout_height :** wrap_content

⑥ **위쪽 여백 :** 16

▶ CalendarView의 속성

13.3.6 할 일을 입력하는 EditText 추가

팔레트 창의 Text 카테고리에서 ① Plain Text를 선택한 후 드래그하여 ② CalendarView의 아래에 적당히 배치합니다.

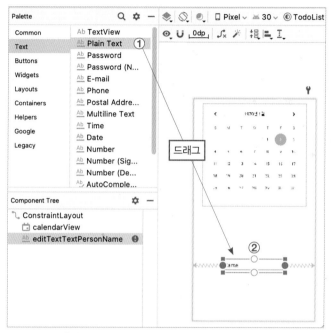

▶ EditText 추가

Autoconnect 모드는 부모 레이아웃과의 제약을 자동으로 만들어주지만, 자식 뷰 간의 제약은 자동으로 만들어주지 않습니다. 아마 좌우 여백에 대한 제약은 추가되어 있을 겁니다.

EditText와 CalendarView와의 제약을 추가합시다. 배치한 EditText의 상단 ③ 제약 추가 아이콘을 클릭 후 드래그하여 ④ CalendarView의 하단 제약 아이콘까지 드래그합니다. 우측 그림처럼 상단에 여백이 설정됩니다.

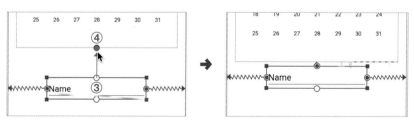

▶ EditText의 CalendarView와의 제약 추가

EditText의 속성을 다음과 같이 설정합니다.

⑤ **ID :** todoEditText

⑥ **layout_width :** match_constraint

⑦ **layout_height :** wrap_content

⑧ **위, 왼쪽, 오른쪽 여백 :** 16

⑨ **inputType :** text

⑩ **hint :** 할 일

⑪ **text :** (공백)

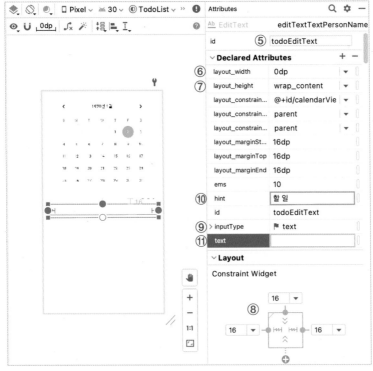

▶ **EditText**의 설정

13.3.7 필요한 이미지 리소스 추가

완료 버튼과 삭제 버튼에 표시할 이미지 리소스를 먼저 준비하겠습니다. 프로젝트 창의 패키지명에서 마우스 우클릭 또는 안드로이드 스튜디오 상단 메뉴에서 File → New → Vector Asset을 클릭합니다.

Asset Studio가 표시되면 ① Clip Art 아이콘을 클릭합니다.

▶ Asset Studio

② 검색 창에 각각 done을 검색하여 ③ 아이콘을 선택하고 OK를 클릭합니다.

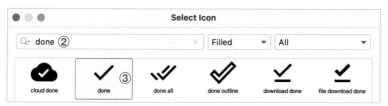

▶ 추가할 이미지 done

다음 화면에서 Next를 클릭하고 Finish를 클릭합니다.

같은 방법으로 삭제 아이콘도 생성합니다.

▶ 추가할 이미지 delete

추가로 첫 번째 화면의 FAB의 이미지도 + 아이콘으로 교체해주는 것이 좋겠네요. add 아이콘도 생성합니다.

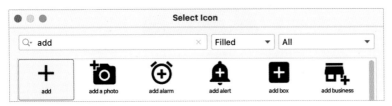

▶ 추가할 이미지 add

프로젝트 창의 res/drawable 폴더에 다음과 같이 이미지 리소스가 추가되면 성공입니다.

▶ 추가 된 이미지 리소스들

13.3.8 완료 버튼 추가

팔레트 창의 Buttons 카테고리에서 ① FloatingActionButton을 선택한 후 드래그하여 ② 레이아웃 우측 하단에 배치합니다.

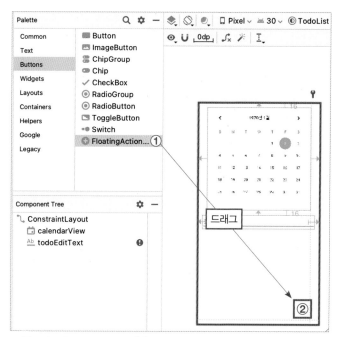

▶ FloatingActionButton 배치

배치한 FAB에 표시할 이미지 리소스를 선택하는 화면이 표시됩니다. ③ Drawable의
④ TodoList.app 항목에서 ⑤ done 이미지를 선택하고 ⑥ OK를 클릭합니다.

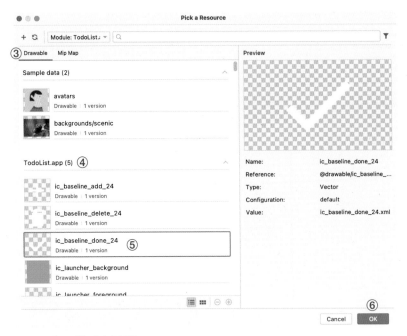

▶ FAB에 표시할 이미지 설정

완료 버튼이 추가되면 다음과 같이 속성을 설정합니다.

⑦ **ID :** doneFab

⑧ **아래, 오른쪽 여백 :** 16

⑨ **backgroundTint :** @android:color/holo_orange_light

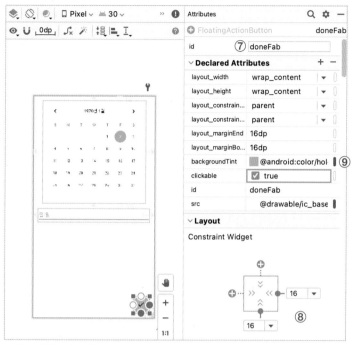

▶ 완료 버튼의 속성 설정

backgroundTint 변경할 때는 ⑨를 클릭하면 표시되는 화면에서 orange를 검색합니다.

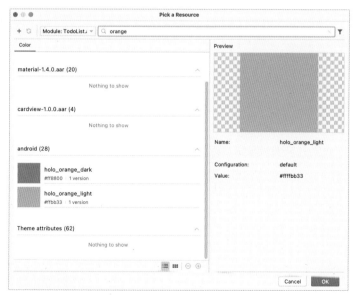

▶ 준비된 색상들

13.3.9 삭제 버튼 추가

완료 버튼과 같은 방법으로 FAB를 레이아웃의 ① 왼쪽 하단에 추가하고 다음과 같이 설정합니다.

　② **ID :** deleteFab

　③ **왼쪽, 아래 여백 :** 16

　④ **srcCompat :** @drawable/ic_baseline_delete_24

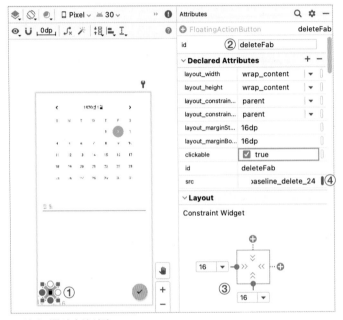

▶ 삭제 버튼의 속성 설정

13.3.10 에러 제거

activity_main.xml 파일을 열고 모든 화면에서 사용하는 공통 FAB는 삭제합니다. 우리는 각 화면마다 별도의 버튼을 가집니다. 컴포넌트 트리는 다음과 같아야 합니다.

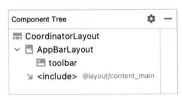

▶ 액티비티의 FAB 삭제

MainActivity.kt 파일을 열고 에러 나는 부분을 삭제합니다.

```
binding.fab.setOnClickListener { view ->
  Snackbar.make(view, "Replace with your own.action", Snackbar.LENGTH_LONG)
      .setAction("Action", null).show()
}
```

FirstFragment.kt에서 에러 나는 부분을 수정합니다. addFab 버튼을 클릭하면 두 번째 화면으로 넘어가는 코드입니다. findNavController()는 결국 content_main.xml에 배치된 NavHostFragment가 제공하는 NavController를 찾습니다. NavController의 navigate() 메서드를 통해 화면 전환을 할 수 있습니다.

```
override fun onViewCreated(view: View, savedInstanceState: Bundle?) {
  super.onViewCreated(view, savedInstanceState)

  binding.addFab.setOnClickListener {
      findNavController().navigate(R.id.action_FirstFragment_to_SecondFragment)
  }
}
```

SecondFragment.kt에서는 에러나는 부분을 삭제합니다.

```
binding.buttonSecond.setOnClickListener {
  findNavController().navigate(R.id.action_SecondFragment_to_FirstFragment)
}
```

앱을 실행해 보고 더하기 버튼을 눌러 두 번째 화면으로 잘 넘어가는지 확인합니다.

▶ 실행 확인

13.4 [스텝 2] Room 데이터베이스

5장에서 비만도 계산기를 구현하면서 데이터베이스를 사용하지 않고 SharedPreferences로 간단한 데이터를 저장했습니다. 연락처, 일정, 문자 같이 데이터가 복잡하고 양이 많다면 데이 터베이스를 활용해야 합니다. 안드로이드에서는 SQLite 데이터베이스를 지원합니다. SQLite 데이터베이스는 강력하지만 다루기 어렵고 코드양이 많아 초보자에게는 어려운 주제입니다. 그래서 이 예제에서는 SQLite 대신 Room 데이터베이스를 사용합니다.

구현 순서는 다음과 같습니다.

1. Room 데이터베이스 사용 준비
2. Room의 사용 방법
3. 할 일 데이터베이스 설계
4. Room 테이블 작성
5. Room 초기화
6. ViewModel을 Room 인스턴스 객체 얻기
7. 날짜를 다루는 Calendar 클래스 사용 방법
8. 할 일 추가, 수정, 삭제
9. 추가/수정 분기 처리

13.4.1 데이터베이스

데이터베이스란 데이터를 저장하는 저장소입니다. 안드로이드에서는 앱 별로 격리된 데이터베이스를 가질 수 있습니다. 다음 그림은 앱별로 격리된 데이터베이스를 보여줍니다.

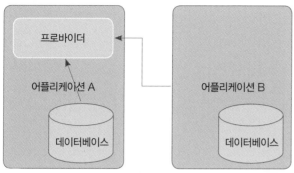

▶ 앱, 데이터베이스, 프로바이더의 관계

앱별로 제공되는 데이터베이스는 고유한 격리 공간에 있어서 외부 앱에서는 접근할 수 없습니다. 프로바이더는 앱이 가지고 있는 데이터베이스를 외부에 공개하는 기능을 제공합니다. 프로바이더에 대해서는 9장 전자액자를 참조하세요.

데이터베이스를 모르는 분들을 위해서 간단히 알아보겠습니다. 다음은 강아지 정보를 담고 있는 테이블(table)입니다. 테이블은 데이터를 담는 단위입니다. 예를 들어 스프레드시트도 일종의 데이터베이스인데 셀의 값은 데이터이고 시트는 테이블에 해당됩니다.

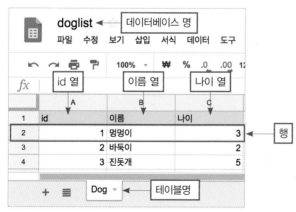

▶ Dog 테이블의 예

doglist라는 이름의 데이터베이스에는 Dog라는 테이블이 있고 id, 이름, 나이 열이 있습니다. 한 줄씩 열별로 데이터값이 저장됩니다. 이렇게 데이터베이스는 행열 구조로 데이터를 저장합니다. 그리고 다음 절에서 다루는 리사이클러 뷰에서는 표시되는 각 항목을 아이템이라고 부릅니다. 아이템에 데이터를 표시할 겁니다.

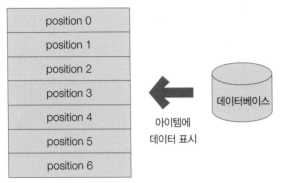

▶ 리사이클러 뷰에 데이터베이스의 데이터 표시

다음은 Room 데이터베이스를 구성하는 모습입니다.

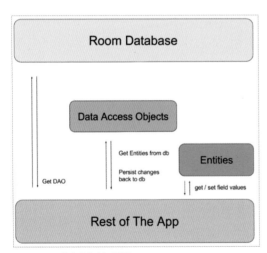

▶ Room 데이터베이스 구성도

- **Room Database** : Room 데이터베이스
- **Rest of The App** : 앱
- **Data Access Objects** : 데이터 액세스 오브젝트 (DAO)

- **Entites** : 엔터티
- **Get DAO** : DAO 얻기
- **Get Entities from db** : DB로부터 엔터티를 얻거나
- **Persist changes back to db** : DB에 저장
- **get / set field values** : 필드 값을 얻거나 쓰기

엔터티는 데이터를 표현하는 객체를 말합니다. 데이터 액세스 오브젝트(이하 DAO)는 앱에서 직접적으로 DB에 접근하는 대신 DAO를 통해서 접근하도록 해주는 객체입니다. 데이터베이스는 DAO를 앱에 제공해 줍니다.

13.4.2 Room 데이터베이스 사용 준비

Room은 적은 코드로 데이터베이스를 작성할 수 있어 쉽습니다. SQLite는 SQL 문법을 어느 정도는 알고 있어야 하는 반면 Room은 SQL 문법을 잘 몰라도 사용할 수 있습니다. 그 밖에도 다음과 같은 특징을 가집니다.

- SQL 쿼리를 컴파일 타임에 검증합니다.
- 반복적이고 오류가 발생하기 쉬운 상용구 코드를 최소화하는 편리한 주석을 제공합니다.
- 간소화된 데이터베이스 마이그레이션을 지원합니다.

Room을 사용하려면 모듈 수준의 build.gradle 파일을 열고 dependencies 항목에 다음과 같이 의존성을 추가합니다.

모듈 수준의 `build.gradle`

```
dependencies {
    ...
    def room_version = "2.3.0"
    implementation("androidx.room:room-runtime:$room_version")
    kapt("androidx.room:room-compiler:$room_version")
    implementation("androidx.room:room-ktx:$room_version")
}
```

다음으로 모듈 수준의 build.gradle 파일 상단에 다음 kapt 플러그인을 추가합니다.

```
plugins {
    id 'com.android.application'
    id 'kotlin-android'
```

```
    id 'kotlin-kapt'
}
```

그레이들 환경을 수정했으므로 싱크를 수행합니다.

13.4.3 할 일 데이터베이스 설계

할 일 정보를 저장할 때 어떤 항목을 어떤 데이터 타입으로 저장할지 구상을 합니다. 다음은 저장할 '할 일' 정보를 스프레드시트를 사용해 정리한 겁니다.

▶ 할 일 정보

이것을 다시 정리해보면 다음과 같습니다.

- **데이터베이스명** : todolist
- **테이블명** : todo
- **열** :
    - id : Long, 자동 증가, 고유한 값
    - title : String, 할 일 내용
    - date : Long, 시간

일반적으로 데이터베이스에서는 각 행마다 고유 ID를 갖습니다.

13.4.4 엔터티 클래스 작성

먼저 Room에서 위와 같은 테이블 정보를 다룰 Todo 엔터티 클래스를 새로 작성합니다. 파일이 많아지면 관리가 어렵기 때문에 용도별로 패키지를 관리하면 좋습니다. 다음 그림처럼 data 패키지를 추가하여 데이터베이스 관련된 파일들을 작성하겠습니다.

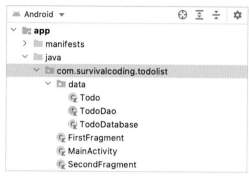

▶ 작성할 파일 구조

프로젝트 창 기본 패키지에서 마우스 우클릭 –〉 New –〉 Package를 클릭합니다.

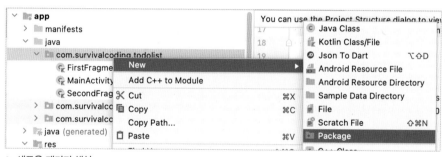

▶ 새로운 패키지 생성

data 를 입력합니다.

▶ 새로 생성할 패키지

data 패키지에서 우클릭 –〉 New –〉 Kotlin File/Class를 클릭하고 Todo라는 이름으로 새로운 클래스를 생성합니다. 생성한 Todo.kt 파일을 다음과 같이 수정합니다.

```kotlin
import androidx.room.Entity
import androidx.room.PrimaryKey
import java.util.*

@Entity       // ①
data class Todo(    // ②
    val title: String,
    val date: Long = Calendar.getInstance().timeInMillis,
) {
    @PrimaryKey(autoGenerate = true)    // ③
    var id: Long = 0
}
```

① Room 데이터베이스에서 사용할 엔터티 클래스는 @Entity 주석을 써 줍니다.

② 엔터티는 클래스는 data 클래스로 필요한 항목을 가지는 클래스를 만듭니다. data는 날짜를 저장할 객체입니다. 따로 지정하지 않아도 기본값으로 현재 날짜를 사용하도록 Calendar 클래스를 활용하였습니다.

③ id는 유일한 값이 되어야 하기 때문에 기본키(PrimaryKey) 제약을 주석으로 추가합니다. 데이터베이스에서는 데이터를 식별할 수 있는 유일한 키 값을 기본키라고 합니다. 기본키 제약은 Room에서 제공하는 주석이며, 이 주석이 부여된 속성값은 중복을 허용하지 않습니다. 추가로 기본키를 직접 지정하지 않아도 자동으로 증가하도록 autoGenerate 옵션을 추가해 주었습니다.

13.4.5 데이터 액세스 오브젝트(DAO) 작성

엔터티 클래스를 앱에서 조작할 수 있도록 이런 저런 메서드를 가지는 DAO를 만듭니다. data 패키지에서 우클릭 -> File -> Kotlin Class/File -> interface 선택 후 TodoDao.kt 파일을 생성합니다.

DAO 객체 작성 (data/TodoDao.kt)

```kotlin
import androidx.room.*
import kotlinx.coroutines.flow.Flow
```

```
@Dao    // ①
interface TodoDao {
    @Query("SELECT * FROM todo ORDER BY date DESC")    // ②
    fun getAll(): Flow<List<Todo>>    // ③

    @Insert(onConflict = OnConflictStrategy.REPLACE) // ②
    suspend fun insert(entity: Todo)        // ④

    @Update    // ②
    suspend fun update(entity: Todo)        // ④

    @Delete    // ②
    suspend fun delete(entity: Todo)        // ④
}
```

① DAO 객체는 @Dao 주석을 추가한 interface로 생성합니다.

② DAO 객체에는 여러 메서드를 작성할 수 있습니다. 데이터를 가져올 때는 @Query 주석에 SQL 쿼리를 작성합니다. 쿼리는 최근 날짜가 위로 오도록 date의 내림차순으로 정렬하는 쿼리를 사용하였습니다. 추가, 수정, 삭제는 각각 @Insert, @Update, @Delete 주석을 사용합니다. 추가시 기본키가 동일한 경우 덮어 쓰는 옵션을 추가하였습니다.

③ 반환 타입에 Flow를 사용하였습니다. Flow는 코틀린의 고급 기능 중 하나로 데이터를 관찰할 수 있도록 합니다. List〈Todo〉 타입의 데이터가 Flow에 담기도록 Room에서 지원해 주기 때문에 Flow를 사용해 보겠습니다.

④ 데이터베이스에서 데이터를 얻는 동작 이외의 추가, 수정, 삭제는 모두 비동기로 오래 걸리는 처리에 속합니다. 따라서 메서드 앞에 suspend 키워드를 추가하였습니다. suspend 키워드를 추가한 메서드는 오래 걸리는 코드임을 나타내고 코틀린의 비동기 처리 방법인 코루틴을 활용하여 다루어야 합니다. 이에 대해서는 뒤에서 다시 다룹니다.

13.4.6 데이터베이스 클래스 작성

데이터 베이스에 대한 것을 정의하는 클래스를 작성합니다. 이 클래스는 앱이 사용할 DAO 객체를 반환하는 메서드를 가지게 됩니다. data 패키지에 TodoDatabase.kt 파일을 생성합니다.

데이터베이스 클래스 작성 (data/TodoDatabase.kt)

```
import androidx.room.Database
import androidx.room.RoomDatabase


@Database(entities = [Todo::class], version = 1)
abstract class TodoDatabase : RoomDatabase() {
   abstract fun todoDao(): TodoDao
}
```

데이터베이스 클래스는 RoomDatabase 클래스를 상속받는 추상 클래스입니다. 내부에는 TodoDao 객체를 반환하는 추상 메서드를 제공하도록 합니다. 이 클래스는 @Database 주석을 작성하고 관련된 내용을 옵션으로 지정해야 합니다. 엔터티는 Todo이며(다수 지정 가능), 데이터베이스 버전은 1로 지정했습니다. 앱이 업데이트 되어 데이터베이스 구조가 변경되거나 할 때 이 버전을 올려 줘야 합니다.

13.4.7 뷰 모델 객체 작성

액티비티나 프래그먼트와 같은 뷰에서 데이터베이스처럼 복잡한 처리를 직접하는 것 보다 별도의 클래스에 복잡한 코드를 작성하고 뷰에서는 그것을 활용하는 것이 좋은 방법입니다. 안드로이드에는 그러한 용도에 적합한 ViewModel과 AndroidViewModel 클래스를 제공합니다. 두 클래스의 차이는 Application 객체를 사용할 수 없느냐 있느냐입니다. Room 데이터베이스를 사용하려면 앱의 Application 객체가 필요하므로 우리는 AndroidViewModel 클래스를 활용하기로 합니다.

다음과 같이 뷰 모델 클래스를 작성합니다.

뷰 모델 클래스 작성 (MainViewModel.kt)

```
import android.app.Application
import androidx.lifecycle.AndroidViewModel
import androidx.room.Room
import com.survivalcoding.todolist.data.TodoDatabase


// AndroidViewModel은 액티비티와 수명을 같이한다 ①
class MainViewModel(application: Application) : AndroidViewModel(application) {
   // Room 데이터베이스 ②
   private val db = Room.databaseBuilder(
```

```
    application,
    TodoDatabase::class.java, "todo"
  ).build()
}
```

① AndroidViewModel 클래스는 상속하는 MainViewModel 클래스를 만듭니다. 생성자로는 Application 객체를 받습니다.

② Room 데이터베이스를 사용하는 코드입니다. databaseBuilder( ) 메서드에 전달하는 인자로는 Application 객체와 데이터베이스 클래스, 데이터베이스 이름이 필요합니다.

이렇게 작성한 뷰 모델 클래스는 액티비티와 수명을 함께 하도록 만들어져 있습니다. 여기서 액티비티의 수명이란 화면 회전과 같이 액티비티가 파괴되고 재생성되는 것이 아닌 완전히 종료되는 것을 말합니다.

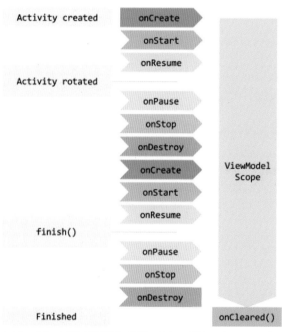

▶ ViewModel의 생명주기 _출처 : https://developer.android.com/topic/libraries/architecture/viewmodel

이러한 특징 덕분에 데이터를 뷰모델에서 관리하고 이를 액티비티나 프래그먼트가 관찰하도록 만드는 것이 좋습니다.

13.4.8 날짜를 다루는 Calendar 클래스 사용 방법

Calendar 클래스는 자바에서 제공하는 클래스로 날짜를 다룰 때 사용합니다. 사용 방법은 다음과 같습니다.

```kotlin
// 오늘 날짜로 캘린더 객체 생성 ①
val calendar: Calendar = Calendar.getInstance()

// 특정 날짜로 설정 ②
calendar.set(Calendar.YEAR, year)    // 년도 설정
calendar.set(Calendar.MONTH, month)  // 월 설정
calendar.set(Calendar.DAY_OF_MONTH, dayOfMonth)   // 일 설정

// 날짜를 Long형로 반환 ③
val time : Long = calendar.timeInMillis
```

① Calendar 객체를 생성할 때는 getInstance( ) 메서드로 생성합니다. 객체를 생성한 오늘 날짜로 초기화됩니다.

② set( ) 메서드에 변경할 필드와 값을 지정하여 년, 월, 일 등을 지정하여 변경할 수 있습니다. 지정하는 필드는 Calendar 클래스에 상수로 정의되어 있습니다.

- **set(field : Int, value : Int)** : 주어진 필드에 값을 변경합니다.
- **field** : 변경할 필드
  - YEAR : 년
  - MONTH : 월
  - DAY_OF_MONTH : 일
- **value** : 변경할 값

③ DB에는 시간이나 날짜를 Long형으로 저장할 것입니다. Calendar 객체는 Long형 값으로 변환하는 getTimeInMilles( ) 메서드를 제공합니다. 코틀린에서는 timeInMillis 프로퍼티로 사용할 수 있습니다.

13.4.9 할 일 추가

MainViewModel.kt 파일에 할 일을 추가하는 addTodo( ) 메서드를 다음과 같이 작성합니다.

할 일 추가 메서드 작성 (MainViewModel.kt)

```
fun addTodo(text: String) {
  viewModelScope.launch {
    db.todoDao().insert(Todo(text))
  }
}
```

DAO 객체의 insert( ) 메서드는 suspend 키워드를 추가한 지연 실행 메서드입니다. 즉 처리가 오래 걸릴 수 있는 코드라는 뜻이지요. 이러한 코드는 코틀린 코루틴 스코프에서만 실행할 수 있습니다. 코루틴은 코틀린에서 제공하는 비동기 처리 방식이고 코루틴 코드는 코루틴 스코프라는 객체를 통해서 실행 가능한데 ViewModel 클래스에서는 viewModelScope 프로퍼티를 통해서 코루틴 스코프를 쉽게 사용할 수 있습니다.

안드로이드 스튜디오의 라인 번호 우측에 표시가 suspend 키워드를 붙인 지연 실행 메서드를 나타냅니다.

```
41          fun addTodo(text: String) {
42            viewModelScope.launch {   this: CoroutineScope
43              db.todoDao().insert(Todo(text))
44            }
45          }
```

▶ suspend 메서드

13.4.10 할 일 가져오기

뷰 모델 클래스가 사용될 때 부터 DB의 데이터를 가져오고 변경된 데이터도 최신으로 유지되도록 다음과 같이 코드를 추가합니다.

할 일 정보 가져오기 (MainViewModel.kt)

```
// AndroidViewModel은 액티비티와 수명을 같이한다
class MainViewModel(application: Application)
```

```
: AndroidViewModel(application) {
    // Room 데이터베이스
    private val db = Room.databaseBuilder(
        application,
        TodoDatabase::class.java, "todo"
    ).build()

    // DB의 결과를 관찰할 수 있도록 하는 방법 ①
    private val _items = MutableStateFlow<List<Todo>>(emptyList())
    val items: StateFlow<List<Todo>> = _items

    // 초기화시 모든 데이터를 읽어 옴 ②
    init {
        // ③
        // ViewModel과 AndroidViewModel 클래스는 viewModelScope 코루틴 스코프를 제공
        // launch 함수 내에서 suspend 메서드를 실행할 수 있고 이는 비동기로 동작함
        viewModelScope.launch {
            // Flow 객체는 collect로 현재 값을 가져올 수 있음 ④
            db.todoDao().getAll().collect { todos ->
                // StateFlow 객체는 value 프로퍼티로 현재 상태값을 읽거나 쓸 수 있음  ⑤
                _items.value = todos
            }
        }
    }

    fun addTodo(text: String) {
        viewModelScope.launch {
            db.todoDao().insert(Todo(text))
        }
    }
}
```

① StateFlow는 현재 상태와 새로운 상태 업데이트를 이를 관찰하는 곳에 보내는 데이터 흐름을 표현합니다. 여기서 상태는 데이터를 말합니다. 상태를 UI에 노출시킬 때는 StateFlow를 사용합니다. value 프로퍼티를 통해서 현재 상태 값을 읽을 수 있습니다. 상태를 업데이트하고 관찰하는 곳으로 상태를 전달하려면 MutableStateFlow 클래스의 value 프로퍼티에 새 값을 할당합니다.

② init 함수에서 뷰모델이 초기화될 때 모든 할 일 데이터를 읽어서 StateFlow로 외부에 노출되도록 합니다.

③ viewModelScope를 활용하여 suspend 메서드를 수행합니다.

④ getAll( ) 메서드는 Flow⟨List⟨Todo⟩ 타입을 반환하는데 이를 collect 함수로 현재 상태를 수집(관찰)할 수 있습니다.

⑤ 현재 상태를 _items.value에 할당하여 최신 정보로 교체합니다.

처음 보는 코드들에 당황하셨겠지만 Flow 데이터를 UI로 노출시키기 위한 안드로이드의 하나의 패턴으로 봐 주셔도 좋을 것 같습니다.

13.4.11 할 일 수정

할 일을 수정하는 updateTodo( ) 메서드를 수정할 객체의 id와 수정할 내용을 문자열로 받는 형태로 다음과 같이 작성합니다.

할 일 수정 메서드 작성 (MainViewModel.kt)

```kotlin
fun updateTodo(id: Long, text: String) {
    _items.value
        .find { todo -> todo.id == id }     // ①
        ?.let { todo ->                      // ②
            todo.apply {                     // ③
                title = text
                date = Calendar.getInstance().timeInMillis
            }

            // ④
            viewModelScope.launch {
                db.todoDao().update(todo)
            }
        }
}
```

① id로 수정할 객체를 찾습니다.

② 만약 찾았다면 ③ title에 수정할 내용을 date에 수정한 시간을 지정하여 ④ 업데이트를 수행합니다.

13.4.12 할 일 삭제

할 일을 삭제하는 deleteTodo( ) 메서드를 다음과 같이 작성합니다.

할 일 삭제 메서드 작성 (MainViewModel.kt)

```kotlin
fun deleteTodo(id: Long) {
    _items.value
        .find { todo -> todo.id == id }
        ?.let { todo ->
            viewModelScope.launch {
                db.todoDao().delete(todo)
            }
        }
}
```

할 일을 수정하는 메서드와 거의 흡사합니다. 메서드로 전달받은 id로 삭제할 객체를 검색하고 찾았다면 deleted( ) 메서드로 삭제합니다.

13.5 [스텝 3] : 리사이클러 뷰와 데이터베이스 연동

이제 첫 번째 화면에 할 일 목록을 표시하는 리사이클러 뷰를 다룹니다.

구현 순서는 다음과 같습니다.

1. 리사이클러 뷰의 이해
2. 데이터 준비
3. 어댑터 작성
4. 아이템 레이아웃 작성
5. 어댑터 완성
6. 할 일 목록 표시
7. 할 일 추가 완성
8. 할 일 수정 완성
9. 할 일 삭제 완성
10. 달력과 연동
11. 데이터베이스 디버깅 도구

13.5.1 리사이클러 뷰의 이해

5장에서 다루었던 스크롤 뷰는 적은 양의 아이템을 스크롤하기 위해 사용했다면 리사이클러 뷰는 많은 양의 반복되는 아이템을 표시할 때 사용합니다.

- **스크롤 뷰**
  - 적은 양의 아이템을 스크롤 시킬 때 간단히 사용합니다.
  - 한 번에 모든 아이템을 메모리에 로드하여 상황에 따라 많은 메모리가 요구됩니다.
- **리사이클러 뷰**
  - 많은 양의 반복되는 아이템을 표시할 때 사용합니다.
  - 뷰를 재사용하므로 적은 메모리를 사용하고 화면에 보이는 것만 동적으로 로딩합니다.

리사이클러 뷰를 사용하려면 데이터와 데이터를 표현하는 어댑터를 작성해야 합니다. 어댑터란 데이터를 리사이클러 뷰에 어떻게 표시할지 정의하는 객체입니다. 어댑터를 작성하기에 따라서 리사이클 뷰의 성능에도 큰 영향을 미치기 때문에 어댑터의 작성은 아주 중요합니다.

▶ 리사이클러 뷰와 어댑터와 데이터의 관계

13.5.2 데이터 준비

첫 번째 화면에는 할 일 정보를 모두 표시해야 합니다. 할 일 정보를 날짜순으로 모두 가져오도록 코드를 작성합니다. 뷰모델 클래스에 있는 Flow 데이터를 가져오도록 할 것입니다. Flow는 collect( ) 함수로 현재 상태를 관찰할 수 있는데, 액티비티나 프래그먼트의 생명주기에 맞게 적절히 관찰을 취소할 필요가 있습니다. 이러한 것을 쉽게 사용하기 위해서 의존성을 추가하겠습니다. 모듈 수준의 build.gradle에 lifecycle-runtime-ktx:2.4.0-alpha01 이상을 추가합니다.

```
dependencies {
    ...
    def room_version = "2.3.0"
    implementation("androidx.room:room-runtime:$room_version")
    kapt("androidx.room:room-compiler:$room_version")
    implementation("androidx.room:room-ktx:$room_version")

    implementation("androidx.lifecycle:lifecycle-runtime-ktx:2.4.0")
}
```

이 라이브러리에는 repeatOnLifecycle( ) 함수를 제공하는데 이를 활용하여 다음과 같이 코드를 추가합니다.

할 일 데이터를 가져오는 코드 작성 (FirstFragment.kt)

```
class FirstFragment : Fragment() {
    private val viewModel by activityViewModels<MainViewModel>()      // ①

    private var _binding: FragmentFirstBinding? = null

    // This property is only valid between onCreateView and
    // onDestroyView.
    private val binding get() = _binding!!

    override fun onCreateView(
        inflater: LayoutInflater, container: ViewGroup?,
        savedInstanceState: Bundle?
    ): View? {

        _binding = FragmentFirstBinding.inflate(inflater, container, false)
        return binding.root

    }

    override fun onViewCreated(view: View, savedInstanceState: Bundle?) {
        super.onViewCreated(view, savedInstanceState)

        // ②
        lifecycleScope.launch {
```

```
            repeatOnLifecycle(Lifecycle.State.STARTED) {    // ③
                viewModel.items.collect {
                    Log.d("FirstFragment", it.toString())
                }
            }
        }

        binding.addFab.setOnClickListener {
            findNavController().navigate(R.id.action_FirstFragment_to_SecondFragment)
        }
    }

    override fun onDestroyView() {
        super.onDestroyView()
        _binding = null
    }
}
```

자동으로 생성된 FirstFragment와 SecondFragment에는 뷰 바인딩에 관련한 코드들이 작성되어 있습니다. 프래그먼트에서 뷰 바인딩은 액티비티와는 다르게 조금 복잡해 보입니다. 프래그먼트의 생명주기에 맞게 적절한 타이밍에 메모리에서 해제를 해 줘야 하기 때문이죠. 두 군데에 코드를 추가했는데요.

① 프래그먼트에서 activityViewModel( ) 확장 함수를 사용하면 플래그먼트가 속한 액티비티의 생명주기를 따르는 뷰 모델 클래스 인스턴스를 얻을 수 있습니다.

우리가 작성한 뷰 모델이 ActivityViewModel 클래스 기반이기 때문이고, ViewModel 클래스 기반으로 만든 뷰 모델은 viewModel( ) 확장 함수를 통해서 인스턴스를 얻습니다.

② 뷰 모델 객체안에 items 에 DB의 정보가 담길텐데 이를 collect( ) 함수로 수집을 합니다. collect( ) 함수는 suspend 함수로 지연 실행 됩니다. 따라서 코루틴 스코프가 필요하며 프래그먼트에서는 lifecycleScope 프로퍼티를 통해 쉽게 코루틴 스코프를 사용할 수 있습니다.

③ repeatOnLifecycle(Lifecycle.State.STARTED) 함수를 통해서 프래그먼트가 시작된 경우에만 Flow 의 수집을 시작하도록 할 수 있습니다. 원래는 생명주기에 맞게 Flow의 수집을 취소해야 하지만 그러한 수고를 덜 수 있습니다. 이 함수는 lifecycle-runtime-ktx:2.4.0-alpha01 이상에서 지원합니다.

앱을 실행해 보면 빈 리스트가 로그에 표시되면 정상입니다. 아직 DB에 아무 값도 없기 때문입니다.

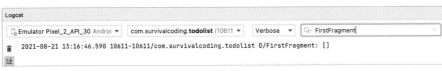

▶ 빈 리스트 로그 확인

13.5.3 어댑터 작성

리스트를 표시하는 뷰인 리사이클러 뷰를 사용하려면 우선 어댑터를 생성해야 합니다. 기본적인 RecyclerAdapter 클래스를 상속하는 방법이 있습니다. 이 책에서는 표시할 내용이 변경되면 백그라운드 스레드에서 변경사항을 비교하고 변경된 항목만 업데이트하는 좀 더 개선된 ListAdapter를 사용합니다.

먼저 패키지에서 우클릭 -> New -> Package를 클릭하고 adapter를 입력하여 adapter 패키지를 추가합니다.

adapter 패키지명에서 마우스 우클릭 또는 안드로이드 스튜디오 상단 메뉴에서 File -> New -> Kotlin File/Class를 클릭하고 TodoListAdapter 클래스를 생성합니다.

▶ 파일 작성 (adapter/TodoListAdapter.kt)

이제 ListAdapter 클래스를 상속하면 됩니다. 이 때 필요한 3가지가 있습니다.

- 모델 클래스
- 뷰홀더 클래스
- DiffUtil.ItemCallback 을 구현한 객체

첫 번째 모델 클래스는 Todo 엔터티 클래스가 됩니다. 리사이클러뷰에 표시할 데이터 클래스를 말합니다.

두 번째 뷰홀더 클래스는 데이터를 표시할 뷰의 인스턴스를 가지고 있는 홀더 클래스입니다. 최소한의 뷰를

다음 그림은 화면에 최대 5개의 아이템이 표시된다고 가정했을 때의 리사이클러 뷰를 나타낸 겁니다. 스크롤 시 5, 6번 아이템은 0, 1번 아이템의 뷰를 재사용해 내용만 바꾸기 때문에 매번 뷰를 새로 생성할 필요가 없습니다. 뷰홀더 클래스를 이 때 사용하게 됩니다.

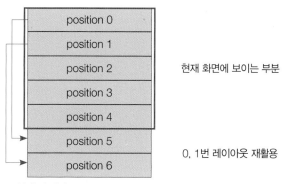

▶ 뷰 홀더 패턴

뷰 홀더 패턴은 한 번 만들어둔 뷰를 최대한 재활용하여 성능을 높여주는 방법이라고 알아두면 됩니다. 뷰홀더 클래스를 작성하기 위해서는 먼저 아이템의 레이아웃을 작성해야 하므로 레이아웃을 작성하고 어댑터 작성을 이어가도록 하겠습니다.

13.5.4 아이템 레이아웃 작성

res/layout 폴더에서 마우스 우클릭 또는 안드로이드 스튜디오 상단 메뉴에서 File -> New -> Layout resource file을 클릭합니다. 그러면 새로운 리소스 파일을 생성하는 화면이 표시됩니다. 파일 이름을 ① item_todo로 입력하고 ② OK를 클릭합니다.

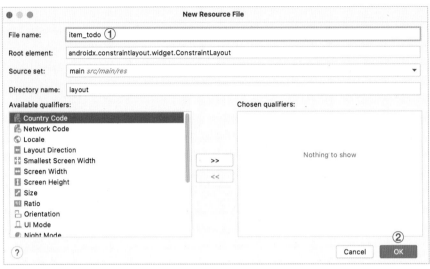

▶ 새로운 레이아웃 리소스 생성

item_todo.xml 파일에 표시할 텍스트 뷰를 두 개 배치합니다. 먼저 날짜를 표시할 텍스트 뷰를 배치합니다. 팔레트 창에서 ③ TextView를 선택하고 드래그하여 레이아웃의 ④ 왼쪽 위에 배치합니다.

▶ 텍스트 뷰 배치

배치한 텍스트 뷰의 속성을 다음과 같이 설정합니다.

⑤ **ID** : text1

⑥ **layout_width** : 0dp (match_constraint)

⑦ **위, 왼쪽, 오른쪽 여백** : 168

⑧ text : (공백)

⑨ (붓) **text** : 2021/08/21 (디자인 시에 보일 텍스트 아무거나 지정)

⑩ **textAppearance** : AppCompat.Body1

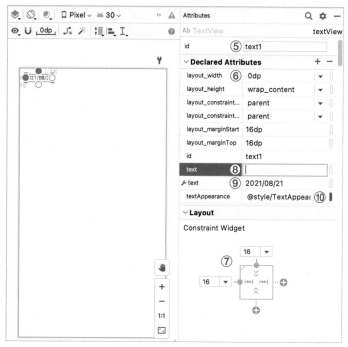

▶ 텍스트 뷰의 속성

할 일 내용을 표시할 두 번째 텍스트 뷰를 배치합니다. ⑪ TextView를 드래그하여 첫 번째 텍스트 뷰 아래 ⑫ 적당한 위치에 배치합니다.

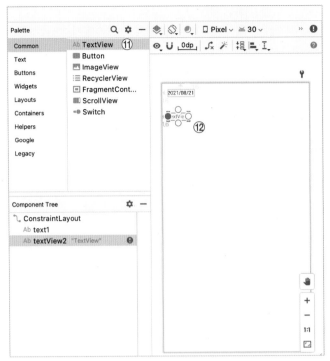

▶ 두 번째 텍스트 뷰 배치

배치한 두 번째 텍스트 뷰의 속성을 다음과 같이 설정합니다.

    ⑬ **ID** : text2

    ⑭ **layout_width** : match_constraint

    ⑮ **위쪽, 왼쪽, 오른쪽, 아래쪽 여백** : 0, 16, 16, 16

    ⑯ **text** : (공백)

    ⑰ (붓) **text** : 청소하기(디자인 시에 표시할 텍스트 지정)

    ⑱ **textAppearance** : AppCompat.Body2

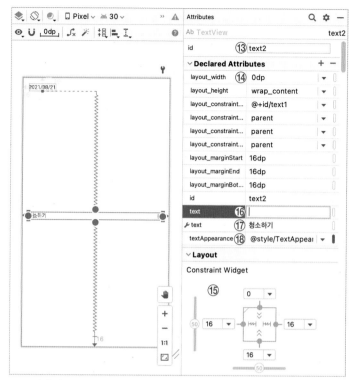

▶ 두 번째 텍스트 뷰의 속성

마지막으로 ⑲ 전체 레이아웃의 layout_height 속성을 ⑳ wrap_content로 수정합니다. 아이템의 높이를 match_parent로 두면 하나의 아이템이 화면을 꽉 채우게 되므로 잊지 말고 수정해야 합니다.

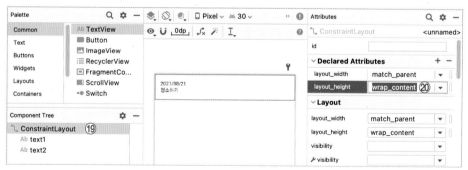

▶ 아이템의 높이를 수정

13.5.5 어댑터 완성

작성한 레이아웃의 인스턴스를 저장할 뷰홀더 클래스를 TodoListAdapter 내부에 다음과 같이 작성합니다. 홀더 클래스가 공용으로 사용된다면 별도의 파일에 작성해도 되지만 이 예제에서는 TodoViewHolder는 TodoListAdataper 클래스에서만 사용되어 내부에 작성합니다.

뷰홀더 클래스 작성(adapter/TodoListAdapter.kt)

```kotlin
import android.text.format.DateFormat
import androidx.recyclerview.widget.RecyclerView
import com.survivalcoding.todolist.data.Todo
import com.survivalcoding.todolist.databinding.ItemTodoBinding

class TodoListAdapter {

  class TodoViewHolder(
      private val binding: ItemTodoBinding,        // ②
      private val onClick: (Todo) -> Unit,         // ③
  ) : RecyclerView.ViewHolder(binding.root) {      // ①

      fun bind(todo: Todo) {                        // ⑤
          binding.text1.text = todo.title
          binding.text2.text = DateFormat.format("yyyy/MM/dd", todo.date)    // ⑥
      }

      fun setOnClickListener(todo: Todo) {          // ④
          binding.root.setOnClickListener {
              onClick(todo)
          }
      }
  }
}
```

① 어댑터는 RecyclerView.ViewHolder 클래스를 상속하고 아이템 레이아웃의 뷰 인스턴스를 인자로 전달합니다. 뷰 바인딩 객체의 root 프로퍼티로 얻을 수 있습니다.

이 뷰홀더 클래스를 생성할 때 인자로 ② 바인딩 객체와 ③ 클릭되었을 때 처리를 할 함수를 전달합니다.

④ 전달된 함수는 바인딩 객체가 클릭되면 수행되도록 하는 setOnClickListener( ) 메서드를

작성합니다.

⑤ bind( ) 메서드는 할 일 객체를 인자로 전달받아 실제로 화면에 표시합니다.

⑥ Long 형태의 시간을 DateFormat.format( ) 함수로 년/월/일 형태로 변환하여 표시합니다.

다음으로 DiffUtil.ItemCallback를 구현하는 객체가 필요합니다.

adapter 패키지에 TodoDiffUtilCallback.kt 파일을 생성합니다.

데이터가 변경되었을 때의 규칙 정의(adapter/TodoDiffUtilCallback.kt)

```
import androidx.recyclerview.widget.DiffUtil
import com.survivalcoding.todolist.data.Todo

class TodoDiffUtilCallback : DiffUtil.ItemCallback<Todo>() {

    // 아이템이 같음을 판단하는 규칙 ⑦
    override fun areItemsTheSame(oldItem: Todo, newItem: Todo): Boolean {
        return oldItem.id == newItem.id
    }

    // 내용을 비교하는 규칙 ⑧
    override fun areContentsTheSame(oldItem: Todo, newItem: Todo): Boolean {
        return oldItem.id == newItem.id
    }
}
```

DiffUtil.ItemCallback 클래스를 상속하면 두 가지 메서드를 오버라이드해야 합니다.

⑦ areItemsTheSame( ) 메서드는 아이템이 같음을 판단하는 규칙을 정의합니다. id가 다르면 변경된 것으로 판단하여 해당 아이템은 교체됩니다.

⑧ areContentsTheSame( ) 메서드는 내용을 비교하는 규칙을 정의합니다. DB는 id가 유니크하기 때문에 여기서는 동일한 규칙을 적용했습니다.

이제 모든 준비가 끝났으므로 어댑터를 완성합니다.

어댑터 완성(adapter/TodoListAdapter.kt)

```
import android.text.format.DateFormat
import android.view.LayoutInflater
```

```kotlin
import android.view.ViewGroup
import androidx.recyclerview.widget.ListAdapter
import androidx.recyclerview.widget.RecyclerView
import com.survivalcoding.todolist.data.Todo
import com.survivalcoding.todolist.databinding.ItemTodoBinding

class TodoListAdapter(
    private val onClick: (Todo) -> Unit,    // ⑨
) : ListAdapter<Todo, TodoListAdapter.TodoViewHolder>(TodoDiffUtilCallback()) {
// ⑩

    private lateinit var binding: ItemTodoBinding    // ⑪

    // ⑫
    override fun onCreateViewHolder(parent: ViewGroup, viewType: Int): TodoViewHolder {
        binding =
            ItemTodoBinding.inflate(LayoutInflater.from(parent.context), parent, false)
// ⑬
        return TodoViewHolder(binding, onClick)    // ⑭
    }

    // ⑮
    override fun onBindViewHolder(holder: TodoViewHolder, position: Int) {
        holder.bind(getItem(position))
        holder.setOnClickListener(getItem(position))
    }

    class TodoViewHolder(
        private val binding: ItemTodoBinding,
        private val onClick: (Todo) -> Unit,
    ) : RecyclerView.ViewHolder(binding.root) {

        fun bind(todo: Todo) {
            binding.text1.text = todo.title
            binding.text2.text = DateFormat.format("yyyy/MM/dd", todo.date)
        }

        fun setOnClickListener(todo: Todo) {
            binding.root.setOnClickListener {
                onClick(todo)
```

```
        }
      }
    }
  }
```

⑨ 생성자로 아이템이 클릭되었을 대 처리할 함수를 인자로 받습니다. 이 함수는 ⑥ 뷰홀더로 전달됩니다.

⑩ ListAdapter를 상속할 때 아이템 클래스와 뷰홀더 클래스 타입을 제네릭으로 지정합니다. 그리고 인자에 DiffUtil.ItemCallback을 구현한 객체를 전달합니다.

⑪ 바인딩 객체를 저장할 변수를 선언합니다.

⑫ onCreateViewHolder( ) 메서드는 뷰 홀더를 생성하는 로직을 작성합니다. 우리는 바인 딩 객체를 얻고 뷰 홀더를 생성합니다.

⑬ xml 레이아웃 파일을 바인딩 객체로 변경할 때는 액티비티 이외의 클래스에서는 LayoutInflater 클래스와 컨텍스트가 있으면 가능합니다.

⑭ 뷰 홀더 객체를 생성합니다. 전달 인자는 바인딩 객체와, 클릭시 수행할 함수입니다.

⑮ onBindViewHolder( ) 메서드는 화면에 각 아이템이 보여질 때 마다 호출됩니다. 여기에 서 실제로 보여질 내용을 설정합니다. 아이템이 계속 바뀌므로 바뀔 때 마다 클릭 이벤트 설정 도 다시 해 줍니다.

13.5.6 할 일 목록 표시

FirstFragment.kt 파일을 열고 할 일 목록이 표시되도록 코드를 추가합니다.

리스트 표시 (FirstFragment.kt)

```
override fun onViewCreated(view: View, savedInstanceState: Bundle?) {
  super.onViewCreated(view, savedInstanceState)

  // ①
  binding.recyclerView.layoutManager = LinearLayoutManager(requireContext())
  val todoListAdapter = TodoListAdapter { todo ->
    // 클릭시 처리
  }
```

```
binding.recyclerView.adapter = todoListAdapter

lifecycleScope.launch {
    repeatOnLifecycle(Lifecycle.State.STARTED) {
        viewModel.items.collect {
            Log.d("FirstFragment", it.toString())
            todoListAdapter.submitList(it)      // ②
        }
    }
}

binding.addFab.setOnClickListener {
    findNavController().navigate(R.id.action_FirstFragment_to_SecondFragment)
}
}
```

① layoutManager 설정으로 리사이클러뷰에 표시할 방법을 지정합니다. LinearLayout Manager는 일반 리스트 형태를 나타냅니다. 그 외에도 GridLayoutManager, Staggered LayoutManager 가 있습니다. 프래그먼트에서는 컨텍스트를 얻을 때 requireContext( ) 메서드로 얻을 수 있습니다. 다음으로 어댑터를 생성하고 리사이클러뷰에 연결해 줍니다.

② 표시할 아이템 리스트는 어댑터의 submitList( ) 메서드에 전달합니다. 이 메서드는 ListAdapter 클래스가 제공하는 메서드입니다. 자동으로 변경점을 비교하고 변경이 일어난 아이템을 교체합니다.

13.5.7 할 일 추가 완성

이제 할 일을 추가 해 봅시다. SecondFragment.kt 파일의 onViewCreated( ) 메서드에 다음과 같이 코드를 추가합니다.

할 일 추가 (SecondFragment.kt)

```
private val viewModel by activityViewModels<MainViewModel>()

…

override fun onViewCreated(view: View, savedInstanceState: Bundle?) {
  super.onViewCreated(view, savedInstanceState)
```

```
binding.doneFab.setOnClickListener {
    if (binding.todoEditText.text.toString().isNotEmpty()) {
        viewModel.addTodo(binding.todoEditText.text.toString())
        findNavController().popBackStack()
    }
  }
}
```

할 일을 작성하는 에디트텍스트의 값이 비어 있지 않을 때만 수행하도록 하고 뷰모델의 addTodo( ) 메서드에 할 일 텍스트를 전달합니다.

findNavController( ) 메서드는 이 프래그먼트가 속한 액티비티가 가지고 있는 NavHostFragment의 컨트롤러 객체를 찾습니다. popBackStack( ) 메서드로 이전 화면으로 돌아갈 수 있습니다.

앱을 실행하여 추가한 할 일 목록이 첫 화면의 리스트에 표시되는지 확인합니다

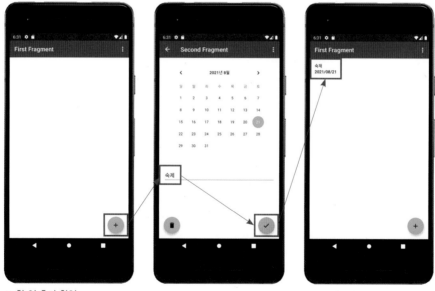

▶ 할 일 추가 확인

13.5.8 할 일 수정 완성

뷰모델을 두 개의 프래그먼트가 공유하기 때문에 이를 활용해 보겠습니다. 뷰모델에 선택한 할 일 객체를 저장하도록 하고 이의 존재 유무에 따라 추가인지 수정인지 판단하도록 하겠습니다.

뷰 모델에 선택한 객체 정보를 저장하도록 수정 (MainViewModel.kt)

```kotlin
class MainViewModel(application: Application) : AndroidViewModel(application) {}

    var selectedTodo: Todo? = null
    ...
}
```

이것을 활용하려다 보니 기존에 작성했던 updateTodo( ) 메서드를 조금 수정해도 될 것 같습니다. 뷰모델에 수정할 객체 정보가 있으니 id를 별도로 받지 않아도 되고 선택한 객체 기준으로 코드를 살짝 고쳤습니다. 마지막에 수정이 완료되면 selectedTodo 객체는 null로 할당해 주는 것이 중요합니다. 그래도 수정이 완료된 것을 알 수 있습니다.

수정을 위한 로직 수정 (MainViewModel.kt)

```kotlin
fun updateTodo(text: String) {
    selectedTodo?.let { todo ->
        todo.apply {
            title = text
            date = Calendar.getInstance().timeInMillis
        }

        viewModelScope.launch {
            db.todoDao().update(todo)
        }
        selectedTodo = null
    }
}
```

앱을 실행하여 할 일 수정이 잘 동작하는지 확인합니다.

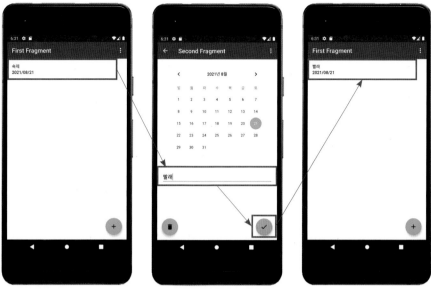

▶ 할 일 수정 확인

13.5.9 할 일 삭제 완성

뷰모델에서 마찬가지로 선택한 할 일이 삭제되면 null로 할당하는 코드를 추가합니다.

삭제 완료 처리 (MainViewModel.kt)

```
fun deleteTodo(id: Long) {
  _items.value
      .find { todo -> todo.id == id }
      ?.let { todo ->
         viewModelScope.launch {
            db.todoDao().delete(todo)
         }
         selectedTodo = null
      }
}
```

SecondFragment.kt 파일의 onViewCreated( ) 메서드에 삭제 버튼을 눌렀을 때 삭제가 되도록 코드를 추가합니다.

삭제 버튼에 대한 처리 작성(SecondFragment.kt)

```kotlin
override fun onViewCreated(view: View, savedInstanceState: Bundle?) {
    super.onViewCreated(view, savedInstanceState)

    viewModel.selectedTodo?.let {
        binding.todoEditText.setText(it.title)
        binding.calendarView.date = it.date
    }

    binding.doneFab.setOnClickListener {
        if (binding.todoEditText.text.toString().isNotEmpty()) {
            if (viewModel.selectedTodo != null) {
                viewModel.updateTodo(binding.todoEditText.text.toString())
            } else {
                viewModel.addTodo(binding.todoEditText.text.toString())
            }
            findNavController().popBackStack()
        }
    }

    binding.deleteFab.setOnClickListener {
        viewModel.deleteTodo(viewModel.selectedTodo!!.id)
        findNavController().popBackStack()
    }

    // 선택된 할 일이 없을 때는 지우기 버튼 감추기
    if (viewModel.selectedTodo == null) {
        binding.deleteFab.visibility = View.GONE
    }
}
```

deleteTodo( ) 메서드는 기존 로직을 그대로 활용했습니다. 끝나면 화면을 이전 화면으로 전환합니다.

선택된 할 일 객체가 없다면 버튼을 감추는 코드도 잊지 맙시다. 뷰의 visibility 속성에 View. GONE을 설정하면 화면에서 감춥니다.

앱을 실행하여 할 일 삭제가 잘 되는지 확인합니다. 할 일 추가시 삭제 버튼이 보이지 않는지도 확인합니다.

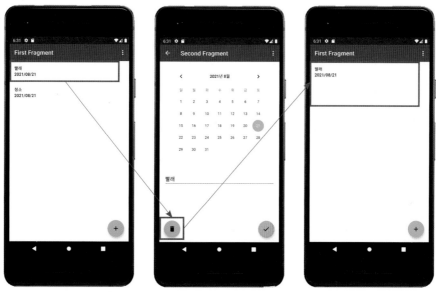

▶ 할 일 삭제 확인

13.5.10 달력과 연동

지금은 할 일을 추가하거나 수정할 때 현재 시간으로 동작합니다. 달력과 연동 되도록 코드를
조금 수정해 봅시다.

추가, 수정시 날짜 반영되도록 수정 (MainViewModel.kt)

```kotlin
fun addTodo(text: String, date: Long) {
  viewModelScope.launch {
      db.todoDao().insert(Todo(text, date))
  }
}


fun updateTodo(text: String, date: Long) {
  selectedTodo?.let { todo ->
      todo.apply {
          this.title = text
          this.date = date
      }

      viewModelScope.launch {
```

```
        db.todoDao().update(todo)
    }
    selectedTodo = null
  }
}
```

addTodo( ), updateTodo( ) 메서드 인자로 날짜를 넘겨 받을 수 있도록 수정하였습니다.

다음으로 SecondFragment.kt 파일의 onViewCreated( ) 메서드를 다음과 같이 수정합니다.

달력에 선택한 날짜를 적용하도록 수정 (SecondFragment.kt)

```kotlin
override fun onViewCreated(view: View, savedInstanceState: Bundle?) {
  super.onViewCreated(view, savedInstanceState)

  viewModel.selectedTodo?.let {
    binding.todoEditText.setText(it.title)
    binding.calendarView.date = it.date
  }

  // ①
  val calendar = Calendar.getInstance()

  // ②
  binding.calendarView.setOnDateChangeListener { _, year, month, dayOfMonth ->
    calendar.apply {
      set(Calendar.YEAR, year)
      set(Calendar.MONTH, month)
      set(Calendar.DAY_OF_MONTH, dayOfMonth)
    }
  }

  binding.doneFab.setOnClickListener {
    if (binding.todoEditText.text.toString().isNotEmpty()) {
      if (viewModel.selectedTodo != null) {
        viewModel.updateTodo(
          binding.todoEditText.text.toString(),
          calendar.timeInMillis,      // ③
        )
```

```
            } else {
                viewModel.addTodo(
                    binding.todoEditText.text.toString(),
                    calendar.timeInMillis,        // ③
                )
            }
            findNavController().popBackStack()
        }
    }

    binding.deleteFab.setOnClickListener {
        viewModel.deleteTodo(viewModel.selectedTodo!!.id)
        findNavController().popBackStack()
    }

    // 선택된 할 일이 없을 때는 지우기 버튼 감추기
    if (viewModel.selectedTodo == null) {
        binding.deleteFab.visibility = View.GONE
    }
}
```

① CalendarView에서 선택한 날짜를 저장할 Calendar 객체를 선언합니다.

② CalendarView에서 날짜가 변경되면 setOnDateChangeLisntener를 통해 년, 월, 일 값을 얻습니다. ① 에서 선언한 캘린더 객체에 설정합니다.

③ 추가 또는 수정시 ① 객체에 저장된 시간 정보를 적용합니다.

앱을 실행해서 날짜가 제대로 연동되는지 확인합니다.

13.5.11 데이터베이스 디버깅 도구

안드로이드 스튜디오에는 Room 데이터베이스를 사용하면서 데이터베이스를 디버깅하고 싶을 때 유용한 도구가 있습니다.

디버깅 할 앱을 실행하고 하단의 App Inspection 탭을 클릭합니다. 잠시 후 다음과 같이 데이터베이스 내부를 확인할 수 있는 Database Inspector 도구가 표시됩니다. 실제 데이터를 확인하면서 개발이 가능하겠지요.

▶ Database Inspector

13.6 마치며

이번 장에서는 데이터베이스를 사용하여 리사이클러 뷰에 표시하는 방법에 대해 다뤘습니다. Room을 사용하면 좀 더 쉽게 데이터베이스를 다룰 수 있습니다.

- Room 데이터베이스를 사용하면 쉽게 기기에 데이터베이스를 구축하고 사용할 수 있습니다.
- 많은 데이터양을 표시할 때는 리사이클러 뷰를 사용합니다.
- ViewModel과 AndroidViewModel 클래스는 액티비티와 수명을 같이하며 화면에 표시할 데이터나 로직을 구현하기 적합합니다.
- Flow는 현재 상태를 수집하게 할 때 편리합니다. UI에 Flow를 노출할 때는 주로 StateFlow를 사용합니다.
- 코틀린의 코루틴은 suspend 함수를 수행하며 이 때 비동기로 수행됩니다.

부록
구글 플레이 스토어에
앱 배포하기

작성한 앱을 플레이 스토어에 업로드하여 배포하는 방법에 대해서 알아봅니다.

A.1 앱 버전 생성 및 배포 준비

앱을 배포하려면 서명된 APK, 또는 번들^{Bundle}을 만들어야 합니다. APK란 작성한 앱을 압축한 배포 파일입니다. 번들은 APK의 단점을 보완한 배포 파일입니다.

먼저 다음과 같은 순서로 배포 준비를 진행하겠습니다.

- 앱 아이콘 준비
- 앱 서명
- 서명된 APK 만들기

A.1.1 앱 아이콘 준비

앱을 출시하기 전에 배포용 아이콘을 준비하여 교체해줍니다. 플레이 스토어에 업로드하려면 가로 512px, 세로 512px 크기의 PNG 형식 아이콘이 필요합니다. 준비한 PNG 아이콘 파일을 프로젝트의 res/mipmap 리소스 디렉터리에 있는 기본 아이콘 ic_launcher.png와 교체해야 합니다. ic_launcher.png 파일은 기기의 밀도별 mipmap 디렉터리에 들어있는데 각 디렉터리에 포함된 파일의 크기만큼 각각 아이콘을 리사이징하여 교체해야합니다.

안드로이드 스튜디오를 이용하면 아이콘을 쉽게 교체할 수 있습니다. 안드로이드 스튜디오에서 File → New → Image Asset을 클릭하면 Asset Studio가 실행됩니다. 원하는 아이콘 이미지를 ① Path에서 선택하고 ② Next를 누르면 자동으로 리사이징된 아이콘으로 교체됩니다.

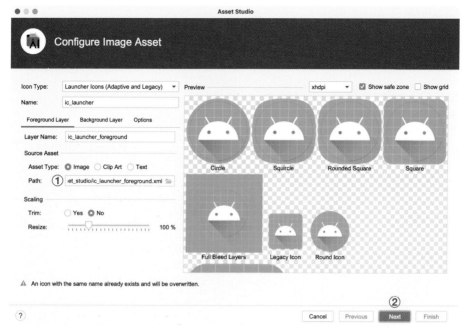

▶ Asset Studio에서 실행 아이콘 생성

아이콘이 잘 적용됐는지 앱을 실행해보고 앱 서랍에 변경한 아이콘이 표시되는지 확인해보세요.

A.1.2 앱 서명

플레이 스토어에 배포하려면 앱에 개발자 서명을 해야 합니다. 이 과정은 마치 공인인증서 결재와 비슷합니다. 개발자는 자신의 키스토어keystore를 생성해야 앱에 서명할 수 있습니다. 한 번 서명된 앱은 업데이트할 때도 같은 키스토어가 필요합니다. 따라서 키스토어를 분실하면 앱을 업데이트할 수 없는 최악의 상황이 발생합니다. 안드로이드 스튜디오에서는 키스토어 생성과 앱 서명을 한 번에 하는 메뉴를 제공합니다.

A.1.3 서명된 Bundle 만들기

배포할 앱 프로젝트에서 안드로이드 스튜디오 상단 메뉴에서 'Build → Generate Signed Bundle / APK…'를 클릭합니다.

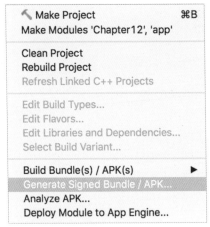

▶ 서명된 Bundle / APK 만들기

다음과 같이 두 가지 선택지가 나옵니다. 전통적인 안드로이드의 배포 방법은 APK를 생성합니다. 번들 생성 방법은 최근에 추가됐습니다. 번들은 사용자가 다운로드하는 시점에 기기에 최적화된 APK가 동적으로 다운로드되어 APK에 비해 용량이 더 작습니다. 책에서는 Bundle 방식으로 설명합니다. APK를 선택하면 확장자가 apk인 파일이 생성될 뿐이고 이후 진행 방법은 거의 같습니다.

① Android App Bundle를 선택하고 ② Next를 클릭합니다.

▶ Android App Bundle 선택

키스토어가 있으면 경로를 지정하고 키스토어의 비밀번호, 별칭, 별칭 비밀번호 등을 입력하는
화면이 표시됩니다. ③ 'Create new…' 버튼을 클릭하여 새로운 키스토어를 생성합니다.

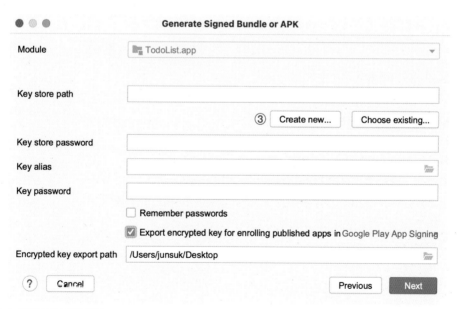

▶ 새로운 키스토어 생성

새로운 키스토어 생성을 위한 정보를 입력하는 화면이 표시됩니다. 각 항목에 대해 다음 내용을 참고하여 작성합니다. 모두 작성했다면 ④ OK를 클릭합니다.

▶ 새로운 키스토어 생성 화면

- **Key store path** : 키스토어를 저장할 위치 지정
- **Password/Confirm** : 비밀번호 지정
- **key**
    - Alias : 별칭 지정. 키스토어 안에 별칭을 여럿 가질 수 있음
    - Password/Confirm : 별칭의 비밀번호 지정. 키스토어 비밀번호와 별개임
    - Validity (years) : 유효기간. 연장이 불가능하므로 길게 설정할 것
- **Certificate**
    - First and Last Name : 이름
    - Organizational Unit : 부서
    - Organization : 소속 기관

- City or Locality : 도시, 지역
- State or Province : 주, 도
- Country Code (XX) : 두 자리로 된 국가 코드

다음 화면에서 생성된 aab 파일을 저장할 경로를 지정하고 빌드 타입을 release로 지정합니다. ⑤ Finish를 클릭합니다.

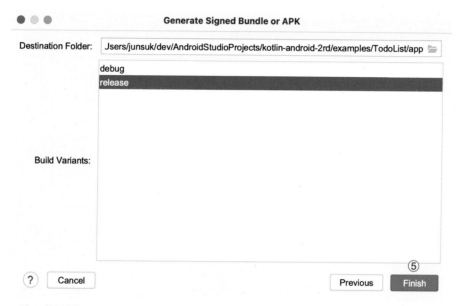

▶ 빌드 타입 선택

잠시 후 안드로이드 스튜디오의 우측 하단에 서명된 APK 파일이 생성되었다는 메시지가 표시됩니다. locate를 클릭하면 생성된 폴더를 보여주고 analyze를 클릭하면 APK 파일을 분석하여 최적화를 검토해볼 수 있습니다. 여기서는 locate를 클릭합니다.

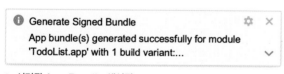

▶ 서명된 App Bundle 생성됨

app → release 폴더 안에 app-release.apk 파일이 생성되었습니다. 이 파일을 플레이 스토어에 업로드합니다.

```
▣ Project ▼
∨ ▣ TodoList ~/dev/AndroidStudioProjects/k(
    > ▣ .gradle
    > ▣ .idea
    ∨ ▣ app
        > ▣ build
        ∨ ▣ release
              ▣ app-release.aab
        > ▣ src
          ▣ .gitignore
          ▣ build.gradle
          ▣ proguard-rules.pro
```

▶ 생성된 app-release.apk 파일 확인

A.2 개발자 등록

플레이 스토어에 앱을 업로드하려면 개발자 등록을 해야 합니다.

먼저 개발자 콘솔 페이지에서 개발자 등록을 진행합니다.

- https://play.google.com/apps/publish

개발자 등록을 하려면 구글 계정이 필요하니 미리 구글 계정으로 로그인해둡시다. 개발자 등록 페이지에 접속하면 다음과 같은 화면이 표시됩니다. 현재 연결 중인 구글 계정이 표시됩니다. 개발자 계정은 구글 계정당 하나씩 만들 수 있습니다. 원하는 계정으로 연결되었는지 확인합니다.

Google Play Console

(초대) gcp.js5@gmail.com ∨

새 개발자 계정 만들기

새로운 개발자 계정은 선택된 Google 계정에 속하게 됩니다. 기존 개발자 계정에 연결하려는 경우 관리자에게 초대를 요청하세요.

조직인 경우 개발자 계정을 설정할 때 개인 계정을 사용하지 않는 것이 좋습니다. 기존 이메일 주소를 사용하여 Google 계정을 설정할 수 있습니다. 자세히 알아보기

ⓘ 계정을 만들려면 등록 수수료 25달러를 1회 결제해야 합니다. 계정 등록을 완료하기 위해 유효한 신분증을 사용하여 본인 인증을 진행하라는 메시지가 표시될 수 있습니다. 본인 여부를 확인할 수 없는 경우 등록 수수료는 환불되지 않습니다.

공개 개발자 이름 *	
	Google Play에서 사용자에게 공개됩니다. 0/50
보조 연락처 이메일 주소 *	
	Google 계정에 연결된 이메일과 더불어 Google에서 연락을 드리는 데 사용할 수 있습니다. Google Play 사용자에게는 공개되지 않습니다.
연락처 전화번호 *	
	+ 기호, 국가 코드, 지역 번호를 포함하세요. 이 번호는 Google에서 연락을 드리는 데 사용될 수 있지만, Google Play에서 사용자에게 공개되지는 않습니다.

개발자 계약 및 서비스 약관 *   ☐ Google Play 개발자 배포 계약을 읽었으며 이에 동의합니다. 또한 **Google 계정**을 **Google Play** 개발자 배포 계약과 연결하는 데도 동의하며, 본인이 만 18세 이상임을 확인합니다.

☐ Google Play Console 서비스 약관을 읽었으며 이에 동의합니다. 또한 **Google 계정**을 **Google Play Console** 서비스 약관과 연결하는 데도 동의합니다.

* – 필수 항목

[계정 생성 및 결제]

▶ 로그인된 Google 계정 확인

필수 항목들을 입력하고 결제를 하여 개발자 등록을 마무리합니다.

해외 결제가 되는 신용카드를 등록하여 결제합니다. 등록 비용은 현재 평생 25달러입니다.

'결제하기'를 클릭합니다.

▶ 결제하기

결제가 되면 다음과 같은 메뉴가 있는 화면을 볼 수 있습니다.

▶ 첫 화면

A.3 앱 등록

다음과 같은 순서로 앱을 등록 절차를 알아봅니다.

1. 앱 기본 설정 입력
2. 앱에 관한 정보 제공 및 스토어 등록정보 설정
3. 앱 출시APK 업로드
4. 트랙 이동

A.3.1 앱 기본 설정 입력

구글 플레이 콘솔 화면에서 ① '앱 만들기' 버튼을 클릭합니다.

▶ 구글 플레이 콘솔

다음과 같이 기본 정보를 입력하는 화면이 표시됩니다. 기본 언어는 영어로 설정하는 것이 국제화를 대비하기에 좋습니다. 앱의 기본 strings.xml에는 영어를 기본으로 작성하고 한국 국가 리소스 파일을 추가하여 한국어를 넣는 식으로 국가를 확장해나가면 되겠지요. 기본 정보를 모두 입력하고 앱 만들기를 클릭합니다.

▶ 기본 정보 설정

A.3.2 앱에 관한 정보 제공 및 스토어 등록정보 설정

다음과 같이 몇 가지 선택 가이드가 표시됩니다. 각 항목에서 요구하는 바를 자세하게 설명해 주므로 차근차근 진행하면 어렵지 않게 작성할 수 있습니다. 테스트는 생략하고 바로 앱 출시를 위해 앱 설정의 할일 보기를 열어서 순서대로 진행합니다.

▶ 어떤 것으로 해도 상관 없음

설명을 보고 하면 어렵지 않습니다. 설문조사 하듯 하나씩 차근차근 완료해 나갑니다.

▶ 앱 설정

A.3.3 앱 출시

정보를 모두 등록했다면 앱 출시 항목의 할 일을 열어봅시다. 국가 및 지역 선택부터 진행합니다. 출시를 원하는 국가를 모두 선택합니다.

▶ 앱 출시

다음은 출시할 국가를 선택한 화면입니다.

← 비공개 테스트

Alpha

새 버전 만들기

비공개 테스트 버전을 생성 및 관리하여 내가 지정한 테스터를 대상으로 출시 전 버전의 앱을 테스트하세요. 자세히 알아보기

Set up alpha track

비활성

━━━━━━   1/4 완료 ∧

SET UP YOUR TRACK

✓   ~~Select countries~~

○   테스터 선택 >

버전 생성 및 출시

○   새 버전 만들기 >

🔒   Review and roll out release

| 출시 | 국가/지역 | 테스터 |

국가/지역 ⑦

프로덕션 트랙과 국가/지역 동기화 ⑦

국가/지역 동기화

사용 가능(177개) ▼   국가/지역 삭제   국가/지역 추가

국가/지역	상태
가나	⊘ 사용 가능
가봉	⊘ 사용 가능
감비아	⊘ 사용 가능
과테말라	⊘ 사용 가능
그레나다	⊘ 사용 가능

▶ 출시 국가 선택

테스터 선택은 특정 대상에게 테스트하려면 테스터의 이메일을 모두 등록합니다. 구글 그룹스로 테스터를 하나의 이메일로 관리할 수도 있습니다. 나중에 앱이 출시되면 이 화면 하단에 테스터를 위한 링크가 생성되니 그 링크를 공유하여 테스터가 앱을 설치할 수 있습니다.

Alpha

새 버전 만들기

비공개 테스트 버전을 생성 및 관리하여 내가 지정한 테스터를 대상으로 출시 전 버전의 앱을 테스트하세요. 자세히 알아보기

Set up alpha track

비활성

━━━━━━━ 1/4 완료 ∧

SET UP YOUR TRACK

✓ ~~Select countries~~

○ 테스터 선택 ›

버전 생성 및 출시

○ 새 버전 만들기 ›

🔒 Review and roll out release

| 출시 | 국가/지역 | 테스터 |

테스터

테스터

테스트에 액세스할 수 있는 대상을 선택하세요. 이메일 목록 또는 Google 그룹스를 사용하여 테스터를 선택할 수 있습니다.

⦿ 이메일 목록

☐ 목록 이름	사용자	
☐ 나	1	→
☐ 오영석	1	→
☐ 테스터	1	→

이메일 목록 만들기

○ Google 그룹스

의견 URL 또는 이메일 주소

[   ]

테스터에게 의견을 공유하는 방법을 제공하세요.　　　　　　　　　0/512

▶ 테스트 선택

다음으로 새 버전 만들기로 이동합니다. 여러 가지 트랙으로 앱 출시를 관리할 수 있습니다. 모든 트랙을 거쳐서 앱을 출시한다면 '내부 테스트 트랙 → 비공개(알파) 트랙 → 공개(베타) 트랙 → 프로덕션 트랙' 순서로 진행할 수 있습니다. 물론 바로 프로덕션 트랙으로 플레이 스토어에 테스트 과정 없이 공개할 수도 있습니다.

각 트랙은 비슷한 화면을 제공하므로 여기서는 비공개 테스트 트랙을 예로 설명하겠습니다.

앱 무결성 항목은 이제 기본 설정이 된 항목입니다. 우리가 서명할 때 사용한 키스토어 파일을 분실하면 찾을 방법이 없었지만 이제는 구글이 관리하게 되면서 나중에 키스토어를 분실해도 요청하여 새로 발급 받을 수 있게 되었습니다. 별도의 설정은 필요없습니다.

비공개 테스트 버전 생성

비공개 테스트 출시는 내가 선택하는 제한된 수의 테스터에게 제공됩니다.

1 준비   **2** 검토 및 출시   버전 삭제

앱 무결성

⊘ Google Play에서 서명한 버전

Google에서 버전에 사용할 앱 서명 키를 생성하고 보호합니다.

앱 서명 키 변경   자세히 알아보기

App Bundle

업로드할 App Bundle을 여기에 드롭하세요

⬆ 업로드   ⊡ 라이브러리에서 추가

버전 세부정보

출시명 *

0/50

개발자가 버전을 구분하기 위해 지정한 이름으로 Google Play에서 사용자에게 표시되지는 않습니다. 이름은 이 버전에 처음으로 추가된 App Bundle 또는 APK 이름을 바탕으로 추천된 것이며 변경할 수 있습니다.

출시 노트   이전 버전에서 복사

```
<en-US>
en-US 출시 노트를 여기에 입력하거나 붙여넣으세요.
</en-US>
```

0개의 언어로 출시 노트 제공됨

새 버전이 어떻게 달라졌는지 사용자에게 알려주세요. 언어 태그 안에 각 언어에 대한 출시 노트를 입력하세요.

변경사항 취소   저장   버전 검토

▶ 버전 생성

App Bundle 또는 APK 항목에 생성된 aab나 apk 파일을 업로드하면 됩니다. 문제가 없다면 다음과 같이 업로드가 잘 된 화면이 표시됩니다. 출시명이 자동으로 입력되고 출시노트는

출시 국가별로 작성할 수 있습니다. 만약 국가별로 작성을 안 하면 기본 언어의 내용이 표시되는 방식입니다. 따라서 기본 언어는 영어일 필요가 있겠지요.

▶ App Bundle 업로드

모두 작성후 하단의 저장과 버전 검토를 클릭합니다.

최종적으로 문제가 있는지 검토합니다. 검토할 항목이 있다면 검토를 하고 출시 시작을 클릭하면 출시가 되고 구글에서 검토를 시작합니다. 일반적으로 몇 일의 기간이 소요될 수 있습니다.

아마 처음에는 여러가지 이유로 반려가 될 수 있습니다. 반려가 되면 이유와 함께 메일이 오니 수정을 해서 다시 업데이트 후 출시해야 합니다. 설명을 다시 작성하기만 되는 경우도 있고 aab나 apk 파일까지 다시 업로드해야 할 필요가 있을 수도 있습니다.

▶ 비공개 테스트 버전 출시 검토

A.3.4 트랙 이동

프로덕션 트랙으로 배포해야 모든 사용자에게 배포됩니다. 출시가 완료된 트랙의 버전 관리 화면을 보면 승급을 할 수 있는 메뉴가 있습니다.

공개 테스트는 일반 사용자에게도 테스트 버전을 공개하게 되며 플레이 스토어에서 누구나 테스터로 참여가 가능합니다.

← 비공개 테스트

Alpha

비공개 테스트 버전을 생성 및 관리하여 내가 지정한 테스터를 대상으로 출시 전 버전의 앱을 테스트하세요. 자세히 알아보기

트랙 요약

활성 · 출시 버전 1 (1.0) 검토 중 · 국가/지역 177개

출시	국가/지역	테스터

출시

1 (1.0)

🕐 검토 중 · 버전 코드 1개

요약 표시 ∨   버전 승급 ▾

> 공개 테스트
> 프로덕션

출시 내역

▶ 버전 승급

A.4 업데이트

출시한 앱에 버그 수정이나 기능 수정을 할 때는 앱을 업데이트해야 합니다. 앱을 업데이트하려면 서명된 APK를 만들기 전에 버전을 올려줘야 합니다.

업데이트할 앱의 모듈 수준 build.gradle 파일을 열고 defaultConfig 항목의 ① versionCode와 ② versionName을 수정해야 합니다. 이때 versionCode값은 반드시 이전 버전보다 올려야 하며, versionName에는 플레이 스토어 노출할 버전을 자유롭게 적습니다.

build.gradle
```
defaultConfig {
    versionCode 2        ①
    versionName "1.1"    ②
}
```

버전 코드와 버전 이름을 수정했다면 A.1.3절 '서명된 Bundle 만들기'를 참고하여 업데이트된 서명된 aab를 만들고 A.3.3절 '앱 출시'를 참고하여 업로드 한 후에 출시할 트랙에 알맞는 설정을 진행합니다.

A.5 마치며

완성된 앱을 배포하고 업데이트하는 방법에 대해 알아보았습니다. 플레이 콘솔은 이 밖에도 댓글 관리, 통계, 사용자 획득 등 많은 기능을 제공합니다. 책에서는 이러한 방대한 내용을 모두 담기 어렵습니다. 나머지 주제는 앱을 출시한 이후에 하나씩 여러분이 직접 체험하면서 익힐 숙제로 남깁니다.

지금까지 코틀린으로 안드로이드 앱을 만들고 배포하는 과정을 알아보았습니다. 이 책이 여러분의 성장에 도움이 되었으면 좋겠습니다. 끝까지 읽어주셔서 고맙습니다.

Index

Index

Index